エイジズムを乗り越える

アシュトン・アップルホワイト
Ashton Applewhite
城川桂子 訳

ころから

自分と人を年齢で差別しないために

いきする本だな

日本語版限定「本書をめぐる著者とのQ&A」

聞き手◉ころから編集部

A

Q1

アシュトン・アップルホワイトさんが本書『エイジズムを乗り越える――自分と人を年齢で差別しないために(This Chair Rocks ―― A Manifesto against Ageism)』を執筆し米国で刊行されたとき、ほかの文化圏で読まれることを望んでいましたか?

この本を書くことは私が今まで関わった仕事でいちばん野心的なものでした。

執筆中は、私の全てを集中する必要があり、他のことへの興味を断ちきる努力をしました。しかし、夢は人の心にこっそりと入りこみます。ともすれば、私の考えが世界の言語と世界中の人々に伝わることを想像し、また、そう願うことがありました。なんと言っても、老いは全ての人が経験するもので、年齢差別《エイジズム》は誰もが出くわすものです。そして、世界のどこでも人間は以前より長く生きています。

おこがましさを承知であえて言えば、私の本にある情報と洞察は全ての文化、全ての国や地域の人々に価値あるものだと思っています。

英語以外の言語に翻訳されることを望むもう一つの理由は、幸いなことに私は広く世界を旅していることです。日本にも行ったことがあります。他の文化に強い興味があり、世界の様々な文化が、どこが違い、どこが人間として共通なのかを深く知りたいと思っています。

A

Q2 日本で読まれることについて特別な意義を感じますか？

日本は人口に占める六十五歳以上の割合がどの国よりも高く、その割合はいまも増え続けています。この本で指摘するように、社会の高齢化は、高齢者支援策の大幅な拡大を必要とするものですが、同時に、それは公衆衛生の勝利を表してもいます。つまり、これまでになく健康で高い教育を受けた、何千万人もの成人の社会・経済的資本があるということです。

人間の一生が長くなっているのは新しい現象であって、進化の観点から言うと、ほんの一瞬の間に起こっていることです。人間の役割と社会の制度はこの動きに合わせて進化し、新しい環境に適応していかなければなりません。

日本は変化の最前線にいると思います。この新しい人間の長い一生を活用していくことは、私たちの頭の中と私たちを取りまく世界にあるエイジズムに立ち向かうことを意味します。エイジズムはあらゆるレベルで存在しています。日本は新しい長寿世界をリードする位置に立っているのです。日本がこれまでと異なる新しいやり方で世界をリードするために、つまり、私たちに立ち塞がるエイジズムを乗り越え、この長い人間の一生をフルに活用しながら世界をリードしていくために、私の言葉が役立つことを願っています。

Q3 しかしながら、少なくない高齢者が「家族に迷惑をかけず、早く、そっと死にたい」と願っています。そこにはエイジズムがあると考えられますが、日本で年齢差別があるとはあまり認識されていません。構造的な差別を可視化するには「エイジズム」という言葉を浸透させる必要性があると考えますか？　たとえば、レイシズム（人種的差別）、セクシズム（性差別）のように。

A

はい、「エイジズム」は、「レイシズム」や「セクシズム」のように、全ての人の辞書にあるべき言葉だと思います。これがロバート・バトラー氏の意図したことです。バトラー氏は、女性解放運動と公民権運動がアメリカ合衆国で勢いを得ていた一九六九年にこの言葉を作りました。ここで言う「イズム」は年齢差別という構造的本質を指しています。つまり、この言葉は私たちの心に残るだけでなく、私たちの制度、政策、歴史に組み込まれています。

私たち自身や私たちの周りの世界にある偏見に挑むには、まず、それに気づくことが必要です。偏見に気づくこと、つまり意識の変化は、会話、協力、活動、芸術、擁護、最終的には立法へとつながるプロセスの始まりです。社会の変化はゆっくりした相互作用を必要とします。これは長いゲームです。私たちを取り巻く役割や制度は、人生がずっと短かった時代にできたもので、現代社会はこの変化に追いついていません。このことは私たちにとっての大きなチャンスでもあるのです。

エイジズムを終わらせる社会運動は、世界中で起こっています。Old School Anti-Ageism Clearinghouse〔反エイジズム情報センター〕のキャンペーンのホームページに多くの事例が掲載されています。「エイジズム」が全ての言語の辞書に載るようになるにつれ、そして、それを話す人々の語彙の中に入って行くにつれ、その証拠はさらに増えていくことになるでしょう。日本語でこの本が出版されることはこの目標に近づいていることの表れであり、それが重要な段階に至っていることを表していると思います。

Q4

ところで、本書はＢＬＭ運動に共感してスタートした「いきする本だな」シリーズの一環として刊行されます。そのことについて意見、感想はありますか？

A

私の書いた本が、ころからの「いきする本だな」シリーズの一冊として出版されることを知って大変うれしく、大変光栄に感じています。

「いきする本だな」シリーズには、美しい使命があります。それは、生まれたばかりの子供から晩年を迎える老人までの全ての人に、深く息する権利のある世界に私たちを導いていく使命です。その世界では誰も拒否されることがありません。

「いきする本だな」シリーズの使命にはまた非常に強い力があります。差別を受けている他の集団と連帯し、平等の権利を求める全ての闘いを支援するという重要な位置に立っているからです。

レイシズムは、世界の数百万の黒い肌、茶色の肌の人々に歳をとる機会すら拒否しています。新型コロナウイルス感染症は、年齢に関しての不平等の存在をさらに強く確認することになったのですが、同時に、組織的レイシズムの影響が白日のもとに晒されました。それは、既存の構造的不平等が、年齢差別だけから受ける危険よりさらにずっと大きな危険に人々を晒したという事実です。

エイブリズム(能力差別)、レイシズム、セクシズム、同性愛恐怖症、その他の全ての差別主義を壊滅させることなしには、私たちはエイジズムを壊滅させることはできません。これら構造的差別は互いに支え合っているからです。ですから、いろいろな活動をしてください。偏見に対峙する時、私たちは、偏見の根底にある恐怖と無知を少しずつ取り除いていくことができます。黒人であろうとクィアであろうと、どんな差別を受けていようと、差別を受けている人が以前より生きやすいと思う世界は、歳をとった人にとっても生きやすい世界であり、その逆も同じです。

目次

第3章 脳、記憶を忘れること 91

第4章 からだ 若さでなく健康を 123

第5章　セックスと情愛
賞味期限なし

凡例……

- 原書に付されたノート（原注）については◉1などとして本文中に付し、ノートの原文を巻末に収録している。また、おなじく巻末に人名索引を付した。カタカナ表記とアルファベット表記を併記しており、いずれもネット検索などの際に活用いただきたい。
- 訳注については原則として文中に〔　　〕で示した。日本社会では馴染みのない用語については、より詳細な訳注を各章末に記載し、本文中には〈　　〉内に訳注番号を付している。
- 本文中の（　　）は原著の本文で補足された語句であることを示す。
- 本文中で言及される書籍、映画などのタイトルについては以下のとおり訳出した。

　①邦訳、邦題があるもの＝日本語タイトルを『　　』で示し、その後に原著タイトルを付す

　②邦訳、邦題がないもの＝原著タイトルを「　　」で示し、その後に本書訳者による訳語を（　　）で付す

序章

私はこれまで歳をごまかした事はない。

「私は六十六歳です」と、大声ではっきりと何の抵抗もなく言っている。もちろん、歳をごまかしている人をたくさん知っている。履歴書を書く時、飛行機に乗る時、デートの時に人は歳をごまかす。歳を高く偽って得た「ノルマ」〔一九世紀初演のイタリアオペラ〕の役でデビューしたオペラ歌手がいたが、この女性はずっと三十九歳だった。また孫を自分の子だと押し通そうとした女性がいたが、彼女は定期的に銀行から連絡を受けていた。自分の誕生年を思い出せなかったからだ。

私も私の話すことをすべて覚えておこうとはしなかっただろう。それは、本当のことをいつも言っていたからなのだが、返ってくる返事がそれほど悪くなかったからでもあった。たとえば、「歳のわりにすごい！」。

母からの遺伝で私には白髪がなく、いつも元気いっぱいで、のんびり暮す計画など全くなく、世の中のレッテル――「シニア」、「若好みの中年女」、「年配女性」――が私に当てはまると感じたこともなかった。

しかし、もし私に問題がなかったのなら、なぜ「歳のわりにすごい！」がほめ言葉として感じられなかったのか？

実のところ、私は、老いるとどうなるのか分からなくて、漠然とした不安と、胃がキリキリ痛む恐怖の真ん中あたりでモタモタしていた。本当に考えなければならなくなる時まで考えたくなかったし、その事が頭に浮かぶとすぐに思考のチャンネルを切り変えた。歳より若いと思われている間はそのままにしておけばいい……のではないのか？

この戦略はあまりうまくいかなかった。勤務先の米国自然史博物館のオフィスではバースデーカードが定期的に回って来た。そこで私はレイと言う名前の同僚と十五年間一緒に働いていた。

レイと私にはあまり共通点がなかった。彼は経理担当で、私は書くことが仕事だった。レイは郊外に住み、私は車を運転しなかった。彼は保守的で、私は進歩的だ。レイの前髪は雪のように白く、もう少し体重が増えて赤い服を着れば、完璧なサンタクロースになっていただろう。彼はつむじ曲がりな性格に誇りを持っていて、いつもどこかが痛いとか疼くとかぶつぶつ言いながら、フロリダへの引退の時を待ち望んでいた。だから、レイと私が全く同じ歳だと知った時、びっくり仰天した。

「もしみんなが知ったらどうなるのか？　みんな、私も歳をとりすぎだと思うだろう」と考えた。

この考え方は傲慢で、卑劣なだけでなく馬鹿げていた。仕事仲間はみんな、知的な人たちだった。レイもその一人。彼らは問題なく私たち二人を区別していたし、突然、私たち二人を区別しづらくなるようなことなど起こりそうもなかった。

それならなぜ、私は、レイと同じくくりにされることにこんなにいきり立ったのか？

なぜ、私はそのことで私たちの個性が薄まり、恐ろしくも私が貶められると想像してしまったのか？

容姿の衰えが怖かったのか？
肉体の衰えが怖かったのか？
死に対する恐怖だったのか？
勝ち目のない闘いに挑むより、時の過ぎゆくままに任せた方が幸せではないのか？
できることなら、眩い光の中にこの問いへの答えを見つけた、と報告したかったが、そうはならず、十二年をかけてゆっくりたどり着いた答えがこの本である。

ただキーボードを前にするだけの憂鬱な日々。突然ことの本質が見えた気がして、すぐに留守番電話に記録した眠れない日々。翌朝の光を受けると、そのほとんどは輝きを失った。

私の幸運は、「エイジズム」という言葉の命名者であるロバート・バトラー博士が二〇一〇年に亡くなる前に師事していた事だ。「年齢問題」を追いかけるジャーナリストのための数々のセミナーに出席し、何冊もの本や記事を吸収し、私の考えをブログの形で書き始めた。広告、映画、政策、就業規則、そして商品と販売促進キャンペーンの世界を掘り下げた。それらが無意識のうちに私の中に「老い＝ダメ」という公式を作り上げていたからだ。ツイッターの世界では、「老い、最悪！」とでもなるか。

私のパートナーの母親ルース・ステインとの夕食がきっかけで、二〇〇七年に私はこの探索の旅に出た。ルースと彼女の夫、ビルは八十代で、本屋を営んでいた。その夜、ルースは言った。

「『それで、いつ引退するの？』ってよく訊かれる。この問題について書くべきだ、あなたは」

アイデアは前向きだったし、辛辣さが許される感じがした。その時から私は寿命について学習し始め、八十歳を超えて働く人たちへのインタビューを開始。これをブログにあげていった。

序章

まず、ニューメキシコ州サンタフェに向かった。そこには私を泊めてくれる家族がいた。

最初のインタビューは八十八歳の民俗芸術家、マルシア・ムース。

日干し煉瓦造りの彼女の小さな家でムースは椅子に座ってインタビューに応じてくれた。彼女の家に影を落とす一本の木には、太陽を反射してキラキラ光るコンパクトディスクが巻きつけられていて、家は、彼女の集めたホイールキャップ(タイヤの中心にある蓋)で囲まれていた。ムースはインディアナ州フォルト・ウエインで祖父母に育てられた。彼らにとって彼女は、

「がっかりさせる子だった。私はクラシック音楽が好きで、シェイクスピアが好きで、詩が好きだった。でも祖父母にとって仕事とは、お店を持つこと以外に考えられなかったのだから」

彼女は法律関連の図書館司書になり、詩人になり、出版人になり、そして五十代で、民俗芸術家として成功を収め、教師になった。壁に貼られた新聞の切り抜きの記事にはムースがエルダーホステル〔高齢者に生涯学習講座を提供して積極的な社会参加を支援する非営利団体〕の生徒へ宛てたメッセージが載っていた。

「歳をとり過ぎているということはない。遅すぎるということもまったくない」

絵の専門教育を受けていないことを恥じていたムースは、十年間隠れて絵を描いていた。地元のアーティストが彼女の家に立ち寄り、慌てて絵筆を隠すムースを見つけてこう忠告した。

「レッスンを受けてはダメ。描き続けることです」

ムースはその通りにし、中年になるころには、絵で生活していけるようになって大変喜んだ。慢性気管支炎のために教師としてのキャリアを早く終わらせた彼女は、酸素タンクをつけていたが、「絵を描くのに邪魔にならない。これは重要なこと」と言った。

「歳を取ると生活は変わってくる。重要なこととそうでない事の見分けがつくようになる」

ムースと彼女のパートナーは外出する機会が減り、以前よりゆっくり動くようになったが、自分自身の感情に耳を傾けることがうまくなった。ムースの作品は良くなっていった。

「老いは怖がるものではない」とムースは忠告する。

「年齢は不安を取り除いてくれる素晴らしいもの。私の八十代は私の七十代よりずっと楽しい発見の連続なんだから」

八十代の生活がずっと楽しいなんて、私は考えたこともなかった。

毎年、息切れしやすくなっても怖くない。制約が増える生活でも自分が成長し、それを楽しむことができる。残された時間が短いからじっくり味わうべき、とはっきりと認識する——否定ではない——のが楽しい。こんなことはこれまで考えたこともなかった。

新鮮な老いの空気を吸い込み、私は取材を続けた。

小児科医から国立公園の案内人まで、高齢のあらゆる種類のアメリカ人が、車のハンドルや机や帯ノコ［帯状のノコ刃を回転させ、金属や木材などを切断する工具］やテレビカメラを使ってやっている仕事のことと、そこにたどり着くまでのことを私に話してくれた。

彼らは一人ひとり違っていたし、言うまでもないが、ステレオタイプのヨボヨボ老人でもなかった。そのことにはあまり驚かなかったのだが、私が驚いたのは、私が八十代または九十代の人はこうだろうと想像していたことと、実際、直接に出会って分かったこととの違いの大きさだった。資料を読めば読むほど、多くの専門家と話せば話すほど、こうした高齢で働く人が、急増する米国の高齢者の大きなコホート［人口学で、同年または同期間に出生した集団の意］の典型的な姿であることが明らかになっていった。

なぜ、私が高齢者として想像していたことと、現実との間に断絶があるのか？

私はある種の境界線に踏み入ってしまったのか？

将来について私はこれまでどんなふうに思っていたのか？

私にとっての最大の悪夢は、不気味な施設の玄関ホールの壁にかかる趣味の悪い植物の複製絵画の下でよだれを垂らしながら最期を迎えることだった。

六十五歳以上のアメリカ人の何パーセントが高齢者施設で暮らしているかと聞かれたら、私は「たぶん三十%位じゃない？」と答えただろう。実際の数字、二・五%には及ぶべくもなかった。この数字は十年前よりも五ポイントも下がっている。八十五歳以上の人でさえ、その数はたった九%なのだ。[1]

病気の人や、自分では何も出来ない人はどうか？　「高齢者のうちの最高齢者グループ」——八十五歳以上——の四分の三以上の人たちが付き添いなしで毎日、日々の活動をこなしていた。[2]

たぶん、玄関前の私道を雪かきしたり、セールの日の朝にスーパーマーケットにドッと駆け込むような事はしないだろうが、洋服を着て、料理をして、自分のお尻を自分できれいに拭いている。慢性の病気はあるが、それを受け入れて生きることを学んでいる。アメリカ人の大半の高齢者は、死ぬその日まで互いに依存し合って生きている。

では認知症への不安はどうか？　誰もが恐ろしい話を知っているようだった。私は記憶力が良かったことはないので、多分、アルツハイマー病にかかっても気がつかないだろう。怖っ！

しかし、これほど高齢化が進んでいても、認知症の割合は下がっている。[3]

実際、人々が患っているのは記憶喪失への不安という病だ。高齢者施設で暮らしているのは六十五歳以上の人の二・五%だということを思い出してみよう。残りの九十%の人は思考能力に何の問題もないということだ。[4]ここでもまた、大半の高齢アメリカ人は残りの円グラフを占めていて、時間はかかるが、遅かれ早かれ履き物をちゃんと履いて、自分のしたいことができているのだ。

高齢者はセックスしないという私の思い込みはどうか？

年とともに性行為をあまりしなくなることは確かだ。同様に高齢者施設が欲望とロマンスの揺りかごであることも確かなこと。五十歳以上の人の性感染症の割合が急上昇していることもそれを証明している。セックスと性的興奮は変わっていくのだが、良い方向に変化することが多い。特に女性の場合はそう言える。

また、高齢者は精神的にうつ状態だと思っていた。だって、彼らは年を取っていて死が近いのだから。それを証明するには彼らのたるんだ顔だけで充分ではないのか、と。

ところが、高齢者が若い人たちや中年の人たちよりも精神的に健康であることが判明した。[5] このことを知っていた人はいるのだろうか？　ここが重要な点だ。人は人生のうちの最初と最後が最も幸せなのだ。[6] もし私の言葉が信じられないのなら、「幸福のUカーブ」とグーグルで検索してみてください。老いると大事にしていたもの――肉体的強さや愛する友、引き締まった筋肉――を失うが、満足の感情は増えるのだ。

学べば学ぶほど、これから先の年齢が好ましく感じられるようになった――ここに到達したこと自体、かなり大きな成果だ。最終目標がどうなるかは分からないが、私が年齢と正面から取り組み始めたことは確かだ。

街を自転車で走るのは好きなのだが、今や、ヘルメットを被り、低速レーンを外れないように気をつけて走っている。未だに歩道に沿って飛ばしてはいるが、最近は膝の痛みがひどい七十四歳の友達に合わせて速度を落とさなければならなくなった。関節炎。友達はそうやって時と軟骨が彼女に待ったをかけたことに気づいて驚いた。私も、同じことが私の身に起こった時に驚く事になるのだろう。彼女ができたのだから、私もどうにかできるはずだ。私は、この友達と同じように杖を買い、前に進み続ける。すこし速度は落としてだが。

ぼんやりとしていた恐怖が特定のものへの心配に取って代わった。いい結果が出るかもしれない。

九十歳になるということは、かつて思い描いていたような、憂鬱、おむつ、そしてフワフワした白いルームシューズに向かって滑り落ちていくようなものではなく、もっとずっと良いことでありそうだ。とは言ってもどんな靴が履けるのかは気になる。

六十五歳以上の人のうち高齢者施設で暮らしているのは、そのわずか二・五パーセントだ。

物事がずっとバラ色に見え始めたので、私が「レイではない段階2」と呼ぶ地点、つまりレイと私は同じ歳だと言う事実を高らかに掲げる地点へと進んで行った。

理由は、私がどれほど若いか見れば分かるはずだ！　一方の端に向かって幸せに滑走しながら、十分なホウレン草と数独〔数字によるクロスワードパズルの一つ。認知症予防に効果があるとされる〕、そしてポジティブな思考が「老いを延期する」という考え方を追い求めて数年を過ごした。このアプローチはいろいろな名前で呼ばれている。サクセスフル・エイジング〈訳注1〉、プロダクティブ・エイジング〈訳注2〉、そしてそれらは私たちを「不老《エイジレス》」——気分が安らぐような響きで、力が湧いてくるようではないか——にすると謳ってたくさんの商品を売りさばいた。

しかし、一つの疑問が出てきた。私は実際、老いの意味を受け入れようとしていたのか？　後で痛い目に合わないために、逃げ場を見つけるのをやめただけで、堂々巡りをしているのではないか？　つまり、レイを遠ざけただけではなかったのか？　実際は、老いへの恐怖を取り除くために老いを否定しただけではなかったのか？

六十歳になるのは何でもなかった。その先の数年から与えられるものが奪われるものより多いことは知っていた。それを私は経験を通して知り、私の調査でも、私もその例外ではなく、これからやってくる数年から得るものが多いことが証明され続けた。しかし、この知見を内面化し、私の信念と態度に取り入れ、自意識に組み込み、この世界での私の居場所において実際に感じる必要があった。子供の頃からメディアと大衆文化からたたき込まれた老いに対する偏見をまず認め、つぎにそれを捨てる必要があった。

皺は醜い。

老人は無能だ。

老いは寂しい。

こうした考えが誤っていると理解するのは簡単だった。しかし、それがまったくなくなると落ちつかなくなる。ここがすごくむずかしい。現在形で書いているのは、未だにこの問題に取り組んでいて、定期的に思い知らされているからだ。

捨てるのが一番むずかしい偏見とは何か？　私の私自身に対する偏見である。私自身の将来、老いた私自身、若い私よりも劣っている私への偏見だ。それが老いを否定することの根幹にある。「私はN（数字はご自分で入れてください）歳過ぎよ」と可愛く言うことから、美容整形手術を受けることまで、老いをどう否定しようと、それは、今の私と将来の私とを、意図的に、しかも破壊的に、そして耐え難く引き裂くことなのだ。

年齢を隠したり否認したりすると、単なる数字に、その数字に到底値しないような力を持たせる事になる。反対に、自分の歳を受け入れれば、その数字を、楽に、誇りを持って認める道が開けてくる。

私は老いることは簡単だと言っているのではない。私たちはみんな老いることに不安を感じている。お金が尽きてしまわないか、病気になりはしないか、または、最後にひとりになってしまうのではないか、と。そしてこれらの恐怖はすべて本物だし、現実だ。

しかし、高齢――または中年、または単に若さを過ぎて歳をとること――に至る経験は、それを経験する文化によって良くも悪くもなり得ることはほとんど理解されていない。

アメリカ文化は醜悪なほどに若者中心である。老人の描写は往々にして極端に走る。一方の端には、マーケティング関係者ごのみのロマンスグレーがターコイズブルーの波に乗ってサーフィンに興じている。もう一方の端には、古びた団地に暮らす愛すべき小柄な老婆が病院のベッドでだんだん衰弱していく。こうした人たちは現実に存在するのだが、典型的な老人からは程遠い。大半の私たちはその真ん中くらいに位置していて、筋肉と記憶は鈍くなっているが、社会に出て――少しの助けを得ながら――最後まで生活を楽しむことができている。

私は「私はレイではない段階3」への道を見つけなければならなかった。つまり、私はレイではないのだ。レイは最近、フロリダに引退した。そこで彼はハマグリのように幸せになるだろう。これが彼の望んだ老年の過ごし方なのだ。

私は私の望む老年に向かって進んで行く。そして私の老年の過ごし方はレイの過ごし方とは違うものになるだろう。私はすぐに引退しようなどとは思っていないし、かといってポールダンスやマラソンをしようとも思っていない。私は老いを格別に気分よく感じている。スポーツをする年寄りたちの老いだけが老いではない。老いることすべてが「大成功(サクセスフル)」。そうでなければ死んでいるはずだ。

こう気がついたことで膨大な断片が然るべきところに収まった。しかし、本質的かつ基本的な問題が残った。なぜ、私が思い描いていた晩年へのビジョンが、現実とこんなにかけ離れていたのか？　なぜ、私はここ数年ずっと、私の周りにある多くの証拠に安心もヒントも見出せず、根拠も定かでない言説に取り込まれてしまっていたのか？　多くの事実が簡単に手に入ったはずなのに、なぜ、もっと多くの人に知られていなかったのか？　いったい何に無批判に従っていたのか？　私とこんなに多くの人を、八十歳か九十歳まで生きることを怖がらせた文化の中にいったい何があったのか？　これらの疑問に取り組んで到達した答え、最終的に一冊の本として書くことになったものが、エイジズム［年齢差別］――老人の二級市民への追放と若者の軽視――である。

エイジズムの公式の定義はこうだ。一人の人間をその人の年齢に基づいて差別し、ステレオタイプ［固定観念］に当てはめること。私たちがある人、または、ある集団に対し、彼らを何歳ぐらいかと判断し、その判断によって彼らに通常と異なった感情を持ったり、通常と異なって振る舞ったりする時、私たちは年齢で人を差別するエイジスト［年齢差別主義者］なのだ。

「エイジスト」と言う概念は未だによく知られておらず、人をワクワクさせる言葉でもない。しかし「セクシスト」も女性運動が平等な権利を求めて声を上げるまでは知られていなかった。セクシズムやレイシズムなどすべての差別と同じように、エイジズムの中心に固定観念となった嘘が存在する。ある集団の構成員はすべて同じである、とする思い込みだ。だから、入居者は五十代から百歳代までさまざまな人がいるというのに、高齢者施設のすべての人は同じ年――老年――であると思うのだ(二十代から七十代の集団がみんな同じだと想像できるか？)。

長く生きれば生きるほど経験が増し、一人ひとりの独自性がはっきりしてくるために、一人ひとりははっきりと違ってくる。考えてもみてほしい。十七歳の集団と七十七歳の集団とを比べて、どちらの集団により多くの共通点があるかを。医師たちが言うように、「八十歳の人を一人見たら、八十歳の人を一人見たのだ」。それ以上ではない。

すべての差別――エイジズム、レイシズム、セクシズム――は社会が作り上げる。私たちが作り上げていると言う意味だ。それは、また、時間とともに変化する。

すべての差別主義のようにエイジズムは、集団間の不平等を正当化し、それを存続させる。この場合、若者と、もう若くない人たちとの不平等が正当化されるのだ。種類の異なる差別――レイシズム、セクシズム、エイジズム、エイブリズム[能力差別]、そして同性愛恐怖症――が相互に作用し合い、個人と集団の生活の中に抑圧の層を作り上げる。この抑圧は、私たち一人ひとりの毎日の生活を動かす経済、司法、医療、ビジネス、その他の制度を通して社会に反映し、強くなる。私たちがこの不名誉なスティグマ[社会的烙印]に挑戦しないかぎり、私たちはそれを再生産しているのだ。

エイジズムは、レイシズムとセクシズムのような外見に関するものではない。それは権力者が私たちの外見に持たせたい意味に関するものだ。エイジズムは、政治家の集団であろうと、マーケティング関係者の集団であろうと、人材紹介業者の集団であろうと、ある集団がその権力を使って、より若い人たち、あるいは、かなり年上の人たちを、抑圧するか、搾取するか、黙らせるか、または、無視したときに発生する。

私たちは、誰かが何か――責務、人間関係、髪型――について、自分が誰なのか、何が出来るかを見つけようとせずに、「年を取りすぎている」と決めてかかるたびにエイジズムを経験

スポーツをする年寄りたちの老いだけが
老いではない。
老いることすべてが「大成功《サクセスフル》」。
そうでなければ死んでいるはずだ。

する。または、誰かが私たちは「若すぎる」と決めてかかる時にもそれは起こる。つまり、エイジズムは諸刃の剣だ。若い人はエイジズムを多く経験する。これは、怠け者のミレニアル世代に不満を言う時や、「子供はこうしたものよ、まったく」と不満を言う時に、生じる。

エイジズムにはいたる所で出くわす。

昔馴染みが、共有する過去を楽しむ代わりに、皆の前で、いかに長い間、知り合いだったかを話すのにうんざりする時。

オンラインの出会い系サイトで、男も女も自分の歳を偽らなければならないと感じる時。

バスの中で、親切に席を勧められた人がツンと澄まし返える時。

広告塔やテレビで、病院やホテルの中で、食事中や地下鉄に乗っている時に、もう若くない人たちを社会の隅に追いやるメッセージが、各方面で連発される（「八十歳で、顔の皺取りの必要がない人がいるだろうか？」と地下鉄の改装工事の開始を告げるポスターが明るく問いかける）。私たちはこれらのメッセージを愚かにも飲み込み、私たち自身の権利が奪われる状況に無自覚に加担している。

私は私が老いる過程だと思っていたほとんどのことが間違いだったことを学んだ。無知でいることは、強力な商業的利害と政治的利害に役立ち、自分の役には立たない。そして、はっきりとものが見える事は健康によく、さらに幸せになることも学んだ。

しかし、二十世紀の前代未聞の長寿ブームにもかかわらず、年齢に対する偏見は、文化の領域で禁止用語にやっとビープ音がなり始めたばかりだ。年齢差別は社会的制裁を受ける最後の偏見なのだ。

多様性とは、異なる人種、異なるジェンダー、異なる能力、異なる性的傾向の人がいることだ、と私たちは認識している。なぜ、その中に年齢が入っていないのか？

人種差別的なコメント、性差別的なコメントはもはや受け入れられることがないのに、年寄りが、価値がない、無能だ、または「のろま！」とか、うんざりする、いやだ、と言われても、まばたき一つする人さえいない。

「イズム〔主義〕」を「エイジ〔年齢〕」の後に置く形式上の方針と手順はさておき、これらの有害な既成概念を有害なものとして見ることができるようになるとしよう。年齢を否定することをやめ、エイジズムがいかに私たちの可能性を封じ込め、減らしているかを見ることができるようになるとしよう。そうした上で、一息ついてから、差別的な構造と、私たちの老化を固定化する間違った思い込みへの挑戦を開始しよう。その時まで、エイジズムは私たちを互いに対立させ続ける。つまり、エイジズムは、知識と経験が増える機会を社会から奪いとり、私たちの長く生きた健康な命が素晴らしい達成であり、可能性の表れであるとは見ず、それを困った問題としてでっちあげることで私たちの未来を汚しているのだ。

年齢は多様性の判断基準のひとつ。

いくつかの言葉を捨てることから始めるのがいいだろう。「年配の人」？　ゲッ！　誰かが自分を表すのにこの表現を使っているのを私は聞いたことがないというのも理由の一つ。「シニア」はどうか？　うっ！

「お年寄り」がうまくいく文化もあるが、私には無縁な感じがするし、年齢の効果だけで人が尊敬に値するという意味が含まれているのが私は好きになれない。「子供たち」も敬意を払われていいはずだ。年をとった人を言い表す時に使われる言葉で反論できない唯一の表現は、「高齢の人々」なので、私は縮めて「高齢者」を使うことにする〔日本の厚労省が高齢者を使い始めた経緯は訳注3を参照のこと〕。この表現は明快で、中立な価値を表し、年齢が連続体であることが強調されている。ここには老若の分断がない。私たちは常に誰かより年上（高齢）なのだし、誰かより年下（若齢）なのだ。地球上で若くなる人は誰もいないので老いを軽蔑的に――例えば、厄介な世代が甘えているかのような「老いたベビーブーマー世代」とか、または、あたかも往年のファンが冷凍貯蔵されているかのような「老いたエンターテイナー」とかを――使うのは止めよう。

「お嬢さん」と呼ばれて、ほめ言葉として受け取るよう期待されるたびに怒りがこみ上げたが、それがなぜなのか、深く考えるまで分からなかった。

私たちの顔に対するこうしたコメントはほめ言葉に化けて発せられる。いやもう若くないのですよ、と知らせるのはなんとなく気恥ずかしいので、私たちはこれを無視する傾向がある。そして高齢者として声をかけられるのは、恥ずかしくなくなるまで恥ずかしさは続く。私は、今はもうそうではなくなった。誰かに「歳のわりにすごい!」と言われても、気まずい気持ちを抑えてなんとなく感謝してしまうようなことはなくなった。「あなたもお歳のわりにはお元気そうで」と明るく返している。

高齢女性があまり目に入らない一つの理由に多くの女性が髪を染めていることに気がついた時、私は髪をブリーチして白くし、どうなるか観察した。背中が痛むと、自動的に接骨院とか整体院とか呼ばれるところの施術員を責めることをせず、シャベルで掘ることとか、草取りがいけないのかと考えるのもやめた。「よっ! これってエイジズム?」というタイトルでQ&Aブログを立ち上げ、人が見たこと聞いたことが差別的であるかどうかを私に尋ねられるサイトにした。そしてこの本を書いた。

私たちはそれぞれ違った歳の取り方をし、老ける程度もそれぞれ違うのだが、誰もが、ある朝、年寄りとして目を覚ます。老いるのはむずかしいが、そこから抜け出せる人はいない。そして、この時の経過が私たちに真の恩恵をもたらすのだ。この恩恵を見えなくし、私たちに恐怖を煽り、米国で老いることを必要以上に難しくしているのがエイジズムだ。だから私は、アメリカ文化のこの若さへの馬鹿げた破壊的な執着を覆し、両極の年齢の人々が価値を下げられ、軽視されている状況に挑戦する。これは私にとっての聖戦への旅立ちである。

私はこの旅で個人的領域から政治的領域までを通過したので、エイジズムが私たちの資本主義に深く取り込まれ、それを覆す事は社会的・政治的な大変動を起こすことがはっきりした。エイジズムは、老いとは違って、避けられないことではない。

二十世紀、公民権運動と女性解放運動が、凝り固まった人種差別的・女性差別的制度を米国社会に気づかせた。最近は障害者の権利、同性愛者の権利、性転換者の権利を求める活動家たちが、障害者差別、同性愛恐怖症、トランスジェンダー恐怖症を街の通りと裁判所に持ち込んでいる。今や、エイジズムを闘いのリストに加える時だ。多様性の判断基準に年齢を加え、年齢への偏見に基づく差別に抗して結集する時だ。

エイジズムは、性格以外の私たち自身のすべての特徴に関する差別を受け入れられないのと同じぐらい受け入れることができない。もし結婚の平等があるなら、なぜ年齢の平等がないのか？　同性愛者の権利主張が表舞台に登場し、数百万人のアメリカ人が障害者としての誇りを持っているというのに、なぜ高齢者は高齢者としての誇りを持てないのか？

この考えが奇異に聞こえるたった一つの理由は、あなたがそれを今初めて聞いたからだ。これが最後になることはない。

人生百年時代が始まった。すべての人が老いる。エイジズムを終わらせると、私たちみんなが豊かになる。人種差別に顕著なように、多くの差別主義への反対行動が呼びかけられている時に、なぜもう一つ闘うべき差別主義を加えなければならないのか？　答えはこうだ。

私たちは選ぶ必要はない。世界を、歳をとりやすい場所にする時、私たちはそこを、どこか他の所から来ても良い場所、障害を持っている人にも良い場所、クィアにも、白人でない人にも、金持ちでない人にも良い場所にしているのだ。さまざまな抑圧が互いを強めて強化されるように、さまざまな運動が関わりあって互いを強め、発展していく。これが、フェミニストで市民権運動の活動家キンバリー・クレンショウの名付け

「歳のわりにすごい！」と誰かに言われて、なんとなく感謝してしまうことはもうなくなった。今は「あなたもお歳のわりにはお元気そうで」と明るく返している。

た言葉、インターセクショナリティ［交差性］だ。だからいろいろな活動をすること。そうした活動は、偏見に依って立つ恐怖と無知を少しずつ削り取っていく。誰もがエイジズムを経験するのだから、エイジズムを攻撃対象とすることで幾つかの権利を一緒に擁護することができる。鯨保護、診療所増設、民主主義擁護など、あなたが興味を持ったどんな問題であれ、私たちがすべての年齢で姿を表すと、その行動の効果が出るだけでなく、その過程でエイジズムをうち壊すことになる。

本書は、私たちの心の中と外にあるエイジズムに気づくこと、老いることについて少し違った、そして、少しばかり正確な見解を持つこと、そして、元気をだして乗り越えることを呼びかける。

自分でも気づかないうちに老いに関してどう考えているのか？

その考え方はどこから来たのか？

それはどんな目的を叶えようとしているのか？

それは私たちの生活の中でどう展開しているのか？

オフィスから寝室まで、筋肉と記憶の中で、そしてそれが破壊力を発揮する時点で気づいたら、私たちの内部で何が変わるのか？

年齢にやさしい世界――すべての年齢にやさしい世界――とはどんな世界なのか？

個人であれ、集団であれ、必要な意識変化を呼び覚まし、ラジカルな高齢者の運動を起こすために、私たちに何ができるか？

さあ、見つけてみよう！

〈訳注1〉　サクセスフル・エイジング：一九八七年、老年医学者のジョン・ロウと心理学者のロバート・カーンが打ち出した老いの理論。二十世紀後半の寿命革命によって増えた高齢者の大半を占める健常者に目を向け、それまで高齢期を代表するものとされていた疾病や障害などのネガティブな側面でなく、ポジティブな側面、高齢期における可能性に光を当てた。高齢者が、生産活動から退き、体力も気力も減退し、社会から離脱していくという従来の高齢者通念はこの理論によって初めて覆されたのだが、「サクセスフルな」高齢者は「自立し、生産的である」ことを生涯継続すること、中年期を人生の最後まで押しのばすことをゴールとした。そのため、多くの高齢者を除外することになり、修正が求められた。日本では「幸福な老い」などいくつかの表現を用いて訳されている。

〈訳注2〉 **プロダクティブ・エイジング**：一九七〇年代まで、高齢者は、若者に支えられる、非生産的な存在であると見られていたのに対し、平均寿命の延伸にともなって増えた精力的で健康な高齢者による社会活動は、有償であれ無償であれ、社会にとって生産的であり、労働力不足の解決策にもなりうる、とする考え方。一九八〇年初頭、老年病専門医のロバート・バトラーが唱えた。Productive agingを「社会貢献」と訳す向きもある。

〈訳注3〉 厚労省は、一九八五年に新しい老人として「実年」という言葉を流行らそうとしたが、明らかに失敗したようだ。二〇〇八年に老人保健法に代わって制定された高齢者医療確保法から六十五歳以上の人を高齢者と呼ぶが、六十五歳からとする科学的な根拠はないとされている。WHOでも同様。

第1章 エイジズムとは何か

老年病専門医のロバート・バトラーが一九六九年にエイジズムという言葉を思いついた時――「セクシズム」が知られ始めて間もない頃だ――バトラーはエイジズムを、老人、老齢、老いそのものへの偏見に満ちた態度と、老人に対する差別的行為、また、そうした考えを永続させる制度や政策などの総体、と定義した。

この言葉はメディアにすぐに採りあげられ、オックスフォード英語辞書に加えられた。ほぼ半世紀たった今、それは一般の人々の意識に上ることはなく、エイジズムに対する抗議の声ももちろん聞こえてこない。

老いについてのネガティブなメッセージがアメリカ人の生活全体を覆い、私たちの可能性、経済の発展、市民生活の向上を妨げている。これは抑圧だ。つまり、支配されているか、または不当な扱いを受けている。

しかし、多くのアメリカ人は老いに対する不安を社会的・政治的文脈で捉えることができていない。私がエイジズムとは何か知っているかと聞くと、ほとんどのアメリカ人は少しの間考え、他の「イズム［差別主義］」と比べ、その意味に気がつく。概念は正しそうだ。彼らはうなずく。しかし、ほとんどの人にとってそれは未だに目新しい言葉であって、それ以上のものではない。

社会的抑圧は社会的抑圧と呼ばれない限り、私たちはそれを社会的抑圧として捉えないのだが、抑圧が続くには、意識的な偏見も故意の差別も必要ない。このどこかおかしい生活を、「まあ世の中、こんなもの」、「これから先も、たぶんこんなもの」として受け入れてしまうからだ。

自然の推移が社会問題に

有史以前の農耕社会では、高齢まで生きた人は少数で、その人たちは文化の指導者か守護者として尊敬された。宗教は老人に権力を与えた。歴史は数世代に渡って語り継がれて生きていた。この口承の伝統は、印刷術が発明され、本が知識の収納庫として登場した時に深刻な打撃を受けた。高齢が比較的珍しい現象である限りにおいて、高齢者は価値ある技術と情報の師範の位置を保っていた。できたばかりのアメリカ合衆国は長老政治で支配権を握る高齢の男たちに奉仕するものであり、若い市民が権威ある地位につくには歳をとらなければならなかった。

十九世紀と二十世紀の間にこの状況が逆転した。近代化による大規模な変化によって、社会の高齢な構成員の姿が見えにくくなり、高齢者の社会貢献の機会が減り、権威が侵食された。急速な社会変化によって過去を学ぶ重要性は減少した。老いは、自然の推移であることから、社会保障や「退職者の村」〔米国で五十五歳以上の人のためだけに作られた街〕などによって「解決」されるべき社会問題へと変化した。老年病専門医のビル・トーマスの忘れられない表現、「救貧院と病院とが強制結婚させられた」ような高齢者施設が登場し、巨大な産業が生まれた。

歴史家のトーマス・R・コールとデビッド・ハケット・フィッシャーは、十九世紀初め、人間の条件としての老いという概念が、科学的に解決可能な生物医学上の問題としての老化という概念に急速に変わっていった様子を記録した。その過程で、それぞれの段階に価値と意味を持つ、人間の人生という感覚は失われた。

第二次世界大戦後の余裕と繁栄、消費文化の爆発に駆り立てられ、新しく「青春」と呼ばれるようになった人生の一段階の調査が進むにつれて、若者文化が前世紀とははっきりと異なる二十世紀の現象として台頭した。この「若者信仰」がひろまると、老人恐怖症――老人への恐怖と嫌悪、さらには憎しみ――に弾みがついた。

一九六〇年代、一九七〇年代に育った私たち世代は、三十歳以上を信用するなと警告された。たぶんこれは、分断された片方の世代をあからさまに支持する初めての試みだっただろう。三十代以上は羨望の対象ではなかったようだ。

同じころビートルズは、「それでも僕を必要として、料理も作ってくれる？　僕が六十四歳になっても？」と、優しく歌った。

歳をとることが恥ずかしいことになった

歳とったアメリカ人の社会的地位は、歴史的、経済的状況を反映しているだけでなく、老人特有の弱さに対する恐怖とも深く関係している。身体の可動性、可視性、自律性を失うことへの恐怖だ。

こうした身体の変化すべてが私たちに起こるわけではないのだが、生まれた時から知っていた人が亡くなる、身体のどこかが悪くなる、といった二つの嬉しくない変化だけは避けて通れない。これは自然な変化なのだが、私たちの文化では、この変化にうまく対応する言葉と方法を開発できていない。その理由は、こうした変化に出会うと私たちは自分たちをすっかり弱い存在であると思い込んでしまうからであり、また、こんなに長い寿命は私たちがこれまで経験したことがない初めてのことだからなのだ。

そしてもう一つの理由としてエイジズムの存在がある。内面化され、人々の心の中にあるエイジズムと、文化全体にあるエイジズムだ。その結果、こうした自然な変化を私たちは恥かしいと捉え、自尊心をなくしてしまうのだ。

内面化されたこの恐怖と不安が、否定、過補償［劣等感を過度に克服しようとする心理］、スティグマ［社会的烙印］、さらには、差別を正当化する軽蔑までの、多くの不健康な行動パターンの下地を作り上げる。社会の主流から取り残されると自己嫌悪と消極性という二つの特徴を示すようになるのだが、老いに思いを馳せるとその二つが様々な形をとって現れる。私の娘はこれを「なんと、お気の毒ファクター」と呼んだ。

「出入り口が広くて、トイレの位置が抜群に良い——誰の家でもこうすべきだと思う」と、車椅子ユーザーから家を購入した友達が言った。これがユニバーサルデザインの家の前提だ。高齢者や障害者のためにデザインされた商品は他のすべての人にとっても快適なのだ。高齢者に優しい商品は、建造環境を改善し、利用しやすくできているのだが、スティグマを押されているために市場から排除される。市場に出る前に不動産仲介業者が斜面や取手を除くよう助言する。あたかも利用しやすさはおまけであり、老いるとそれが必要になると気づく買い手がいないかのようだ。

歳をとると、私たちは、自分が作ったものでもなく、自分にはどうすることもできないさまざまな状況を自分のせいにする。

ああなんてこと、内面化されたエイジズムのお陰で、私は彼らを理解できてしまう！　スティグマが収益をも凌駕するのだ。急激に成長する「シルバー市場」があり、特に「エイジ・インディペンデンス・テクノロジー［高齢者の自立を補助するテクノロジー］」を促進する商品の市場があるのだが、広告主たちは十八歳から三十四歳にターゲットを絞り込み、高い広告料を払い続ける。高齢者の大きな購買力にもかかわらず、小売業者は高齢者用の商品の仕入れに不安を持ち、会社は投資に慎重だ。健康補助器具を販売するのでなければ、「もう若くはない人たち」のブランドとされることをメーカーは好まない。高齢の消費者が自分たちの弱い視力と悪い平衡感覚を思い知らされる商品を買いたがらないのと同じだ。

その代わり、私たちは、自分が作ったものでもなく、自分にはどうすることもできないさまざまな状況を自分のせいにする。

ある困難に出くわすと、私たちは「自分に問題がある」と思う。ラベルが読みづらい、手すりがなくて歩きづらい、容器を開けづらいなど、何かを難しいと感じる時、私たちは、身体が硬くなった、自分が下手くそだ、準備していなかった、などと自分を責めたてる。

一人の老人が低い椅子から必死で立ち上がろうとしているのを見て、深く座りすぎだとか、床に近づきすぎだとは考えずに、この老人の筋肉や平衡感覚が弱っているから立ち上がれないのだと思い込む。十代の若者が幼稚園児の椅子にちょこんと腰を降ろしている時、若者の足がひどく大きく見えることをおかしいとは思わない。子供の椅子が十代の若者用にデザインされていないように、低い椅子も九十歳用にデザインされていないのだ。問題はできるかできないかではないのだが、エイジズムの世界で問題を見極めるのは至難の技だ。しかし、そうした障害物より厄介なのは、高齢者に機会を閉ざし、自立を妨げている基本的な政策と社会の偏見である。人間の自然な変化を恥と感じさせ、こうした障害物を受け入れるように仕向けるのはエイジズムなのだが、私たちはそれを責めずに、自分自身の老いを責める。私たちが周囲の世界へ全面的に参加するのを妨げているのは差別であって、老いではない。

エイジズムが未来を怖がらせる

私たちがその中に入りたいと思っている集団であるにも関わらず、その集団を差別するのはおかしい。「社会保障給付金制度」を吸い尽くしていると高齢者――彼らには資格がある――を非難するのもおかしい。その制度が必要になり、同時にそのことで敵意を持たれることになると言うのに……。

トッド・ネルソン［カリフォルニア大学心理学教授、著書に「Ageism : Stereotypes and Prejudice against Older persons（エイジズム――高齢者のステレオタイプ化と偏見）」］や他の多くの学者が言うように、エイジズムは未来の自分への偏見であり、人間の普遍的な状態に対する唯一の「差別主義」であるという好ましからざる特質を持っている。この特質は歳をとるという事実を否定することから派生するものだ。私たちが老いるという事実を私たちが否定する。高齢の人は他者であって私たちでなく——未来の私たちでさえなく——私たちは未来の私たちの状態と遠く隔たるためにどんな苦労も厭わない、という筋の通らない主張をする。

しばらく前に私に、「私の母は九十歳。でも母は老人じゃない」と、老いをあたかも感染症のように語った人がいた。自分とは関わりがないかのように、高齢者施設を「車椅子の老人がいっぱいいる所」と言って拒絶する老人のように、私たちは相違点を誇張し、共有点を見過ごす。

子供の頃、大人が私たちを丁寧に扱わないこと——これもエイジズム——に腹を立てたが、自分の話す声が震え、皮膚が皺に覆われ、歩き方がもたつくことなど想像もできなかった。時と共にこの幻想は維持できなくなり、だんだん自分を責める懲罰的な心理に縛られていく。私たちは変化を受け入れずに、変化を受け入れた場合の私たちの姿を憎む。

歴史家のデビッド・ハケット・フィッシャーはこの破壊的な分断から受ける影響を解明し、こう述べている。

「何よりそれを選んだ人に破壊的な影響が及ぶ——それが最終的に心の内側に入り込むからだ[1]」

これが偏見の本質だ。それは常に無作法で、たいていは、敵意を含んでいる。他人と自分を隔てることから始まり、老いの場合（人種や性とは反対に）、自分自身への嫌悪に変わる。自己嫌悪はさまざまな現れ方をする。それは、自分を本来の自分より若いと「通す」時、有色人種が自分を白人であると「通す」時、同性愛者が異性愛者であると「通す」時に現れる。自分自身を差別から守りたい欲求と心の中の嫌悪感から駆り立てられる行動だ。

「この部屋にいる皆さんは違うと思いますが、私が若くなることはないのです」とか、「私が何年に卒業したかを申し上げる必要はないでしょう」といった自分を蔑むような言い方の根底にも自己嫌悪がある。どちらのコメントも高齢化対策の最前線にいる人の発した言葉だ。彼らはもう少し自覚を持っているはずだと思うだろうが、多くの人が高齢化の失敗モデルに多くの時間と金を費やしている。この人たちは最弱者と困窮者のケアという重要な使命を専門にする人たちなのだが、いまだにこうした高齢者観と彼ら自身の将来像を調整できていない。

　こうした人たちと反対の極には、サクセスフル・エイジング・モデル〔序章の訳注1を参照のこと〕の提唱者たちがいる。彼らは、健康的な行動と「できるんだ《キャンドゥ》」戦略で老いを寄せ付けないと主張する。この主張もまた否定の領域を出ることができていない。これは、「成功裡《サクセスフル》」に老いるには社会経済的な階級と障害の有る無しが大きく関係することを見過ごしがちな、高所得者向けの老いの否定である。

　私たちは若さを感じるのに忙しく、周囲や心の中のエイジズムに気が付かず、エイジズムから身を守る方法を学んでいない。高齢者は自分たちを若いと思っている。その思いの強さは若者と変わらない。同性愛者、あるいは自閉症を患う人たちのような偏見の目でみられる集団は、社会学者の呼ぶところの外集団〔集団心理学で自分が属さない集団のこと〕である事で、集団のアイデンティティーを強化して外部からの衝撃を和らげ、自分たちの誇りを強めている。高齢者は自分たち高齢者を、内集団〔内集団は外集団に対応する概念。個人がみずからをそれと同一視し、一般に愛着や忠誠の態度により所属意識をもつ集団のこと〕――すなわち若者たち――が彼らを軽蔑するのと同じ様に軽蔑する唯一の集団であるようだ。[◉2] メンバーとして受け入れてくれるクラブに入りたくないのだとしか言いようがない。もしそのクラブが、みんなが入りたがるクラブでなかったとしたら、いったいそれは人を笑わせようとしているのか、または、皮肉の度合いを弱めようとしているのか、分からなくなる〈訳注1〉。

エイジズムは虐待を正当化し、寿命を縮める

　ステレオタイプは狡猾な代物だ。なぜか？　それは、他者をステレオタイプに当てはめると、自衛できるからだ。ステレオタイプは簡単に、そして往々にして気づかないうちに、私たちのものの考え方に入り込む。ステレオタイプにあてはめると、感情移入が止まり、私たちを他者の経験から遮断する――エイジズムの場合のように、例え

その「他者」が私たちの将来の私たちであっても遮断する。

「エイジズムは、若い世代に高齢者を彼らとは違うものとして見るよう仕向ける。こうして若い世代は、彼らより年上の人たちを一人の人間として識別しなくなっていく」とロバート・バトラーは、ピューリッツアー賞が与えられた著書『老後はなぜ悲劇なのか――アメリカの老人たちの生活』（メヂカルフレンド社、一九九一年刊）の中で書いている。[3]

私たちが人を自分たちと異なるもの――異なった肌の色、異なった国籍、異なった宗教――として見る時、その人たちには健全な人間としての権利が少ないように見えてくる。これが老人虐待の六件のうちの五件が報道されない理由だ。[4]

老人虐待には多くの現れ方がある。ネグレクトまたは無視、身体的虐待（薬剤の不適切な使用または監禁を含む）、脅しや侮蔑のような感情的虐待、性的虐待、健康管理詐欺、そして経済的搾取。エイジズムのために、老人虐待は緊急処置室の職員や警察官には家庭内暴力よりも知られておらず、一般の人にはそれに気づく知識さえない。

「私が虐待されていることを誰も知らないのだとしたら、または、私が老人虐待を聞いたことがなく、自分だけに起こっていることだと思っているのだとしたら、とても恥ずかしくて、口を閉じてしまいます」と、ニューヨーク州オノンダガ郡老人虐待対策班の元班長は説明する。こうした理由から、その人が歳をとりすぎていて気付かない、などという矛盾した釈明で老人虐待を正当化する人が出てくるのだ。


偉そうな態度そのものが、命を縮める。実際に介護にあたる人の間で「赤ちゃん言葉」と呼ばれている言葉使い――老人を呼ぶときに使う小馬鹿にしたような「かわい子ちゃん」とか「いい子ちゃん」など――は受け取る人の心に突き刺さるだけではない。老人は不用であり無能であるというステレオタイプを強調しているので、そのことで健康が害され、寿命を縮める。実際、老いを前向きに捉えている人は、自分の世話は自分でする意欲があるので、長く生きる――その差は平均七歳半にもなる。[5]

認知症には免疫がない。重度のアルツハイマー症を患う高齢者施設の入居者は赤ちゃん言葉に攻撃的に反応する。過剰に調整することもまた老人を傷つける――相手の老人が実際、混乱しているか、聞き取りが困難かどうかを確かめることもなく、単純化した言語や文章を使い、大きな声を出し、過度にゆっくりと話しかける。こうした屈辱的な態度の目的は、うまく話せず、うまく動けず、じょうずに考えられないように「速く老いさせる」ことにあるように見える。[6]

心の中に巣食うステレオタイプは、人が自分の人生に見出している価値を破壊することもある。ニューヨークのセラピスト、ボブ・バージェロンの悲しい話を見てみよう。

バージェロンが四十七歳で自殺したことに彼の友人たちは驚愕した。「そのカッコ良さは容赦がない！」と言われていたバージェロンには友人も家族もあり、経済的にも安定し、うつ病の経験もなかった。若者として異常なほどに美しかった彼は、「The Right Side of Forty : The Complete Guide to Happiness for Gay Man at Midlife and Beyond（四十歳に相応しいこと――中年ゲイの幸せへの完全ガイド）」というタイトルの本を執筆中だった。原稿のタイトルページを指す矢印の横にあった走り書きには「間違った情報から出た嘘八百」と書かれていた。バージェロンの遺書だ。

彼はものを書くという苦しい生活が初めてだったし、大晦日のニューヨークをたったひとりで過ごしていた。この組み合わせは良くない。若さの美と伝統的なセックスの強さに異常にこだわる文化圏に彼が属していたことも災いした。しかし、バージェロンにとっての悲劇は、オルタナティブな物語を描かない世界に住もうとしていたことだ。そのため彼は恐怖に飲み込まれた。だから私たちには、もっと豊かで重層的な物語が必要なのだ。衰えという外套を脱ぎ捨て、四十歳に――いや、何歳にでも――「相応しい」とか「相応しくない」事などないことを示す物語だ。

別の研究で、対象者に高齢についての否定的なステレオタイプと肯定的なステレオタイプを紹介した後、仮定として、延命治療を受けるか受けないかを質問すると、予想通り、否定的な気分に陥っている対象者の方が受けないと答える傾向が強く見られた。[7] こうした価値観は自殺幇助をめぐる文化論争に登場する。この論争で、話題の対象が高齢者か重度の障害者であると、自殺幇助に怒りを表す人の数がにわかに少なくなる。論争は、アメリカ文化に高齢者と障害者を生きている価値もお金を使う価値もないと決めつける側面のあることを念頭に入れて進めるべきだ。

高齢者の安楽死は、フィクション史上では少なくともヴィクトリア朝時代［一八三七年から一九〇一年のヴィクトリア英国女王の君臨期間を指す］の小説家アンソニー・トロロープにまで遡る。一八八二年に出版されたトロロープの小説「The Fixed Period（定められた期間）」では六十八歳での安楽死を法律で強制することが提案される。表面上の理由は苦痛から解放するためだ。

風刺作家クリストファー・バックレーの小説「Boomsday（経済の繁栄を迎える日）」ではミレニアル世代が蜂起する。運動の予言者的指導者が、退職者助成金に使われる税金の納付をやめろと呼びかけ、自殺するブーマー世代に報奨金を与えろと呼びかける。

二〇一三年六月にニューヨーク大学が主催した「Love and Let Die : An All-Day Consideration of Ballooning Longevity, the Quality of Life, and Coming Generational Smash-up（愛するなら死なせろ――膨れ上がる寿命、生活の質、迫り来る破滅について一日中考える日）」と題するセミナーで配られた説明書には、「私たちには、八十五歳が臀部の手術を定期的に五回受けられる世界に生きるか、小学校に通うのがやっとの世界に生きるかを選ばされる状況が近づいているかもしれない」と書かれていた。

誰かが私の臀部の手術を四回しくじったら、当然、私は五回目もやってもらう。余計なお世話だ！　小学校へ

アメリカ文化は高齢者と障害者を生きている価値もお金を使う価値もないと決めつける。

の資金と関節治療への資金が同じ財布から出てくる訳でもあるまいし（そして国民皆医療保険の問題と適切な公共教育の問題が並列されているために文章が意味をなしていない）。これは資金の問題ではなく分配方法の問題なのだ。

年齢スペクトルの両極にいる人たち——老人と子供——が資本主義経済で生産的であることはほとんどないために、彼らは十中八九差別を受ける。連邦議会が発する「家族の価値」の美辞麗句にもかかわらず、子供のためのプロジェクトは資金不足だ。それは、子供には投票権がないからであり、政治的影響力を持つ両親の子供はそうしたプロジェクトを必要としないからだ。エイジズムは、他の「差別主義」と一緒になって、権利を奪われた人たちを互いに闘わせ、ひいては支配階級の力の維持の役に立つ。「子供vs老人」は、老年学者たちがその誤りを繰り返し暴いてきた二分法［論理学で概念を互いに矛盾する二つの下位概念に区分すること］なのだが、いまだにメディアを賑わせている。

実際、老人が風景から消え始め、老人賛歌の声はめったに聞こえて来なくなった。エイジズムがこのまま放置されるなら、老人がまったくいなくなる悲惨な未来が想像できてしまう。長寿に見られる一連の素晴らしい業績を考えると、その結末はあまりに皮肉で悲劇的ではないか。

長寿は人類の進歩の基本指標である

人間は歳をとる。それはなんら新しいことではないのだが、私たちの何割が高齢に達するかは日々更新されている。人間の寿命の最初の飛躍的な伸びは、三千年ほど前の旧石器時代に起こり、人間は三十年を超える年月を生き始めた。その時、現在の人類への繁栄が始まり、芸術が生まれ、記号が使われ、最後の氷河期の極寒にもかかわらず繁栄を続けた。なぜか？　それは、三十年という年月が祖父母になるに十分な期間であり、これによって人類の進化が促進されたからだ。年長者は知識の保存庫であり、危険回避や食糧貯蔵の方法、人間関係を知る技にたけ、また、そうした複雑な技術を伝えるのがうまかった。

次の大飛躍は百五十年程前、産業革命から始まった桁外れの科学技術の進歩によって起きた。多くの子供が成人にまで達したため、女性の産む子供の数は少なくなり始めた（いささか直感に反するのだが、人口の高齢化の主な決定要因は出産率を下げることはあっても、平均余命を伸ばすことはない）。高齢者の割合は増加し、以降、先進国における寿命は二倍になった。

二十世紀、合衆国だけでも、寿命がなんと三十年も伸びた。これは、成人期まで生き延びるアメリカ人の数が増加しているからなのだが、私たちの一生は長くなっていて、私たちの祖父母の時代以降、平均して生物学的に十年増えている。実際、きれいな水と抗生物質のお陰で、私たちは死を若者から高齢者に割り当て直したのだ。

「率直に言って、人口の高齢化を見て喜びを感じないとしたら、その人はどこかおかしい」と、ガーディアン紙のコラムニスト、ゾエ・ウイリアムスが、世界人口の前代未聞の高齢化に関する二〇〇八年の米国勢調査局の報告の中で書いている。

「もし、命を延ばすためでなければ、なぜ、私たちに公衆衛生、協力、知識の共有などの考え方があると言うのか？」[8]

二〇一二年にニューヨークで開かれたジャーナリストのための高齢化ブーム・セミナーのスピーカーの一人は、長寿革命を「爆弾、ピル、インターネットよりも重要な、世界における我々の時代の最も重要な現象」、また、「我々の諸問題のほとんどすべてを解決する途方もない機会」、そして、「人類史における最大の業績となりえる」と表現した。

コロンビア大学公衆衛生学部長リンダ・フリードは、「人類史の新段階」と称して、健康で教育程度の高い大人数百万人の社会資本を「実際に増えている唯一の自然資源」と呼んだ。

異なる学派からなる多くの知的機関――ランド・コーポレーション、シカゴ大学、クイーンズ大学ベルファスト、ハーバード大学、イエール大学など――が、健康と健康のもたらす長寿は、医療費、就業率（適切な報酬が前提）、労働者の生産性、そして年金制度の資金調達に影響を与えて、富を生みだす重要な経済の原動力であることを、相次いで認めている。[9]

それなのに、いまだに称賛されず不安がられる

少し見通しが明るくなった？　気を緩めてはダメです！

ジャーナリストのポール・クレイマンの軽妙な造語――「皺くちゃな地球」――は、この大規模な人口統計学的変化と、それに伴う漠然とした不安を連想させる言葉だ。皺くちゃな地球は、それが社会問題であること、進行中の災害であることすら表している。時代は、フリードが「高齢化社会の証としての赤字会計」と呼んだ不安を煽る。

厳しい時代に私たちは生贄を求める。私たちは、高齢化という人口統計学的現象に、老いへの個人的な不安を投影させる。そして実際、この人口統計学的変化に賢く準備を整えておかない限り、私たちはこれまでの実績を大失敗に終わらせてしまうことになるのだ。

二〇一〇年十月に、人口統計学者フィリップ・ロングマンは「『灰色の津波』が地球を洗い流す[10]」と警告した。この表現は、水平線に高齢者の大波がその巨大な姿を現し、国家予算を飲み干し、医療制度を水没させ、将来世代の富を沖に向かって吸い上げていく不気味なイメージを喚起した。ジャーナリストは飛びつき、「灰色の津波」は以降、広く採り上げられ、高齢化による社会経済的脅威を表す言葉となった。

「社会における高齢化の進展は、本当に都市が瞬時に破壊されるようなものなのか？」と、トロント大学准教授アンドレア・チャリースは疑問を投げかける。チャリースが言うように、「灰色の津波」という表現は、社会を対立する二つの集団、「貧しい老人」と他のすべての人たちとに分断し、「パニック政治との取引[11]」が非常にうまくできるため、結果的に他のすべての表現を押しのけてしまう。

この種の表現が政治的な意味合いを帯びたのは初めてではない。十九世紀末にアジア人移民の流入は「黄禍」と呼ばれた。十九世紀の結核と梅毒から二十世紀のＨＩＶ／ＡＩＤＳ、そして二十一世紀のアルツハイマー病まで、社会を脅かす多くの病気が「満ち潮」の比喩で表現された。

災害と貧困についての議論が、高齢者への偏見を弁明し、高齢者の切り捨てを正当化し、世代間対立を煽る。それによって、私たちが実際には津波に直面していないという事実が曖昧になる。これは科学者が長年研究してきた人口統計学的な波なのであり、洪水時に河原に流水が打ち寄せるような波であって、無防備な岸辺を警告なく襲うようなものではないのだ。その波が五〇年代から水平線の向こうに見えていたにもかかわらず、なぜ社会にその準備がないのか？　なぜ、老人社会学者ジャネット・ラーディが提案するように、それを「シルバー貯水池」として捉えることができないのか？　「津波」がその貯水池を満たせるというのに。

老いに対して私たちが持つ二律背反的な感情は極めて人間的なものだ。誰も若くして死にたくないのだが、長寿に必要な財政的・物理的支援についての不安は広がり、説得力を持つ。物事の速い変化に連れて、私たちはまったく新しい生理学的社会領域を切り開いているのだが、この新しい高齢者のコホートのためのルールが未だ開発されていないのだ。

私たちを取り巻く制度は寿命が今より短い時に作られたものばかりだ。例えば、教育は若者のため、雇用は中年のため、そして娯楽は年寄りのため。こうした考えは明らかに時代にそぐわない。しかし私たちは未だこうした構造を抜本的に修正できず、新しいものを発明できてもいない。科学は文化を飛び越えるが、社会がそれに追いつかない。人間という動物が知覚と行動を見直すのが遅いことはよく知られている。

社会学者はこれを「構造的時差」と呼ぶ。それは社会の構成要素がいろいろ異なる速度で変化し、調和が取れなくなる時に起こる。高齢に対する私たちの態度の多くが非理性的で、まったく矛盾するものであっても不思議ではない。

五十歳以上のアメリカ人が全米の可処分所得の約七十%を占めているのだが、私たちはマーケティング担当者から無視されている。メディアの大見出しがこだわっているように、どうしたらいったい老いが負担なのか？　そしてまた、なぜ老いが、たくさんの鼻につく文体で宣言されているように、贈り物なのか？

グローバライゼーションは高齢者の価値を下げる

グローバル経済の活動とは、いかなる経済優位性であれ、それを得るために激しく競うことを意味する。成功と失敗を分けるわずかな利幅は激しく変化する。富と力への欲求が地球規模になったため、地球に住む人々は速く歳をとる。こうしたいくつかの異なる動きが激しくぶつかり合っている。

「灰色の津波」の物語に従えば、高齢化人口がグローバル経済における競争を不可能にする。その一方で、若い労働力はグローバルビジネスマンと投資家を惹きつける。長寿ブームの全世界的影響を予告した「The Shock of Gray（高齢者急増の衝撃）」の著者、テッド・C・フィッシュマンはそれを「年齢のグローバル裁定取引[12]」と呼んだ（裁定取引とは資産を安く買い、速やかにどこかに営利目的で売ることを意味する）。

「経済的な若者」を求める地球規模の競争によって、長寿ブームに対する政治と制度上の曖昧さが浮き彫りになり、非常に若い人と非常に高齢の人への関心——最も搾取可能な労働力、したがって最も価値が低い——がつながる。

ジャーナリズム学のトーマス・B・エドサル教授は、政府がいかに貧困を定義するかについて言及する中で、次のように観察している。

「市場の決定、費用対効果分析、収益判断に、人生の始まりと終わりの両方の時期が主題として取り上げられることが多くなった。こうしたことがこれほどあからさまにはっきりしたことはこれまでなかった[13]」

高齢者は、現在の経済の仕組みゆえに、経済の足手纏いとされている。私たちのような新しい未開発のリソースがうまく利用されるためには、この経済構造が修正される必要があるのだ。

使われる言葉は血も涙もなく、話の方向性は明白で、元凶は決まっている。フィッシュマンによると、「高齢者の健康を守り、高齢者を貧困から救うための高い費用はアメリカと他の富裕な民主主義諸国の経済的政治的足場を失わせる」[14]。言い換えると、この学派に従えば、西洋帝国主義の弱体化は、地球規模の銀行システムを脅かす不良債権の蓄積でも、気候変動の影響でも、実質賃金の低迷でも、若者の高い失業率でも、崩壊しそうな公共インフラでも、オートメーションと情報経済に取り残された労働力でもなく、また中産階級の包囲が進んで富が少数者の手に集中しているためでもない。全ては高齢者が多すぎるためなのだ！　くだらない！

「The Imaginary Time Bomb（想像上の時限爆弾）」の中で、イギリス人エコノミスト、フィル・ミュランは、フィッシュマンのような人たちによる分析の反動性を暴き、現在、世界で増大する老いに対する先入観は人口統計学とは少しも、いやまったく関係ないものだと主張している。それどころか、この分析は経済における政府の役割の削減と福祉国家の制限の正当化に使われているのだ。

「しばしば人口問題として紹介される事柄は、人口統計学の議論を装う道徳問題か思想問題と理解した方が良い」と、社会学者のフランク・フュレディは書いている[15]。

緊縮財政は、「高齢者と困窮者への連邦政府の支出がアメリカ経済を悪くしているとする社会的に構築された観念によって」正当化される、とミュランは言う[16]。

アメリカ経済の抱える問題を人口の高齢化が原因であるとすると――フィッシュマン、ロングマン、その他多くの人騒がせな人口統計学者たちの主張――グローバル資本主義の中にある原因を覆い隠すことになるのだ。

高齢者排斥に使われる神話の数々

◆社会は高齢者で水没する

二〇一五年に十五歳以下のアメリカ人より六十歳以上のアメリカ人が多くなるとする、繰り返し引用される統計データを考えてみよう。一隻のボートに大量の高齢者が乗っているが、子供の数は非常に少ない。高齢者が多すぎるから溺死するのか、または若者が少ないから餓死するのか？　別の見方もできる。二〇二〇年までには子供一人に対して高齢者一人の割合になる。これは、出生率と乳児死亡率が高かった時と比べると、子供にとっては遥かに良い状況だ。

人々を興奮させる将来予測は、往々にして特定の歴史的現象の結果であることを覚えておくとよい。つまり戦後世代の高齢化によるコホート効果〈訳注2〉――よく知られているニシキヘビの隆起〈訳注3〉のことだ。実は、米国の人口分布グラフで世紀半ばを超えて伸びるものは比較的少ない。その時点までに六十五歳以上の人の割合は減少する。

ロングマンは、急速に高齢化する国々でさえ「若者の隆起」が生じる、と指摘する。彼はこの隆起を「暴力から経済的混乱までのあらゆる社会的帰結を伴う[17]」迫りくる災難と表現する。何をやってもダメそうだ。

◆高齢者は、病人と虚弱な人の介護には邪魔だ

長寿ブームは、実際、老化の生物学と関連医療に対するぼう大な投資を必要とする。新しい治療法は高価であることが多いが、五十年前と比べると多くの疾患の予防と治療が可能となった。介護者の不足は現実の問題であり、この問題は今後さらに深刻になる。

しかし、高齢者が医療費の金食い虫であると思い込むのは間違いだ。医療費は私たちが死ぬ間際に最も高くなるのだが、それが十八歳の死であろうが、八十歳の死であろうが、変わることはない。そして、病気である期

間の方が、病気になる年齢よりも費用に大きく影響することを証拠が示している。[18] 戦後世代は歴史上最も健康な世代だ。二十二カ国の豊かな国々（米国を含む）の研究で、人口の高齢化と医療費には相互関係がないことがわかった。[19] 医療費がかかるのは、むしろ、年齢に関わらず、資源をもっとも使う消耗性疾患や怪我だ。世界保健機構（ＷＨＯ）によると、老化の医療費に及ぼす影響は他の要因に比べると非常に少ない。例えば、一九四〇年と一九九〇年の間に、米国人口の高齢化が最も速く進んだが、老化による医療費の増加はたった二％程度だった。医療費増加分の三十八から六十五％はテクノロジー関連の変化によるものだ。[20]

人はただ単に長く生きているのではない。数十年前の高齢者に比べると、健康状態が良く、身体に障害がある期間も短くなっている。米国保健福祉省によると、高齢者施設や介護施設に使われる米国の医療費は二〇〇〇年から減少し、二〇〇六年以降は横這いが続いている。[21] マッカーサー財団の米国老化十年研究では、アルツハイマー病患者が増加すると変わる可能性があるとは言え、六十五歳以降は医療費の大幅な負担はないとの結論に達した。[22]

八十歳以上の人の終末期のケアにかかる費用は実際、六十代や七十代の時よりも少ない。これはたぶん積極的な治療介入をあまりしなくなるのがその理由だろう。慢性疾患は増えるが、それはほとんどの高齢者の社会活動や、隣人の手伝い、人生の楽しみを妨げるものではない。

◆高齢者は経済の重荷だ

そんなことはまったくない。五十歳以上の人たちは、急成長中で重要な「長寿経済」の原動力だ。このことはしばしば見落とされている。米退職者協会によると、五十歳以上の人たちの支出合計は二〇一五年に五兆六〇〇〇億ドルに達し、この直接支出が経済を循環することからの影響を考慮すると、ＧＤＰへの寄与は七兆六〇〇〇億ドルに上る。全体的に、この支出で二〇一五年には八九四〇万人の雇用——全米の雇用の六十一％——

が支えられた。[23] アパレル、医療、教育、余暇、娯楽などの産業を五十歳以上の人たちの支出が活性化させるので、二〇三二年までにこの集団は米国の経済活動の半分以上を動かすと予想される。[24] これは世界規模で見られる傾向だ。

マサチューセッツ工科大学エイジラボ（ＡｇｅＬａｂ）の理事ジョセフ・クーリンが「Longevity Economy（長寿経済）」で書いているように、「世界の最先端経済は祖父母が必要とするものと欲しいもの、そして祖父母の思いつきを中心に展開するようになる、といっても言い過ぎではない」[25]

米国にはまた、これまでになく高齢の労働者が多い。雇用期間が長く、税収入を生み出し、稼ぎ続ける高齢者は、前の世代よりもはるかに長く経済を活性化する。彼らが老いて、労働人口でなくなると、住宅の修理や移動、ダウンサイジングに手伝いが必要となり、それら全てが仕事を作りだす。高齢者はまた多様な製品やサービス、特に技術的に革新的な製品への投資を活発にする。「起業家」というと、有名なガレージにいる子供を思い浮かべるかもしれないが、成功しているアメリカの起業家は二十代初めより五十代以上が多く、その数は二倍にのぼる。[26]

高齢者が不払いで行うボランティア労働は、労働指標では高齢アメリカ人の経済的貢献の一部としてしか捉えられていないのだが、その価値は七五〇億ドルに達する。ベビーブーマー世代が現役の労働力でなくなると、この数字はさらに増える。[27]

◆ある世代の利益は他の世代を犠牲にする

まず、ある「世代」は、ある経験と特徴を共有し体現している、とする一般的な――そして直感的に惹きつけられそうな――認識に科学的根拠はない。ある集団――例えば一九八〇年から二〇〇〇年の間に生まれた人の集団――のそれぞれの構成員の違いは、各世代間の違いよりも多い（人種または民族に関しても同じことが言える）。

世代間の違いを明らかにすると主張する研究のほとんどは、ミレニアル世代は職場で甘やかされ満足することがない、といった何かしら別の年齢差別的な見解を指摘するにとどまっている。その年齢のX世代〔アメリカ合衆国において一九六〇年代序盤または中盤から一九七〇年代終盤、または一九八〇年代序盤に生まれた世代のこと〕やベビーブーマー世代についても同じだ。つまり、年齢を重ねると、私たちはそれまでよりも自分に適した職に移る傾向がある。これは年齢効果であって、世代効果ではない[28]。

世代間の緊張は、研究に値するものではあるが、主にそれは、高齢化を問題視している事を気づかせないための煙幕であり、その兆候を示すものであると見ていい。

米国の戦後世代は幸運にも予想もしない平和と繁栄の時代に成人に達した。若い人々がその幸運を恨み、ベビーブーマー世代が去る時に跳ね橋を吊り上げて行ったと感じたとしても、それは理解できる。しかし、集団同士――高齢者対若者――を対立させるのは、富裕な権力者が、平等な世界を求めて人が団結しないよう、人々を分断する時に使う伝統的な戦術だ。低賃金の労働者の集団同士を対立させるとか、家庭の専業主婦と働く女性の利害を対立させるのと同じだ。

根本的な問題はすべての人にとっての生活賃金であり、改革は集団的行動を必要とする。そうでなく、問題がゼロサム――「彼ら」にとって多いことは「私たち」にとって少ないこと――として設定されるとき、公共の利益が危険に晒されていることと、問題がすべての人に及ぶことが見えにくくなる。

対立を煽ると新聞がよく売れるので、メディアは世代間競争が避けられないとの神話を固定化し、人々は簡単にそれを受け入れる。バリケードは橋より作りやすいが役に立たないことが多く、少なくとも、こうした考え方は、高齢者が学校税〔米国の多くの州では、教育費財源に充てるため、教育目的税（売上税・タバコ税）が設定されている〕への不満を言っている時のように、近視眼的だ。酸素ボンベの運搬人は字が読めなくていいのか？　教育を受けた労働力があることは、個人、家庭、コミュニティ、そして社会全体、すべてにとって良いことだ。

世代間で対立すると、収入の不平等は年齢に関係なく発生する、という問題の鍵を握る事実が見えなくなる。最も裕福な一％の人々にはすべての年齢の人が入っているし、残りの九十九％も同様だ。優れたエコノミストたちの間で長年、議論がされているように、さまざまな年齢コホート内部（コホート間ではない）の格差の増大が、一般のアメリカ人の見通しを暗くしている。

世代間の懸念の多くは、六十五歳以上と十五歳から六十四歳までを比較する「高齢者人口指数」に集中する。この印象操作的な用語である「高齢者人口指数」は通常、「労働年齢」人口への「依存」率として仕立て上げられている。その理由は、六十五歳以上の人の数が増え、労働人口が減ると、数の少ない若い人たち――X世代、ミレニアル、Z世代と呼ばれることが多い――の負担が増えるからだ。

実際、高齢労働者数と若い労働者数の比較において、一人の高齢労働者に対する若い労働者の人数は、この百年間で着実に減少している。ミュランが英国の状況で観察したように、「一人の年金受給者を『支える』労働者の数は、一九〇〇年に一人に対して十四人であったのが、一九九〇年には一人に対して四人に減っていたのだが、このことにほとんど誰も気付かなかった」[29]

近年、多くの学者がこの依存率を、比較基準としては粗雑であり、明らかに高齢者に対する敵対概念であるとして批判を強めている。[30]この考え方は、人は六十五歳になるやいなや経済の重荷になるとの仮定に基づいているが、現実は遥かに微妙な差異を含んでいる。高齢なアメリカ人が退職時に当てにするのは自分の資産であって、政府の支援に頼ったことのない人が多い。多くの人が六十五歳よりはるか以前に援助を必要とし、六十五歳を過ぎてからも長く働く人が増えている。

幸いなことに世界銀行が、最近の傾向を考慮して、成年依存人口指数と呼ばれる長年の懸案だった、従来のものに代わる公式を開発した。年齢の高い労働者を若い労働者と比較する代わりに、活動していない成人と経済的に依然として生産的であり続ける成人とを比較するものだ。この比率は、大体一定しており、遥かに安定した経済予測として使用できる。[31]

経済的依存が一方通行であることはほとんどない。資源の移動は、高齢世代から若い世代へ向かう方が、若い世代から高齢世代へ向かうよりも常に多い。高齢者は受けたケアと同じか、それよりも多くを与えている。また、七十五歳以上は、若い人たちよりも多くの時間を使って誰かのケア、通常、パートナーのケアをしている。[32]

二〇一二年のピュー研究所［ワシントンDCを拠点としてアメリカや世界における人々の問題意識や意見、傾向を調査するシンクタンク］の報告では、米国のすべての子供の十人のうち一人は祖父母と暮らしていて、ほとんどの場合、祖父母の家に住み祖父母からの世話を受けている。[33]

子供の育児に忙殺されて自分の親の面倒をみられない間、高齢者である親は、社会保障費やメディケア［高齢者向け医療保険制度。六十五歳給付開始］によって、子供の世話を受けずに自分の面倒は自分でみることができる。このように、高齢者にとって良い政策の多くは、若い人たちにとっても良い政策なのだ。給料が上がらず教育費が高騰する時代において、孫の大学の費用を払う高齢者が増えている。

家族とは、結局のところ複数世代だ。住宅市場や求人市場の根本的な問題への取り組みが据え置かれると、全員が苦しむ。両親と同居するミレニアル世代で失業中の「ブーメラン世代」。彼らの両親は、ひと月の給料の大部分を稼ぎ、家族の中の若者と高齢者の両方の世話をする。これは「サンドイッチ世代」だ。そして、さらに長生きの進む世界では、孫たちのケアをし、彼ら自身の子供を助け、彼ら自身の九十代の親の世話をする「クラブサンドイッチ」世代が登場する。

マッカーサー財団の機関紙「Facts&Fictions about an Aging America（高齢化するアメリカの事実と虚構）」が「高齢者用の給付金制度を巡る世代間対立には何の証拠もない。実際には逆が正しく、対立はない」との結論に至ったのはこうした理由からだ。[34]

誤った二分法を使ったもう一つの議論は、高齢労働者が若い労働者から職を奪うというもの。雇用が少ない時には狭い意味でこれは正しいと言えるのだが、世代間で同じ職を競い合うことは稀だ。二〇一二年にピュー研究所が行なった過去四十年間の就労率の研究では、若者と高齢者の就労率には正の相互関係があるとしている。[35] 言い換えると、職に留まる高齢者が増えると、若者の就業率と就業時間が改善する。英国で二〇一五年に行われた研究でも、高齢者は多くのお金を使い、雇用を増やすので、高齢者の高い就業率は若者の利益になるとの結論に達した。[36]

問題は、世代間の関係に恨みや妬みが起こらないよう充分な雇用を創り出すことだ——歴史家のデビッド・ハケット・フィッシャーの言う「老いと若さとの永遠の違いが、社会の不公正な制度に組み込まれることなく、受け入れられ、敬われる」(フィッシャー著「Growing Old In America(アメリカの高齢化)」より)世界を創り出すことなのだ。[37]

◆社会保障制度が破産! 医療費が枯渇!

六十五歳以上の膨大な人口は合衆国諸制度の負担になる。そして、現在の資金不足による政府の債務は、将来、非常に大きな影響を及ぼす事になる。社会保障費は、安い費用で管理できるので、税収基準点を上げるなど比較的小さな調整で修正が可能だ(高所得者の報酬の増加速度は平均より速いために、現在、課税対象になっているのは報酬の八十三・五%でしかない。一九八三年は九十%だった)。[38]

現在の米国医療の混乱も高齢者の増加が原因ではない。失敗は制度設計にある。救急治療用に設計されているメディケア[高齢者向け医療保険制度]は、障害と慢性疾患のある人々——言い換えれば、高齢化の進むアメリカ——にケアマネージメントが行き渡るように改良する必要がある。

米国と、市民が無料のユニバーサルケアを受けられるカナダと比較してみよう。二〇一二年、カナダ医療情報研究所(CIHI)は、人口の高齢化からの影響を中心に三十五年分の医療費の見直しをおこなった。高齢者が病院にあふれ、医療予算を枯渇させるだろうとの大方の予想に反して、CIHIが発見したのは、高齢者が病院、医療行為、在宅ケア、処方薬品を高い頻度で使用しているにもかかわらず、高齢者関連の治療費は、毎年の公共部門の保険医療費増加分の一%以下でしかないことだった。[39] 言い換えると、高齢者医療費の増加速度は、国民全体の医療費の増加速度よりも緩やかだということだ。生涯にわたる政府支援が高齢カナダ人が病気に罹り、身体に障害を持つ割合を減少させたのだ。

一方で、同様のことをアメリカで見てみると、そこには、歳をとっていようと若かろうと、困窮者——病気にかからないよう、病気が治るよう、健康管理を最も必要としている人たち——を見殺しにする現行制度が、一人の人間に生涯にわたって影響を与えていることが見て取れる。ここで「生涯にわたって」に注意してほしい。貧困、ストレス、厳しい労働環境からの影響が積み重なり、時が経つと、それが病気として現れるのだ。その病気は年齢のせいにされることが多いが、実際はその人が恒久的に不利な立場に置かれていることを反映している。こうしたことが重なると、増え続ける社会的不公正の代償を個人と財政が払うことになる。

◆長寿は賄いきれない

賄おうと思えば賄える。高齢者団体指導者評議会(LCAO=Leadership Council of Aging Organizations)主催の二〇一五年専門家会議では、既存の資金を有効に使うことによって、私たちはアメリカ人高齢者に必要な医療費と退職年金保障を提供することができるとの見解に全員で同意した。[40] 経済的にも道徳的にも正しい動きだ。[41] 前世紀、世界各国のGDPは寿命とともに伸びたのだ。健康と長寿は富を生み出す。

高齢者に使うお金はしばしばコストとして扱われるが、これは投資なのだ。このことは、単に倫理的な理由からそう言えるだけでなく、誰もが将来その恩恵を受けるからというだけでもない。良い医療制度は、安価な費用で人々が健康になり、長く働けて、経済へ大きく貢献する。持続可能な介護システムでは、現在、多くの不払い労働をしている女性が労働力に留まれるようになり、重度の障害を持っている人が自分たちが生きたいように生きることができるようになる。そして、社会全体でリスクを分担し、コミュニティの絆が強まる。芸術と教育の領域への高齢者の参加を支援することは、認知力を向上させ、社会とのつながりを強くし、関係者全てのQOL〔生活の質〕を向上させる。

確かに、高齢者が財政・福祉関連費から受け取る額は大きい。医療費、社会福祉、そしてもちろん当然のこととして退職給付金。これはとんでもないことなのか？　驚くべきことなのか？　もともと制度が目的——自力では提供できなくなった人に提供する——としていたことではないのか？

今日のアメリカ人高齢者の五分の一から三分の二の人たちは退職後のための貯金をしていない。[42]「Never Say Die（弱音を吐くな）」の作者スーザン・ジャコビーが言うように、「高齢者は、ほとんどの場合、まともな暮らしを自分自身で財政的に支えることはできていない」。[43]

八十代と九十代の人の生活を少しでも経済的に安定させることでさえ政府からの膨大な支援が必要だ。高いGDPは、政治的意思と長期計画に比べれば、その重要性は低い。資源はもともと不足していないのだ。米国は、世界の他のすべての国々の軍事費総額と同程度の軍事費を使っている。[44]ここで言う「不足」は、最高齢の——そして最も若い——市民を軽視し、面目を潰す社会政策の結果として生まれる不足だ。

寿命は私たちの幸福を測る基準である。九十歳に達したければ、裕福なアジア系アメリカ人男性になるのが一番良い。他にお勧めは、アンギラ島（カリブ海の島）か、オーストリアか、オーストラリアか、その他二〇一七年に平均余命が米国より上にランクされている四十二カ国に逃げること[45]（平均余命のトップはモナコで八十九歳。米国は四十三番目で八十歳。最下位はチャドでびっくりすることに五十・六歳である）。

恥ずべきことだが、歴史的逆転の中、最貧のアメリカ人の平均余命は下降傾向にある。社会経済的地位が人間の意思

高齢者に使うお金はしばしばコストとして扱われるが、これは投資だ。

に関わりなく決まる社会を説明する研究がいくつかある。ブルックリン研究所は二〇一六年に、一九二〇年に生まれた男性で、収入が上位十位までの人と最下位十位の人との間の平均余命の差異は六年あることを発見した。一九五〇年生まれの男性にとっての差異は二倍以上の十四歳だった。女性にとっては、その差異が四・七歳から十三歳に伸びた。[46] 高収入で高学歴の人のいる地域では寿命は伸びている。結果として、寿命の差が男性と女性、黒人と白人の間で狭まっても、持てる人と持たない人との間では拡大している。

完璧な嵐——老い、階級、自然災害がぶつかる時

晩年になるとほとんど誰もが、主流から外れ、可能性が閉ざされる事の意味を理解する。作家のウォルター・モズリーは書いている。

「老いると、黒人になり、貧しい人になり、実際、歳をとり、肉体的疾患のトラウマに苦しみ、彼らが良いと信じていることだけを進める社会から押しのけられることに——黒人がアメリカの地で絶えず経験していることに——気づく。もしあなたが老人なら、あなたはダメ。もしあなたが下半身付随なら、あなたはダメ。もしあなたが黒人なら、あなたはダメなのだ[47]」

これらの輪郭は自然災害時に最も鮮明に現れる。災害時、貧しい人々、有色人種、老人から過剰な数の死者が出る。一九九五年のシカゴを襲った熱波では、七二九人が命を落とした。ほとんどの犠牲者は都市中心部に住む高齢者で、都市の衰退で孤立し、扉や窓を開けるのを恐れ、エアコンを買う余裕がなかった。黒人は白人より死亡する可能性が高く、人口が密集する地域に住んで孤立することの少ないヒスパニック系の人々よりも死亡する可能性が高かった。

二〇〇五年八月にハリケーン・カトリーナがメキシコ湾岸を襲った時の死者一〇〇〇人近くのうち、その半分は七十五歳以上で、そのうちの半分以上が黒人だった。ニューオリンズは、人種によって分断された貧しい都市で

ある。最も被害を受けたのは動けない人たちと貧しい人たちだった。高齢の住民の多くの死は、避難と家を失ったことによるストレスが原因だと考えられる。

二〇一二年、巨大暴風雨サンデーがアメリカ合衆国中部大西洋岸に吹き荒れた時、死者のほぼ半数は六十五歳以上だった。カトリーナの時のように、ほとんどの人が嵐の日に死亡し、そのほとんどが孤立して溺死した。家の中に閉じこもっていた人もいた。その場から動けなかったのだ。施設にいた人々の状況も悲惨だった。その前年の熱帯暴風雨イリーナで低地にあった四十箇所以上の高齢者施設や介護施設からの避難には数百万ドルかかっていた。サンデーが近づいた時、役人たちは避難を勧めなかった。ハリケーンはクイーンズとブルックリンにある少なくとも二十九の施設を浸水させた。高齢者施設の四〇〇〇人以上の入居者と一五〇〇人の介護施設の入居者は少なくとも三日間、冷たい暗がりの中にいた。その後、そこからオールバニー［ニューヨーク市二二〇キロ北］までの長い距離を、瓦礫の混ざった水に押し流され、混雑した、設備のよくない避難所にたどり着いたのだ。低所得の高齢者の多くは公営住宅団地に何日も電気もなく閉じ込められた。あらゆる意味でエイジズムの世界に取り残されたのだと言える。

高齢化社会であることの意味とは？

一方に「短命な国々」――ロバート・バトラー博士が唱える新語で、人々が生産年齢に達するまで生きることができない諸国の状態を表す――がある。米国はその中には入らない――むしろその逆である――のだが、多くのアメリカ人と老齢（幸せな老齢であることは言うまでもない）との間には、個人の気質と社会状況が立ちはだかる。彼らの精神状態（落ち込んでいる、無謀である、非常に夢中になっている）、または、社会的状況（貧乏か、虚弱か、アフリカ系アメリカ人か、先住アメリカ人か、女性か）のために、すべての人がうまく老いることができず、多くの人が老いるまで生きていない。

しかし、医療と教育を受けられる人たちにとっては、人類の歴史上、初めて、四世代が同時に生きることが普通になってくる。

私たちは、もっと時間をかけて一生をどうしたいかを決め、もっと時間をかけてそれを仕上げ、理解を共有し、愛する人とゆっくり暮らすことができるのだ。この「長寿配当」に対し、反射的に嘆くのではなく、その根底にあるエイジズム的思い込み――すべての年齢の人が一緒に関わったほうが良い課題――に挑戦し、公平な未来に必要な世代間協約について考えてみよう。

高齢者から社会貢献の能力を剥ぎ取ると、若者に負担がかかる。若者は、結婚し、子を産み、キャリアを確立し、三十五歳くらいまでに退職用の貯金を始めるものと思われている。これもエイジズムからの影響だ。老いを資産と見ることは、高齢者と若者の両方にとって良いことだ。この新しいコホートが体現する「経験配当」を利用しよう。高齢者は社会の重荷ではなく、社会に貢献し、高齢者の価値は従来型の経済的生産性から独立したものであることを認めよう。未来研究所〔カリフォルニア州パロアルトのシンクタンク〕の事務局長マリナ・ゴルビスが言ったように、「生産性とは機械を測る尺度だ」。

この文化的変革はすでに私たちの手の届くところにある。資源を肌の白さや男であることに従って分配するのは今や考えられない事だが、さして遠くない昔まで、それに疑問を挟む余地はなかった（いまだにそうであるところが多いが）。奴隷制は、奴隷廃止運動が奴隷制を危機に陥れるまでアメリカ経済の基本であった。残忍な人種差別は、反アパルトヘイト運動が立ち上がるまで南アフリカ共和国の黒人にとっては現実だった。女性の運動が登場して初めて、女性たちは第二位の地位に挑戦し始めた。

これらの闘いはいまだ進行中で、簡単なものは何一つとしてない。アメリカ人女性が投票権を勝ち取るまでには一世紀近くかかり、しかも白人婦人参政権論者たちの側にある人種差別主義に汚された闘いだった。奴隷制の醜悪な遺産はアフリカ系アメリカ人の人生を破壊し続けている。

長寿の意味を認め、それを反映する文化が発展するまでには時間がかかるが、サイは投げられたのだ。スタンフォード長寿センター理事のローラ・カーステインセンが示唆するように、「老いる人から長く生きる人へ」と、変わっていこう。

〈訳注1〉ユダヤ人であるコメディアンのグルーチョ・マルクスが欧米のユダヤ人共同体への参加に関して発した自虐的ジョーク、「どうか私の退会をお許しください。私のような者を会員として迎え入れるようなクラブに、私はいたくありません」を念頭においている。

〈訳注2〉**コホート効果**：「次世代効果」ともいう。個々人の意見は変わりにくいが、育った歴史背景によって影響を受けるもの。社会環境変化に応じて、緩やかに社会が変化していくことを示す。

〈訳注3〉**ニシキヘビの隆起**：ベビーブーマー世代が、数量的にも購買力としても、常に消費人口の大きな部分を占めることを言う。

第2章 アイデンティティー 年齢と自我

このプロジェクトを始めた時、「自分が幾つだと思っているの?」と言われてもそれが誘導尋問とは気づかなかった。ここ数年、年齢のサバを読むのは、良くて楽観的な証拠であり、悪くて人を傷つけていないように思えていた。その時、私は五十五歳で、仕事に没頭し、忙しく、知的能力の絶好調にあり、ビキニを小さなスカートのついたワンピースの水着に替えるくらいなら買わないで節約する方を選んでいた。言い換えると、私は「若い」と感じていたのだ。同様に、「歳とった」と感じるのは決まって何か不満がある時で、具合が悪い、つまらない、憂鬱だ、理解のスピードが遅い、などを表していた。

私がはっきり説明できなかったのは、いい感じが「若い」感じで、嫌な感じが「歳とった」感じ、と言う時の強調の仕方だった。何故「カッコ」をつけるのか?　その理由は、こうした精神状態が、その時私たちが何歳であるかとはもともと関係ないからなのだ。足首を挫くと身体が弱ったと感じる。昇進すると自信がつく。愛する人を失うと心が沈む。新しい友達ができると元気が出る。ちょうどこうした出来事と同じように、人生のどんな時

若さに長くこだわればこだわるほど、私たちの自意識は傷つき、世界での立ち位置は危うくなる。

でもこの感じは経験する。私たちは若さへのこだわりが強すぎてこうした事実を見逃している。

「若い」と「歳とった」は特定の意味を持つ便利な言葉だ。最初の言葉の意味は「生きた期間が短い」、二番目の言葉の意味は「生きた期間が長い」、または「もう若くない」（「高齢の」の方が私は好き）だ。この二つの言葉に、「美しい」と「醜い」、または「イケてる」と「ズレてる」、または「馬鹿げた」と「賢い」の意味はない。「若い」と「歳とった」は、白黒つけられる対立概念ではない。

年齢を否定することに一生懸命なために、こうした方程式の欠陥に私たちは気づかない。問題は私たちが何歳だと感じるかではなくて、私たちが年齢をどう感じるかだ。もしくは、もう若くないことをどう感じるかだ。

高齢は社会からあまりにひどい汚名《スティグマ》を被せられているために、私たちは何がなんでもそれから距離を置こうとする。医療社会学者のアン・カルプフによる素晴らしい入門書「How to Age（老い方）」は、ある部屋に入って白髪頭しか目に入らなかった六十一歳の女性のことに触れている。この女性は自分がその白髪頭の一人であることを一瞬忘れていた（私はレイではない第一段階）。「『私は老いを感じない』と言う人たちはみんなこうだ。少しずつ老いていくのではなくて、あたかも年齢が運んでくる特別の感情があるかのように」と、カルプフは書いている。[1]

私たちは、ある朝、突然、高齢にハイジャックされて目を覚ます訳ではない。年月が過ぎ、私たちは私たちのまま老いる。もちろん、未来がどうなるかは分からない。しかし、青年期をすぎて老いを恐ろしく感じる時、若さへのこだわりが唯一の選択肢のように思えてくる。この選択はしかし、時間が経てば経つほど、私たちの自意識と世界での立ち位置を傷つける事になるのだ。

ゆっくり進む若さ

十九世紀後半まで、「生涯は現在よりもずっと短く、年齢はアイデンティティにとって重要ではなかった」と、「In Our Prime : The Invention of Middle Age(絶頂期：中年の発明)」の中でパトリシア・コーエンは書いている。[2] 当時の人々には結婚、出産、病気といった人生の節目になる事象だけで十分で、人生は短かった。一八六〇年にミルトン・ブラッドレイが考案した「人生ゲーム」というボードゲームで最初に遊んだ人たちは、「幼年期」からボードの片隅の「五十歳——幸せな高齢期」と記されたマスにたどり着けば頂点を極められた。

一九〇〇年までには、寿命が伸び、細かい分類が統計学に役立つようになった。国勢調査では正確な生年月日を問い始め、「幾つですか?」が全年齢のアメリカ人にとって主要な識別方法となっていった。本当の年齢から数年減らす傾向が広がったのは、それほど後のことではない。数字の社会的意味合いが変化したのだ。大きな社会変化によって若さの進み具合がゆっくりし始めたのは明らかだ。かつて若者たちは学校を卒業し、結婚し、二十代初めに子供をもったものだ。今ではこうした人生の節目の通過には数十年かかる事が多い。

一九七八年、ウェブスター辞典は、中年を「四十歳と五十歳の間」と定義した。今、メリアム・ウェブスター・オンライン辞典は中年を「およそ四十五歳からおよそ六十四歳までの人生の期間」としている。一九六三年に行われた一七〇〇人の高齢アメリカ人についての研究では、自分を老人と分類したのは六十歳の回答者のうちの数人だけで、極少数ではあるが八十歳の回答者の中に自分たちは若いと言い張る人がいた。[3] 四十年後に実施されたピュー研究所の研究では「若いと感じるのに歳をとり過ぎていることはない」ことが確認されたばかりでなく、「相対的に言って——歳をとればとるほど若さを感じる」ことが明らかになった。[4]

「三十九歳症候群」——四十歳を過ぎていることを認めないこと。ちなみにこれは男性の弱さであって、女性のものではない——は五十歳位でピークに達するが、完全に消え去ることはない。コメディアンのジャック・ベニー(一八九四年-一九七四年)が三十九歳の誕生日を四十一回祝ったことは有名だ。

ただの数字ではない

ベニーを真似て、あのわずらわしい数字を偽り、ごまかし、少なくとも可能な限りは逃げていたい誘惑に駆られる。若者が礼讃された六十年代に成人に達した私たち世代に少しばかりのわがままは許されないものか?

確かに、私たちの多くは、高齢者を「私より十五歳年上の人のことだ」と言っていた投資家のバーナード・バルーク〔F・ルーズベルト大統領の顧問〕に自分を重ねる。バルークは九十五歳まで生きた。三十歳の人間のほとんどが八十歳になることを想像できないのは確かなのだが、この人たちの両親が同じように想像できないふりをすると、ことは少し難しくなる。年齢というのは、私たちが何回太陽の周りを回ったかを表している限りは本当に「ただの数字」なのだ。

私がインタビューした多くの八十代の人のように、引退した心理療法士ビル・クラカウワーは鏡を見る度に「少しショック」を受け、「気分は若者だ」と言うのだそうだ。この感覚を私は理解できるのだが、これがほぼ全員に共通しているのには驚く。心理療法士を引退し、俳優としての新しいキャリアを始めた時、クラカウワーはエージェントの女性に「数カ月で八十歳になる」と言った。エージェントの女性は息を吸い込んで、「シーッ、誰にも言わないで。誰にも言わないで!」と応じた。彼女の方は彼が役には老け過ぎていると思われないようにと願い、彼の方は人に特別扱いされたくなかったので、二人はうまく共謀できた。

私の母は風呂場の鏡に絵を描いて自分の裸が映ってもあまり見えないようにした。私がすすめた訳ではない。作家でテレビコメンテーターのアンディ・ルーニーのやり方はもっと遠回しだった。店のショーウインドーに映った自分の姿を見て、「あそこにいる猫背の年寄りは誰だ?」と驚いてみせるのだ。ルーニーは三十年間「シクスティ・ミニッツ〔米CBSテレビのドキュメンタリー番組〕」に欠かせないキャラクターだったが、引退した時は——テレビから引退しただけで文筆は続けた——九十二歳だった。老いを否定して乗り切れる場合もあるが、ある時期までに限られる。

七十歳の人を手当たり次第に集めて一列に並んでもらうとしよう。すると、そこに見える人の姿は全員が同じ年に生まれた人だとは到底信じられないだろう。私たちは一人ひとり異なる老い方をするので、暦上の年齢を拒否するのはある程度意味がある。これが、多くの八十代の人が、心の中で五十歳に、四十歳に、そして三十歳にさえ感じている理由の一つだ。他には、心の中のエイジズムがその理由だ。

こうしたことから暦上の年齢の否定には問題が多い。年齢を否定すると、数字にそれ相応以上の力を与え、年齢へのエイジズム的思い込みと、年齢の外見に対するエイジズムのステレオタイプを強め、私たちのコホートから私たちを遠ざけてしまう。

ステレオタイプが予言者に変わる

生まれた時からエイジスト［年齢差別主義者］である人は誰もいない。しかし、極めて早い時期から人はエイジストになる。子供は早い時期に高齢をネガティブなステレオタイプで見始め、ほぼ同じ時期に人種とジェンダーに対する態度を形成し始める、とする調査がある。[5]

子供の頃に私は、ところかまわず座ろうとする大人には絶対にならないようにしようと思っていたし、その頃、あざのできた脛とかさぶただらけの膝が、ストッキングとハイヒールの国から私を永遠に追放してくれると思っていた。私は群を抜いた遅咲きで、ハイヒールのコツはなかなか覚えられず、五十代になるまで老いを意識した事がなかった。私たちはゆっくりと老いるので、その恐ろしい姿に注意をあまり払うことがない。ネガティブなステレオタイプはたくさんあるが、若いときはそれを批判的に分析する理由は見つけられない。しかもこれは大変な作業で誰もやりたがらない。

こうした思い込みと考え方は、分析される事なく固定化され、自分自身に有利になる時でさえ、また実際の行動に影響を与える時でさえ見直されることのない考え方として私たちの中に居座ってしまうのだ。社会学者が、大学生のグループに年齢に対するネガティブなステレオタイプを用意し、学生たちに、「忘れっぽい」、「フロリダ」、「ビンゴ」を含む文章を解読させた。この後、この学生たちは実験の対象となっていないグループよりもゆっくりとエレベーターの方に歩いていく様子が観察された。[6]意識下にできたシナリオがよろよろ歩く時だと告げた。それで実際にゆっくりと歩きだしたのだ。

ダンスフロアで踊った夜が今、氷のパックを両膝に乗せて入った熱いお風呂で終わる(馬鹿げた格好だが気分は良い)。こんなことをするのは私の年齢になると仕方がないことなんだと思い込んでいた。背中には痛みがなく、飛び回って私より若いダンス仲間をひょっとすると傷つけていたかもしれないという事実を私は見過ごしていた。言い換えると、私の実際したこととその時の状況――コンクリートの床、机に屈んだ数時間、四十人分の料理――からダンスの後の膝の痛みの原因を探すべきだったのだ。

この話を空中曲芸師のキース・フォンエメラーにすると、当時二十六歳だった彼が眉を曇らせた。

「この前の夜、練習を数時間した後、痛みを感じ、それで、『なんて事だ！　僕は痛みを感じるには若すぎるのに』って言ったんだ。でも少し考えてみると、ストレッチをせず、一週間練習をしていなかったせいだった」

こうした日常の些細な痛みや、取るに足りない思い込みの一つひとつに正面から向き合わないでいると、その思い込みは数十年かけて肥大化し、高齢である本人自身を最悪のエイジストにしてしまう。私たちは、「年齢に相応しくない」という理由で、行動、衣服、また関係を持つことを未然にやめてしまう。性に関するものについては特にそれが顕著だ――二重のタブー。

時が経ち、年齢に関するステレオタイプが身近なものになってくると、人はそれがあたかも正しい事であるかのように行動し、自己成就的予言[思い込みと同じような状況が結果として現実に起きるという現象]として現れる。[7]私たちはすべての痛みを年齢のせいにし、すべての記憶の衰えを認知症の初期症状として捉え、もう一方の膝は痛みがなく、子供も常に物忘れをするという事実が見えなくなってしまう。

イエール大学の精神分析医で年齢学者のベッカ・レヴィーはこの種の振る舞いを「ステレオタイプの具現化」と呼ぶ。一連の実験の中で、レヴィーは年齢をネガティブに連想させるか、ポジティブに連想させる言葉を、テーマと気づけないくらい短い間隔でスクリーンに点滅させた。この実験では、晩年をポジティブに捉えたメッセージを受けた高齢者の方が、ネガティブなメッセージを受けた高齢者よりも覚えがよく、自信があることが実証された。

衰えは生理とは関係ない。それは心理に関係する。記憶喪失の一般的な研究[8]が証明しているように、回想能力と行動が文化的環境から受ける影響は大きい。性差別の強くない国で十五歳の少女が理系のテストで秀でているのと同じ理由である。それを「ステレオタイプの恐怖」と呼ぼう。これは社会心理学者のクロード・スティールが、ネガティブなステレオタイプの視点から見えるものについての不安、もしくは、うっかりステレオタイプを認めてしまうことへの恐れを表すために創案した言葉だ。これを無意識の自己ハンディキャップ化と呼んでも良い。名前がなんであれ、この現象は、基本的な思い込みが発覚し無効になるまで、行動と健康の価値を貶める。

ステレオタイプが威圧する

高齢女性が愛すべき小柄なばあさんか魔女として、高齢男性が静かな賢人か不運なボケじいさんとして描かれている絵をよく目にする。すべて漫画だ。その基準が高過ぎようが低過ぎようが、ステレオタイプは人を個人として扱わず、個人を寄せ付けない。

役立たずで、衰えている、という老人のステレオタイプを内面化する時に、私たちが老いをトラウマ――肉体への裏切りと、世界の中の私たちの立ち位置の崩壊――として経験するのは理解できる。通常、不安は文字通りの意味で受け入れられるのだが、この時、健康な自意識がその基本的能力を試されるのだ。世間の注目が別の世代に移り、ファンをすべて持っていかれて降板されたニューヨークタイムス電子版の元ブロガー、ジュディス・ワーナーはこう不満を漏らしている。

「今、時間の経過がベルカーブ（鐘型曲線）のようにはっきりと見える。登り詰める数年間、期待はうなぎ登り、安定期がそれに続く——ここまでは悪くない——問題はそれからだ。取り繕っても仕方がない。つまり急降下の坂が延々と続く」

まだ四十四歳のワーナーは「興奮、発見、激しさ」に永遠の別れを告げた。[9] まるで何か罪を犯したかのように、ワーナーはこう書いている。

「考えてはいけないことになっている。まして、それについて話すなんてありえない！」

本当の気持ちを受け入れる五十歳以上の人に出会い、恋に落ち、今を楽しめなかったのだろうか？　もちろん出会っていたのだが、エイジズムのステレオタイプでポジティブな事例が見えなくなり、自分の能力に疑いを持つようになるのだ。

国立公園管理官のベティー・ソスキンにインタビューした時、彼女はカリフォルニア州リッチモンドの国立公園の奉仕活動スペシャリスト兼解説者として働いていた。この地域での長年にわたる経験でソスキンは地元にとってかけがえのない存在となっていた。とりわけ、彼女が言うように「すべての話の結末を知る歳になっていた」からでもある。

ソスキンはグランド・キャニオンでの訓練中に「年齢の壁」にぶつかった時のことを話してくれた。それは二度あった。一度目は観光客の中に混じって国立公園内で営業許可を持っている人の監視をしている時だった。「女性販売員に『ここには高齢者施設の人たちと一緒に来たの？』と訊かれたとき、突然、私は高齢女性になってしまった」とソスキンは思い出しながら語った。

「一人の研究者として仕事をしていたのだが、突然、一行から逸れてしまったように感じ、途方に暮れた。そしてなんと、ゆっくり歩き出した。その簡単な質問で私の身体も心も一挙に変わってしまったのだ」

帰宅途中に、ソスキンは仲間とカウボーイ倶楽部でガラガラヘビの唐揚げを食べ、エネルギーの流れを通すと信じられているセドナ(アリゾナ州)の有名な岩石層ボルテックス[大地からエネルギーが渦巻きの形状で湧き上がる場所]で車を止め、砂利だらけの坂を上り始めた。紺のジーンズを履いたソスキンが岩肌を上っていた時、「老人のグループの話し声が聞こえてきた。一人の老人が恐怖で身体が麻痺し立ち往生していた。『なんて恐ろしい!』と言う声を聞いた途端、私も身がすくんだ。突然、私は私の前方で坂の上を目指している二十歳若い友達ではなく、近くにいる老人たちと自分を重ね合わせたのだ」。

私たちは皆、ある程度、他者の期待に合わせるように自分を作り上げる。ソスキンが十分気がついていたように、それは私たちに同意を求めるのだ。「他の人たちの期待に合わせたのは私だ」と彼女は認めた。「私はふだんならその坂を問題なく上る事ができたのだから」

群を抜いて活動的なソスキンの事だから、この時の精神状態から抜け出せてはいるだろうが、アメリカの倫理精神、「私はできる《キャンドゥ》」は、エイジズムが言うところの後天的無力感とほぼ同じくらい問題を孕む考え方だ。

障害を持つ人たちには「インスピレーション・ポルノ」[二〇一二年に障害者の人権アクティビスト、ステラ・ヤングが初めて用いた言葉]という言葉がある。これはスキーやキスのような他の人たちが障害者には出来ないと思っていることを描いて障害者の気持ちを高める絵のことだ。当事者たちのための呼び名「スーパークリップ」[障害を持つが同時に天才的な頭脳や身体能力を持ち合わせている人]もある。「スーパー老人」で検索するとよい。

日本の登山家、三浦雄一郎は八十歳でエベレスト登頂に成功した。ファッションデザイナー、グロリア・ヴァンダービルトは八十五歳でエロティックでどぎつい官能小説を出版した。ジョージ・H・W・ブッシュ元大統領は九十歳の誕生日を約三二〇〇メートル上空からスカイダイビングして祝った。

ごく少数の八十代の会社社長、九十代の俳優、百歳代の学位取得者などはみんな先頭を行く旗手たちだ。メディアは彼らを好む。しかしこうした人たちに基準を合わせると、高齢者と障害者の世界を狭めている社会的・経済的要因が見えなくなる。それは、エイジズム[年齢差別]、レイシズム[人種差別]、セクシズム[性差別]のステレオタイプを強調して、俳優、音楽家、アスリートを必要以上に崇める文化を反映しているのだ。

セレブ文化はその爆心地だ。一九八一年生まれのブリトニー・スピアーズについて音楽評論家のサッシャ・フレール・ジョーンズは「ポップスター。セクシズムでのし上がり、長居しすぎでエイジズムに直面」と書き、三十二歳の元子役は「ポップな年齢で老いる不安に長く向き合っている」[ま10]と指摘した。(ポップな年齢とは人間の生涯より短い犬《ドッグ》の年齢のようなものなのか?)

アスリート(も同じようなもの)の世界では、ヒーローの肉体的衰えを認めたがらず、ファンも共謀する。減速するスターのスランプが長く続いているふりにつきあうのだ。四十歳で珍しく優雅に引退したヤンキースの二塁手デレク・ジーターの場合のように。こうして肉体的衰えを否定することで自然の推移が個人の失敗にすり変わる。

戦後世代は老いてもロックンロールし続ける、と考えるのも一つのエイジズム神話だ。多くの高齢者は自分たちの請求書がきちんと払え、愛する人と好きなことをして時間が過ごせればいいと思っている。これまでになく大きな計画を持っている人(私を含む)もいる。

老いの否定——「不老」として受け取られている——が超スーパー老人とセレブのお話に重要でないのだとしたら、老いるには基準もなければ、平均的な老い方といったものも存在しない事になる。日常生活を闘うには勇気がいるし、こじんまりとした暮らしにも意味が溢れている。私たちは、よだれを垂らしているのでもなく、うたた寝をしているのでもない、普通の生活を営む多くの人の例をメディアでもっと使えるはずだ。もちろん、それで新聞の購買数は伸びないし、クリック数が増すわけでもない。だから、私たちが、中間にいる、広大で変化に富んだ高齢者の暮らしを老いの正当な例として取り上げていかなければならない。

老い固有の充足感

三十五歳のグループの人と八十五歳のグループの人ではどちらが幸せだろうか? 三十五歳のグループだと思

うのではないだろうか？　どちらのグループもそう答える。

しかし、一人ひとりに自分自身の幸せ度を測るよう頼むと、高齢者が優位に立つ──オーストラリアからジンバブエまで、あらゆる場所で行った研究はどれも同じ結論に至った。八十カ国、二百万人の人からワーウィック大学の研究で集めたデータは異常なほどに一様なパターンを示していた。裕福であろうが貧しかろうが、独身であろうが既婚であろうが、子供がなかろうが子沢山だろうが、人は中年期にもっとも惨めで、子供時代と人生の最後がもっとも幸せなのだ。◉11

八十代と九十代の人たちは生活の難しさをあっさりと認め、これからもっと難しくなると思っているのだが、価値あるものからは決して目を離さない。この充足感の源は内面的で、深く人間的なものであり、老いること固有のものであるようだ。老いることそのものが私たちに効果的な対処メカニズムをもたらしてくれる。たぶん、この変化は脳内の化学成分によるものか、または、私たちが自分の持っているものをありがたがれるようになるからなのかもしれない。

理由がなんであれ、人生の大詰めに入っているので、私たちは過去と和解し、かつてないほど現在を謳歌するのだ。

老い方は、精神的、身体的、社会的に、一人ひとり違う

人間は一様でないために、暦上の年齢は一人の人間についての何かの基準にはなりえない。彼女はどう見える「べき」か、何を聴く「べき」か、下着について、または、IOT［モノのインターネット］についてどう感じる「べき」なのか、などの判断の基準には役に立たない。分類すると物事はシンプルになり、普遍化は避けて通れないのだが、能力と意志で分ける方が意味がある。

人が六十歳から九十歳になるなり方は、三十歳から六十歳になるよりも多様だ。だから「あなたは歳のわりにすごい！」を聞くと不快になるのだ。ほめ言葉として機能するには心の中にエイジズムを必要とし、「あなたの歳」

の人はある一定の見え方をするべきとの意味を含んでいる。

老いには実際、顕著な特色がある。ピュー研究所はそれを、物忘れ、膀胱制御疾患、性行為の減少、退職、孫があり白髪があること、と巧みに識別している。長く生きていれば避けられないものだ。しかし、どれを、いつ、どのように対処するかは人によって非常に大きな違いがある。


暦上の年齢は一人の人間についての何の基準にもなりえない。

「歳相応」などと言うものはない

歳をとるのは一つの過程である。これは明らかだ。歳をとればとるほど、アイデンティティは複雑に重層化し、知識と記憶の貯蔵ファイルが厚くなる。その中に次々と私たちの自我が宿っていく。

リン・セガルは、著書「Out of Time：The Pleasure and the Peril of Aging（時間がない：老いの楽しみと危険性）」の中で、彼の哲学的見解として、真に問題なのは私たちが作りあげる物語であると言っている。それは、「歳をとるにつれ、私たちがいかに私たちの歳になっていくかについて、私たちが私たち自身に話す物語[12]」である。

言い換えると、重要なことは、どんな時でも何が私たちに適切であるかを見極めることであって、生理学が何を予測しているか、エイジズム文化が何を運命づけているか、ではないということだ。歳相応と言うようなものは存在しない。

変化には敏感であるため、私たちも変化を感じる。だから多くの人が「心はまだ子供よ」と言い続けるのだ。これは正直な感情なのだが、エイジズム文化が私たちを「若い」と「もう若くない」とに分断した結果として起こる感情である。私たちはこの分断を対立として経験する。つまり、「本当の」自分と、人を喜ばす自分との対立だ。その自分は、たるみと皺で人目を引かなくなっているが、人の目を引き、好かれ続けようと悪戦苦闘している。

この考え方は罠だ。

年齢は現実だが、目の色や肌の色ほどに固定した特徴がない。固定した特徴の典型としては性別があるが、年齢は私たち自身と他の人たちとを比較するときに使われる一つの観察結果なのだ。八歳の子供に子供たちはどこにいるかと聞くと、その子は必ず自分より若い子供を探して部屋を見回すだろう。年齢は、私たちが経験するように、固定したものでもあるし流動的なものでもある。

この文章を書いている時点で私は六十六歳だ。この歳を私がどう感じるかは、膝が痛むかどうか、バスの中に他に誰がいるかどうかなど、無限の変数が関係する。異なる精神的状況と身体的状況が共存しているのだ。

「私たちは、すべての瞬間で、若くなったり歳をとったりする」と、ウェンディー・ラストバーダーは著書「Life Gets Better : The Unexpected Pleasure of Growing Older（人生は良くなる―老いの予期せぬ喜び）[13]」で書いている。「高齢の本質的な曖昧さ」に言及しながら、この方向感覚の喪失をセガルは「一時的目眩」と呼ぶ。年齢とともに、「私たちは、これまでの私たちであったすべての自我をなんらかの形で覚えていて、ある意味、肉体的に、私たちはすべての年齢になったり、年齢のまったくない状態になったりする」と、続ける。

スウェーデンの社会学者ラーシュ・トーンスタムは老いのプロセスを三十年にわたって研究し、高齢の人たちが社会的・身体的に成長し続けるプロセスを見て、それを老年性超越と呼ぶ。最初の「老年性超越の兆候」を「子供、若者、大人、中年、老人であること、すべてを一度に感じること」と表現する[14]。なんと豊かなことか！

覚えていないことがたくさんあるが、覚えていることもたくさんある。擦りむいた膝、タイプライターの打ち方を学んだこと、キス、動詞の活用変化、赤ん坊をあやしたこと、つい昨年、氷の上を歩いたこと（ペンギンのように前足に重心を置く）。私たちが重篤な認知症の最終段階に入ったごく少数の人たちでないならば、これらすべての自分を私たちは最後まで利用することが出来るのだ。

高齢に関する他のすべてのことのように、人は明らかにこうした推移をさまざまに違った形で経験する。ますます純化する自我を見つける人もいるし、アイデンティティの多様性を模索する人もいる。

テレビ番組「キャシーのb·ig C、いま私にできること」――ネタバレ注意！――シリーズの終わり頃に、ローラ・リニー演じる女性がホスピスに移り住んだ。ある晩、彼女は、死の床にある人たちがかつて暮らしていた世界を食堂スタッフに思い起こさせようと、ホスピス入居者全員に入居者の若く健康な時の写真を一人ひとりの首に掛けた。かつての自分たちすべてが一緒になって踊る踊りはいつまでも止まない。

老いることの素晴らしさとは、小説家のマデレイン・レングルによれば、「これまで通ってきた年齢をすべて失わないことだ」。

これは「不老《エイジレス》」とは違う。「不老」とは、立場が中立のように聞こえるし、すべての面倒な不明確さをかわしてくれるようで、言葉としてはそそられる。目元の保湿用に使われるアイクリームのチューブに「不老」と書かれていると、時の痕跡が消し去られるようだ。ポップカルチャーでの「不老」とは、五十代と六十代になるまで若く見える人のことを意味する。老年学では、若い精神が老いた肉体に変質することなく留まっていることを言う。これらのどれ一つとしてあり得ることではなく、すべてがエイジズム的考え方だ。

社会学者のモリー・アンドルーズが異議を唱えるように、「現在の『エイジレス』ばやりはそれ自体がエイジズムの形態をとっていて、高齢者がもっとも苦労して手に入れた資源、つまり彼らの年齢を取り上げてしまっている[15]」。

老いることの素晴らしさは、むしろ「満歳＝エイジフル［歳が満ちあふれている］」だと言える。つまり、私たちがこれまでやってきたすべてのことが凝集したもの、分類や収集・整理されずに、骨や脳に直接入って蓄積され、今の私たちを作り上げているもの。

くそばばあ、オールドミス、皺くちゃばばあ、時代遅れ、ろくでなし、エロじじい、鼻くそばばあ、くそじじい、老ぼれ、変なじじい、うるさいばばあ、変態じじい、すけべじじい？　これらすべてのステレオタイプを拒否するか、打ち倒すのは私たちであり、そうすることで、自分のアイデンティティを、説得力を持ったより正確なものにし、自分自身を向上させていくのだ。現在、私は「くそばばあ」に近い。これは、去年、横断歩道を突っ切った車のトランクを私が叩いた時、運転手が私に向かって吐いたことばだ。くそばばあ、本当に？　『マクベス』の劇中でもあるまいし［シェイクスピア作『マクベス』第四幕でマクベス王が魔女を「くそばばあ」と呼ぶ］。運転手が反応したのは私のフェイク猫皮帽子だったかもしれない。

「もう一度若くなりたい」、いつも人はこう思う。しかし、いざとなると、今の意識を時間内に戻すことができなければ、誰もゲームの開始地点かその近くまで戻ろうとはしない。

もう一度青春を？　いや結構です。十八歳の時の背中の軟骨を取り戻したいが、その頃の強すぎた自意識はなくなり、優先順位をうまくつけられるようになっているから、今の方がうまくダンスを踊れる。

人生の軌道がどうなろうと、愛や別れをどうしようと、子供のことであれ、家のことであれ、夢であれ、私たちはこれらすべての経験の総和であり、その経験から学んだものが私たちなのだ。それが私たちを私たちにしている。これが、歳が満ちあふれること＝満歳であり、豊かで、深く、かけがえの無いものなのだ。

【アクション】

いんちき二項対立「老い／若い」を拒否しよう！

メールボックスに入ってきた『週刊誌ニューヨーク・マガジン　二〇一一年秋のファッション特集』の表紙は垢抜けた若い女性だった。あくび。

「表紙用モデルの人選には、美に対して広い視点を大事にすることにしました」と『編集後記』の欄にある。

「表紙用モデルの四つのアイデア。八十一歳の女性、女性として十分に通用する十九歳の男性、母親と娘……、そして少し昔風だが最新の智の女神」

私の手の中にある雑誌は十九歳の特集だったが、あくびが止った。表紙を飾るのはボスニア・ヘルツェゴビナ出身の十代の若者、アンドレア・ペジックだ。女性・男性両方のファッションモデルをし、フランスのヴォーグ誌が彼にスカートを履かせて大当たりした。

「私のジェンダーを芸術家の解釈に委ねることにした」[16]と言って以来、このモデルは女性に移行《トランス》した。

ペジックのようなジェンダー・クィアの先駆者たちは、勇敢にも生物学的・文化的制約を拒絶している。これに呼応して文化が変わる。ジェンダーはかつて男と女という厳正な二項対立で語られていたが、今、ジェンダーが遥かに流動的なものであることを私たちは知っている。

ジェンダーがこう考えられるなら、なぜ、もともと明らかに連続体である年齢を同じように考えられないのか?

特に、晩年にはホルモンが変化して、誰しもジェンダーの役割が融合する事を考えれば可能なはずだ。たくさんの女性が以前より自信に溢れ、男性が感情を強く表す。年齢は相対的なものなのだ。私たちは常に誰かより年下で、誰かより年上だ。九十歳の人でさえ、自分たちより年上の女性を見つけるのは極めて速い。

厳しいジェンダーの足枷を払いのけることができるなら、年齢に対してももっと柔軟に、優しく、率直に、さらにもっと合理的な見方をすることができるのではないか?

あらゆる区分には問題がある。例えば「中年《ミドル》」を取りあげてみよう。中年と言う時に、どこの真ん中《ミドル》なのかもはや誰にも分からなくなっていても、多くの人がそれがあたかも救命浮き具であるかのようにすがりつく。

パトリシア・コーエンによると、中年は、二十世紀に入ったころに発明された考え方だ。そのころから、多くの人が、子育てが終わった後にさらに数十年生きるようになった。資本主義、虚栄、死への恐怖すべてが素早く結びついて、この恐ろしい展開を病的なものとして捉え、治癒法を商業化した。どこかで聞いたことがあるような?

もちろん、晩年の典型的な見方がこれと同じ様に作られている。

「老い／若い」、実際には、「老い／もう若くない」の二項対立、人を罰するようなこの対立概念のために、私たちの三分の二が二流の地位に追いやられ、エイジズムが敷いた境界線の向こう側におとなしく自分から亡命していく。亡命は非常に若いうちから始まる。

NYUローカル〔ニューヨーク大学のブログサイト〕では、ニューヨーク・マガジン誌オンライン・セレブ特集を、「疎外と独善とノスタルジアと、少しばかりの苛立ちの混ざった毒物に触れた感じにさせられる。これが老いの感じなのか？？……静かなお墓だけが救いの場となるのか？」と表現した。[17] ブロガーは大学の学生たちだ――いまだにあの境界線の「こちら側」にはいるが、すでにエイジズム的基準の圧力がかかっている。

私のバースデーカード入れには二十九歳で区切りをつけている。認めたくはないが、私が二十九・九歳で結婚したのは三十代に独身でいたくなかったからだ。結婚は、四十歳、五十歳、六十歳となるにつれ、思っていたものとは違っていった。これから先の誕生日は、間違いなく驚きでいっぱいなものになるだろう。

自分の歳を答え、なぜ訊くのかを訊こう！

自分の歳に満足していると率直に言える人は少ない。自分の歳を言うときに、遠慮がちに肩をすくめるか、自虐的な話を付け加えることが多い。

善意の読者が「老いの問題」を追いかけるジャーナリストに定期的に情報を提供し、自分自身を「老化担当記者」と呼んだ。残念。何かの間違いではないか？　もっと元気の出る名前で呼んだほうがいいのでは？

カミングアウトとは、一般的に、カミングアウトしなければ隠していた特性を明らかにし、受け入れてくれるコミュニティへの入会を申し出るものだ。一方で、自分自身が歳をとっていることを明らかにするのは、「誰の目にも見えていることを認めることであって、それ故、どことなく恥ずかしさが強く、さらにスティグマ（社会的烙印）を押されることにもなる。歳をとっていることは否定して然るべきだと思われているのだ。ふざけているのでもなく、婉曲話法で冗長になっているのでもなければ、歳をとっていることは屈辱的か、そうでなくとも、少なくとも歓迎されない自己紹介であるとされている」[18]。これは評論家のエレイン・ショウォーター〔一九四一年生まれ。文芸評論家、フェミニスト、作家〕の観察だ。

冗長になっているとすれば、それは卑下してのことだ。婉曲話法は、長距離泳者が五十五回目にキューバ・フロリダ間の水泳に成功した時、「ダイアナ・ナイアドさんは六十四歳と若い！」と、誇らしげに言ったスポーツ担当アナウンサーのように、人の面目を潰す。

干上がって腫れた唇から語られたナイアド自身の言葉を覚えておいた方が良い。「いくつになっても夢は追いかけられるものですよ」。

これに代るのが、年齢を受け入れること。ここまでやってきたことを――どれほど遠くからであろうと――達成と認め、そのことと折り合いをつけること。受け入れてから宣言まではさして遠くない。自分自身を曝け出すのは「年齢アウティング」ではない。私たちが文化からの縛りを解き放つ時、数字から私たちが受けている重圧を押しのけるのだ。

例えば、多くの人が初めて高齢者割引を頼んだ時の浮かない気分――または、申し出られた時の恐怖――を覚えている。恥じる心がなければ、割引は割引で終わる。つまり、値段が二律背反する感情から抜け出していくのだ。もちろん後悔からも解き放たれる。

「何歳ですか？」への最良の答えは何か？　本当のことを答えた後、なぜ年齢が重要なのかを聞くこと。年齢がわかった時、質問者の気持ちの中で何が変わったのかを聞くこと。なぜ、知ることが必要だと思うのかを聞いてみても良い。

情報収集は大切だと感じるのだが、そうではない。私たちはある程度、子供の頃からの習慣としてこの質問をしている。ひと月が永遠に思え、一年は、変化が進み、新しい自由をもたらすものだった子供の頃からの習慣なのだ。「子供たちは私がいくつか知りたがるので嫌になる」と、デトロイトの学校の先生、八十歳のペニー・カイルは言っていた。「私の歳を言うのは構わないのだけれど、仕事上、問題になるので、いつも百四歳だと言っている」。ほう！

私たちはまた、年齢が便利な記号として機能するという理由で、人の年齢を知ろうとする。答える側の業績を文脈に当てはめ、聞く側の予想が正しいかどうかを知るためだ。しかし、これは怠惰がなす行為であって信頼はおけず、ほぼ間違いなく尊大な態度だ。私の講演に出席した女性が「何歳ですか」に対して出した答えは、「あなたの体重は何キロ？」だった。

科学者のシルビア・キュラドが年齢を知らせないのは、本来の彼女より若いと思われたいからではなく、「重要なものが抜け落ちていて、通常、欠陥のある」方法で彼女自身を分類されたくないからだ。キュラドはそれを意識的に行なって政治活動にしている。

ソーシャルワーカーのナタリア・グランガーには別の先鋭的な考えがある。ジェンダー・ノンコンフォーミングの人たちの例に倣うのだ。この人たちは生まれた時に割り当てられた性別の規則と固定観念を拒否する。年齢を聞かれた時は、自分をエイジ・ノンコンフォーミングと規定しよう。

作家で環境保護活動家のコリン・ビーヴァンはフェイスブックで「エイジ・クィアとしてカミングアウト」した、と告げた。「誕生した時から一緒の身体の年齢には規則と固定観念があるが、これに私は居心地の悪さを感じている。私の身体の年齢は私の年齢ではない。これから私は私を三十七歳とすることに決めた」と書いていた。

文化のハッキングは嫌いではないが、私はこれに修正を加えたい。三十七歳（それでも若い）と自分を識別してしまうのは否定の一形態だからだ。コリンは五十代。私は彼より十一歳年

「何歳ですか？」への最良の答は何か？本当のことを答えた後、なぜ年齢が重要なのかを聞くこと。

上だ。私は自分の歳とうまくやれるようになっているが、彼もそうなりつつある。彼と私との間で多少のやりとりがあった後、コリンは自分に特定の年齢を当てはめるのを止めた。私は、私の年齢を否定するのではなく、人から割り当てられて定着している意味——コリンも従わないことに決めた規則とステレオタイプ——を否定して、ジェンダー・クィアにならってエイジ・クィアになりたい。私は、シニフィアン（記号表現）としての私の年齢の重要性と価値に挑戦すると同時に、私の年齢をはっきりと言うことにしている。

識別子としての年齢を拒否しよう！

人の年齢を知りたがる習慣をなくすのは難しい。友達が新しいデート相手ができたと言った時、まず「その人は幾つだろう?」と思うからだ。もう私はそう思わなくなった。

年齢に関する新聞記事でジャーナリズムの慣例を見てみよう。同じ週の二つの記事を例にとって考えたい。一つは学園祭の女王に立候補する四十二歳の看護学校の学生の話と、もう一つはアラバマ州リバーフォール市から二十万一千ドルを騙し取った九十一歳の市長の話。AP通信社のベテラン記者ドロレス・バークレイが私の質問をうまく捌いてくれた。「年齢は取材対象の情報に盛り込むべき重要な事実の一つ。レポートの『誰』の一部だ」[19]と、バークレイ。

「往々にして年齢はある話には欠かせないことがある。例えば、初めてスカイダイビングをした『高齢者』、または『年配の人』についてなら、対象者が七十歳とか彼女が九十九歳ならインパクトが強くなると思わないか？　輝かしく楽しい経歴の音楽家の業績を特集するなら、彼が何歳か知りたくはならないか？　記事を読むと六十歳だと思うかもしれないが、もし彼が二十四歳だったらどうだろう?」

分かった。もし年齢を無視したとしたらどうか？　先週、韓国のクラシックギター奏者、朴葵姫のカーネギーホールでの眩いばかりのデビュー演奏を聴きに行った。彼女は十三歳でも二十三歳でもあり得た。私は何歳か知りたくて堪らなかった。二十七歳だと分かったのだが、それでも演奏会の素晴らしさに変りはなかった。もっと早く知れればよかったのだが。

セレブの年齢へのメディアの執着には容赦がない。特にマドンナのような「老けることを優雅に拒否する」女性に対しては執拗だ。「私のことを書いている記事を見つける度に、名前のすぐ近くにある年齢が目に入る」と、マドンナ。「それはまるで彼らが『さあマドンナがここにいるよ。だけど彼女、この年齢だってことを覚えておいてほしい。そう、彼女はもうそれほど重要じゃないってことさ』、または、『彼女に年齢を思い出させて痛めつけてやろうぜ』と言っているみたいだ。誰かの年齢を書くってことは、その人を制限することになる」[20]

またはその人を守る。これはほとんど効果がない。最初の記事では、年齢が性を取りあげ、二つ目の記事では能力を奪っている。リバーフォールズ市長メアリー・エラ・ヒクソンは十年の刑が執行猶予五年に減刑されたのだが、ヒクソンは市から二十万一千ドル盗んだことに対して、何故、数年間減刑されるのか？　ヒクソンが明らかに健全な精神状態だったにもかかわらず、弁護士は、「彼女は付け込まれた」との主張を堅持した。

「九十一歳の女性でなかったら、私は彼女を刑務所に入れるよう全力を尽くしただろう」と、コビングトン地方の地区検事長はAP通信に語った。内情に通じた市民が内部告発したがらなかったのは明らかだ。「村八分にされることを恐れたのか、またはよく言われるような『小柄なばあさん』だったのがその理由だろう」[21]と弁護士は言っていた。

この話のエイジズム的でない唯一の点は、ヒクソンが批判の声を抑え込めるほど強かったことを認めたことだけだ。四十二歳の学園祭の女王はどうだろう？　いや、これはニュースだ！　どう考えても、死亡記事と神童の略歴に年齢は欠かせないが、その他の記事に反射的に年齢が入るのは悪い習慣にすぎない。人種間の関係性に関する話でなければ、もはや人種の記述は義務ではなくなった――実際には、同じ理由で逆のことが起こっている。女性の結婚歴に重要性を持たせるのは性差別なので、記号表現としてのミスとミセスをミズに置き換えた。何故、年齢に同じようなことができないのか？

記事の内容と関係する珍しい出来事の中で読者に手がかりを与える方法はたくさんある。人は人生のある段階でできることがあるとか、年齢が違っても共通のものがあるなどといった多くの思い込みは、少しの混乱で根拠を失う。これは良いことだ。

別の思考実験。医療記録から誕生日が省かれたと仮定してみよう。想像できない？　分かった。たぶん3ページ目に埋もれているのかも知れない。

しかし、医師が、どの症状が一生のうちの所与の段階に起こりやすいのか、また、どの症状が「診療に値する」かについての先入観を捨て、一人ひとりの身体的・精神的状況に基づいて査定し、処方することが義務付けられていたとしたら、それは素晴らしいことではないか？

これが老年病医師のマーク・ラックスが彼の著書に「Treat Me, Not My Age（私の歳ではなく、私を治療してください）」とタイトルを付けた理由だ。

障害者の権利作戦を見習おう！

人をレッテルや病名に貶めることがないように、障害者のエチケットとして「ピープルファースト（人第一）言語」という考え方がある。精神疾患のある人（精神障害者という代わりに）、自閉症のある人または癲癇症のある人（自閉症の人、または癲癇症の人という代わりに）、車椅子ユーザー（車椅子に座ったままの人と言わずに）と呼ぶ、など。身体障害はその人の特徴の一つであって、その人を定義するものではない。

私が最初に「ピープルファースト」言語を聞いた時は、面倒で少しばかり馬鹿げているように思えた。「エイブリズム（身障者差別）」という言葉は、障害を持つ人に対する差別をあらわすために少なくとも三十年間は使用されているが、ポリティカル・コレクトネス警察による煩わしい発明のように思えた。この分野で働く私の友達が説明してくれて納得した。

「自分の母親を癌に侵された母親とは呼ばないでしょう？」

つい最近まで癌は深く烙印を押されていて、恥ずべき家族の秘密のように扱われていたのだ。変化は進んでいる。よかった。

思考実験をもう一つ。身体障害者の権利運動から学び、私たちと私たちの周りの人たちをX歳またはY歳と表す代りに、「年齢を持った人」と思うようにしてみるのはどうか？　人の年齢を、スペルの覚えが良いとか、フィリピン出身とか、カブス・ファンのような、その人の持つもう一つの特徴として捉えるのだ。認知症のある人が「思考に障害のある人」であったり、人の心を楽にするコツを心得ている人がいたり、音感の鈍い人がいたりするように、長い（または短い、またはN年の）年月を持っている人がいる。年齢を切り離す必要はないし、他の識別子と分けて扱う必要もない。ビル・クラカウワーが演技のクラスを始めたとき発見したように、まず人が第一《ピープル・ファースト》なのだ。

「ここに子供たちがいて、彼らは一人の老人を見ている。しばらくすると、彼らは私を見なくなる。数週間はかかるが、みんな忘れてしまうのだ。私は彼らを子供のように見るのを止め、子供たちは私を老人と見るのを止める。私たちは皆、人間なのだ」

元気を出そう！　「正しい」道などない

「私たちはみんな『アクティブ・エイジング』を望んでいるのではないのか？」

倫理学者のハリー・R・ムーディーは彼の「Human Value in Aging newsletter（老いの人間的価値ニュースレター）」の中で問いかける。◉22

たぶん、望んでいない、とムーディーは言う。たぶん、することが少ないとその分、私たちは私たちにとって大切なことに集中してそれをもっと完成させることができる。要はたぶん、何が大切かを見極めることにあるのだ。とすると、ほとんどのアメリカ人の自尊心が、自立と伝統的な経済生産性に深く関係している事を考えると、これは難題だ。

アメリカ人は「であること」より「すること」を高く評価する。私も例外ではない。人生の第三コーナーを回っていることを思い出して、私は死ぬ前にしておくことのリスト作りに本腰を入れている。「『ある』ことの価値を下げ、『する』ことの価値を必要以上に上げる文化が、高齢をこれほどの侮蔑と恐怖で捉えても不思議はない！」と、アン・カルプフは自身の著書「How to Age（歳のとり方）」の中で言っている。[23]

「上手に」歳をとるために大切なことは、社会の期待から自由になり、自分にとって正しいと感じることを優先することだ、とアン・カルプフ。かつての同僚レイにとっての海のそよ風、私にとっての都心の匂い。

老い方の「成功裡《サクセスフル》」な、もしくは「生産的《プロダクティブ》」なモデルに抵抗するのは難しいかもしれない。それは、老いを衰えで説明する一般的な見方と比べると気持ちが楽になるからだ。響きが明るいので、老年学者たちはこの表現を好み、老いへの負担を個人に課して政府支援の削減が正当化されるので、保守主義者たちはこれを好む。その前提のように、前向きな言葉使いには誘われる。なぜかというと、私たちは好きなことをずっと続けていけると、本当に、本当に思いたいからなのだ。

続けていけることは多い。ただし、彼らの基準内での話だ。動機はもちろん重要だ。心身ともに活発であり続け、自活し、他人を助け、目標を持つといった、これら良いことすべてをするのも重要なことだ。しかし、状況は変化する。こうした活動の多くは、もともと幸運で、まあまあ裕福な人たちだけができるものだということを覚えておいた方が良い。そして稼ぐ力と優れた身体能力を維持するために長年使ってきた手段は、自尊心と切り離しておいた方が良い。私たちがコントロールできるものはさほど多くなく、支援の多くは政策レベルで実施されている。

「サクセスフルエイジング」のイメージ——クルーズ船のデッキで太陽の光にシルバーヘアを輝かせながらワルツを踊るカップル——は毒気が抜かれ美化されているが、これは同時に理屈の合わない基準を設定していて、「サクセスフル」

度の低い老人たちに対して、貴方たちの境遇は貴方たち自身の責任だ、と通告しているのだ。

なぜNPR［ナショナル・パブリック・ラジオ］のイナ・ジャフェが「サクセスフルエイジング」と言う表現を心から嫌うのか?「それは、もう一度失敗することがあるという意味だから」[24]

年齢学者マーガレット・クルックシャンクの観察のように、このモデルは、どれほどの「サクセスフル」かはさておき、まず誰が老いられるかが決定されるときに階級の果たす重要な役割を見過ごしている。

「どんなに個人が努力しても、どんなに自立していても、白人の中産階級、特に男性が享受している優位性を労働者階級や有色人種が持つことはない」と、彼女は著書「Learning to Be Old（老いを学ぶ）」の中で言っている。[25]

誰でも思慮深い選択はできるのだが、重い介護の責任、不適切な医療体制、助けを得られない隣近所などの条件でそれが困難になる。「悪い選択」をしたことを貧しい人たちの責任にする——弱さ故の貧困——のは、老いという自然のプロセスをさらにもう一つの競争の場に変えてしまうことだ。そこで私たちは公平からは程遠い条件で成功するか、さもなくば失敗するのだ。多くの選択は私たちのものではなく、意思の力や個人の美徳、またはソフトウェアが最新であることなどとはほとんど関係がない。喪失と出会っても歓喜と出会っても私たちは驚く。

「中年期に私たちが犯す過ちは、良い老い方とは五十歳のままでいることだと思うことだ。たぶんそれは間違っている」とトーンスタムは言う。[26] 代わりに彼は、驚いたり、がっかりしたりしながら、社会的・心理的に成熟し続ける多くの高齢者に注目する。この成熟の過程で、死と病気への恐怖が減り、少数の人との関係が深まり、一人でいたいと思うことが増え、古い習慣、慣例、原則へのこだわりが減っていく。高齢者は「自分のやり方に固執する」とはエイジズムの決まり文句だが、生活は、身体の障害や、固定収入での暮らし、施設のスケジュールに従うことなどで制約される。しかし、習慣に生きる究極の生き物は子供であり、当たり前のことに安らぎを見いだす人たちは常にこうしたものだったと言えるだろう。

もし、リンボーダンスをしたり、DJをしたり、縄跳びをする高齢者についての話が送られてくる度に五セントもらえていたら、私はお金持ちになっているはずだ。そうした話はウェブには上げない。理由は、私が助けなくてもそうしたことはメディアの関心を呼ぶからで、またそれは、称賛に値する老人は若い人のように見え、若い人のように振る舞う、という考え方を強くしてしまうからだ。こうした頑張りやさんたちは珍しい人たちだ。彼らは素晴らしく、感動的だが、同時に長椅子に座っていてもいい人たちだ。

もし母親の旅行熱が冷め、おじさんがボーリングチームを辞めたとしたら、私たちは気をもむだろうし、病気やうつ病ではないかと思うだろう。実際、こうした変化は、自尊心や、自発性、もしくは、より大きな問題を考える時間が必要だと訴えているのかもしれない。大きな問題とは、トーンスタムが彼の老人超越論で「物質的・理論的世界観から、通常、生活の満足度を増やしながら、高次元での、より宇宙的・超越的世界観への移行」として記述しているものなどのことだ。年とともに精神的に安定することの証拠がここにもある。

訓練中の高齢者になろう!

個人的なことと政治的なことの間をどう埋めるのか? 現実と願望とをどう一体化するのか? 二〇〇八年、老年病専門医のジョアンナ・リンが自分のことを訓練中の高齢者と表現していた。それを聞いて以来、私は訓練中の高齢者だ。

私は若くない。私は私が老いているとは思わない。私は同じように感じている人をたくさん知っている。彼らは残酷な逆説にがんじがらめに縛られている。彼らは歳をとりたいのだが、その将来の見通しを恐れている。彼らは自分たちが老人ではない、という錯覚を持続するために多くのエネルギーを費やしている。訓練中の高齢者になると、「私たち/あの人たち」に分断された溝が埋まり、神経の消耗する錯覚からの縛りが弱まる。

訓練中の高齢者になることは、老いの必然性を認め、同時に老いを、どんなに少しであっても未来に追いやることだ。それは恐怖と否定を、目的と意思とに交換する。それは私たちを、今の私たちに共感する未来の私たち自身に結びつけることだ。シモーヌ・ド・ボーヴォワールが、少し重々しい調子で言うように、「私たちがこれからどうなるかが分からないなら、私たちが誰であるかが分かるはずがない。この老いた男の中に、この老いた女の中に、私たち自身を確認しよう。もし私たちが人間の姿全体を引き受けるなら、できるはずだ」。

人種、階級、年齢による差別がますます拡大する世界で、こうした分断を超え、私たちみんなが進む一つの道を認める事は、ラジカルな行為だ。

訓練中の高齢者になることとは、思い込みをドブに捨てること、私たちの周りの高齢者を見、丁寧に聞き、そして彼らの中に私たちの場所を想像することだ。それは、高齢者をスルーするのではなく、見つめることであり、彼らがかつては私たちの歳であったことを思い起こし、虚弱さの傍らに復元力を見、色欲を許し、美の観念を拡大し、そして、アパート、または、部屋、いや一台のベッドであろうと、それが私たちの内面世界と同じほどに豊かな空間に、たぶんそれより豊かな空間になると認めることである。それは、私たちがいつの日か住む場所で、偏見のない心の潜望鏡から思いやりを込めて覗き見をすることなのだ。

はるか先を考えることは容易ではない。生物の種として、人間は将来の幸福より現在の満足を選ぶように進化した。それ故、訓練中の高齢者になることは想像力を必要とする。

スタンフォード大学の心理学者ローラ・カーステンセンは著書「A Long Bright Future（長く明るい人生）」の中で、将来の自我の、現実的で人間的なビジョン――したい事と出来る事――を持つことと、そこにたどり着くためにするべきこと、捨てるべきことに取りかかり始めることの重要性を指摘している。

「九十歳と百歳になった私たちが、教える姿、笑う姿、愛する姿、社会に貢献する姿を私たちが描けないなら、私たちをそこに辿り着かせることができるのは幸運だけになってしまう[27]」と、カーステンセンは書いている。

一人の訓練中の高齢者として、私は九十歳の私がヨロヨロと衰えているのが見えるのだが、その私は興味を強く持ち、充足してもいる。彼女を想像することはその姿を実現させることにはならないが、強い願望なしにはそこに辿り着くことができないのは確かだ。それは、将来にどれだけ変化するかを低く見る人間の性に逆らうことを意味する。過去のさまざまな物語が複雑で豊かであるために、未来の画像は、物事がほとんど今のままで変化がなく、漠然としたつまらないものになりがちだ。たぶん、それは未知が不安を生み出すからかも知れない。たぶん、未来の予測は追憶よりも難しいからかも知れない。たぶん、それは若者中心の社会にはアピールしないからかも知れない。しかし、この課題に取り組んでみることだ。すると、まだ訪れたことのないところで——もしくは家で、その方が楽しいなら——新しい友達と違ったことをしている私たちを想像しやすくなるだろう。

八十歳以上の人たち——この人たちは分かっている——の総意は、若い人たちが老いを心配しすぎだと言うこと。だからこの想像力を膨らませるのが早ければ早いほど良い。この一生という長いプロセスから恐怖が取り除かれるのが早ければ早いほど、数えきれないほど多くの面で豊かになるための準備を整えることができる。生まれた時からこのことに気づいている人は、長い時間をかけて、後になってから役に立つ能力に磨きをかける。それは、新しい友達を作り続ける能力、内面の資質を評価する能力、断念する能力などだ、とアン・カルプフは言う。彼女はまた、先進工業国で意味のある価値のほとんど——個人的・経済的な高い生産性——は、私たちが老いるための役には立たないと言う。もしも私たちが先進工業国で意味のある価値を拒絶し、人間的で共同体的な価値を求めるなら、私たちは自分自身と地球のために良いことをする事になるだろう、と彼女は観察する。

この一生という長いプロセスから恐怖が取り除かれるのが早ければ早いほど、数えきれないほど多くの面で豊かになるための準備を整えることができる。

「満歳＝歳が満ちあふれる」を目指そう！

訓練中の高齢者になることはまた、この社会における年齢の意味と、高齢者を役立たずで、哀れなものと決めつける勢力についてじっくりと考えられるようになるということだ。恥ずかしいという感情は、外部からステレオタイプが押し付けられる時と同じように、自尊心とQOL〔生活の質〕を傷つける。訓練中の高齢者になることは政治的行為だ。なぜなら、それはこの恥と自己嫌悪の進行を妨げ、エイジズム（とレイシズム、そしてナショナリズム）にエネルギーを与える「他者性」を消し去り、共感と行動が始動する余地を与えるからだ。皺だらけのばあさんや変なじいさんの漫画からその力を奪い、訓練中の高齢者は私たちを解放して自我でいっぱい――齢が満ちあふれる満歳――にするのだ。

私は父ブッシュのように飛行機から飛び降りはしないが、演台に飛び出すかも知れない――「すること」以上に「であること」前線に着くにはまだまだ遠い――のだが、老いることから逃げはしない。

これが、私を野心満々の超変な老人と区別し、老いの欠陥モデル（衰弱し困窮する老人の支援）か、その反論だが誤解を与えかねないモデル（サクセスフルエイジング）に投資する多くの「老いの専門家たち」と一線を画す点だ。私はラジカルな老い方の前例を作りたい。つまり私の死の必然性を認め、老いを自然の過程として受け入れ、このことが含む数えきれない逆説（しばらくの間このプロジェクトのタイトルは「両方とも正しい」だった）と闘い、その渦中で仲間を集めていく。

私たちはみんな、本人が自覚していようといなかろうと、訓練中の高齢者だ。私たちが悪魔のステレオタイプを拒否し、年を重ねる自我を主張していくにつれて、私たちの仲間の数は膨れ上がっていくだろう。

第3章 脳、記憶を忘れること

夜、身体が動かなくなるのではないか、と不安で眠れなくなったことはこれまで一度もない。そうなったら、歩行器を掴むか、がっしりした若者に運んでもらえばいい。

だが、ボケる、となると……考えるだけで恐ろしかった。「喉まで出かかっているんだけど……！」とカッとなっていたのは、その度に貴重なニューロンが永遠になくなったことの知らせではなかったのか？　長く生きていると、そこに、認知症か記憶喪失の病根から伸びたつるが広がっているのではないか？　いや、そうではない。そんなことはありえない。

いまだに私にとっての最大の恐怖なのだが、そんなことが起こるとは思っていないし、その可能性があるとさえ思っていない。

◆深刻な認知機能低下は、老化に標準的に伴う現象でもなければ、必然的な現象でもない。マッカーサー財団サクセスフル・エイジング研究によると、「認知機能低下が認識能力すべてに影響することは稀である。第二に、能力の喪失はほとんどが晩年に起こる、そして第三に、多くの高齢者は、知能の多少の低下から強い影響を受けることはない[1]」

◆物忘れのほとんどは、アルツハイマー病でも認知症でもなく、認識障害の兆候であるとさえ言い得るものではない。[2]

◆九十代の約二十％の人は認知機能が低下せず、中年の人と同じ活動を続けているようだ。[3]

人口の高齢化が進んでも、認知症患者の割合は減少している——しかも著しく減少している。発症総数は、高齢者の数とともに増えてはいるが、一人の人間が認知症になる可能性は減り続けている。そして認知症と診断される人の年齢もだんだん高くなっている。[4] 年齢学者のマーガレット・ジュレット［米ブランダイス大学女性研究センター常任研究者］が「物忘れに対する異常な恐怖[5]」と呼ぶ心理が私たちに深く入り込み、ちょっとした物忘れにさえ恐怖を感じ、診断結果で自殺を考えるようにもなる。

米マリスト世論調査研究所が二〇一二年に行った世論調査では、アルツハイマー病が癌を抜いてアメリカ人の恐れる病気のトップになった。なぜ私たちは強くアルツハイマー病を恐れるのか？　理由は、現代の「情報社会」では、思考の敏捷性に勝る能力はないからだ。脳に自我が宿るため、恐怖心は否応なく大きくなる。最大の恐怖との対決は最大の難関であるが故に、九十歳を超えて生きることへの暗い不安が神経系の衰えに集中する。そして、エイジズム社会であるため、晩年に対する否定的な思い込みは、どんなに不正確なものであっても、額面通り受け取られやすいのだ。

「高齢者は低能力」神話が差別を広げる

「老犬に新しい技は教えない」

この神話は現実の多くの場面で過酷なまでに実践されている。行動と技能の両面で雇用主からの評価が高いにもかかわらず、高齢の労働者は覚えが悪く、コンピューター音痴だから訓練に値しないと、頑固に信じられている。[7]

社会福祉サービス、法律相談、金融支援を受けようとする高齢者に対して見下すような話し方がされる時、話し手の頭の中ではステレオタイプがフル回転している。高齢者に完璧な判断力がある時でさえ、「何が一番良いかを知っている」のは自分たちだと言い張ることもある。わずかな障害でさえ高齢者が意思決定と資産コントロールを手放す理由に使われる。金融詐欺の犠牲になりやすい高齢者は、信じやすく、往々にしてテクノロジーに弱いのだが、能力が低いと烙印が押されているために、それを恥じて通報しないことが多い。賢い年寄りでなく騙されやすい愚か者に見られるのは屈辱なのだ。

私たちは、もの忘れと「年寄りのど忘れ《シニアモーメント》」を絶えず神経質に取り上げて、高齢者を低能力者に仕立て上げる。

私は、ある時までこの「シニアモーメント」という言い方を控えめで可愛らしいと思っていたのだが、高校生が車の鍵を忘れた時、それを「ジュニアモーメント」と呼ばないことに気がついて考えを変えた。若者が物忘れをするのも珍しいことではない。衰弱を予言されると、本当かどうかは別にして、意欲を削がれ、自意識が傷つく。それが知力に関するときは特にそうだ。こうして受けた傷は、いつかある時点で認知症は避けられない、という陰気で間違った思い込みによって深くなっていく。

認知機能低下に押される烙印《スティグマ》

同性愛恐怖症はエイズで人の社会性を否定し、エイジズムは認知症で人の社会性を否定する。歳をとっているより悪いことは、とても歳をとっていること。いちばん悪いのは、とても歳をとっていて不治の病にかかっていること。さらにその上に精神的に欠陥があると途轍もなく深いスティグマが押され、家族にもスティグマが押されることを考えると、これは四重苦だ。

優れた社会学者アーヴィン・ゴフマンは、スティグマを、「人の信用を深く傷つけ」、対象とされた人を「傷のない一人の人間から、汚れた信頼のおけない者へと貶める属性」[9]、と定義している。これがアルツハイマー病――認知症の最も一般的な病態――になると、診断されただけで自尊心と社会生活に破滅的な影響を及ぼし、通常は、不安、憂鬱、恥辱、屈辱の感情を伴う。

アルツハイマー病は人と人との接触によって感染すると思っている人すらいる。ロナルド・レーガン［一九一一年-二〇〇四年。アメリカ合衆国の第四〇代大統領］とグレン・キャンベル［一九三六年-二〇一七年。アメリカ合衆国のカントリー・ミュージック歌手、ギター奏者、テレビ司会者、俳優］がこの病気の顔として現れたので、アルツハイマー病へのスティグマが消え始めてはいるが、それはまだ始まったばかりだ。

神経学者のピーター・J・ホワイトハウス〈訳注1〉が「脳の老化の人間主義的・生態学的枠組み」[9]と呼ぶ研究の進展によって、アルツハイマー病からスティグマが取り除かれることになるだろう。

アルツハイマー病と標準的な老化とを区別する方法には合意に至ったものはなく、また、すぐに見つかりそうもないために、この枠組みの中では、認識機能低下は人間が老いることの一部に過ぎないことになる。ホワイトハウスが初期に行ったアルツハイマー病とその関連認知症についての病理学研究が、現在の薬物治療の道を開いた。一人でも治癒できていれば革命的なのだが、百回以上行われた薬物検査が、現在まですべて失敗に終わっている。アルツハイマー病は、遺伝子、生活スタイル、糖尿病や肥満のような慢性疾患など様々な要因から起こるために、症状を止めるか、または治療できる治療法は一つとしてないようなのだ。[10]

ホワイトハウスはその後、万能薬があるとするのは、強い影響力を持つ製薬会社、擁護団体、大きな利益の絡む民間の研究者たちによって作られた文化的神話であると見るようになった。彼は、今、脳の老化を病気と定義して治療法を探すのではなく、認知障害の予防とそれに関わる人々の支援に資源を管理していく方が良いと主張している。

薬理学的「処置」から転換したことで、認知症を持つ人とその介護者たちは、この非常に難しい変化のプロセスへ対応できるようになり、双方にとってのQOL（生活の質）の向上に集中できている。それはスティグマも減らすことができる。これによって、認知症を持つ人を、不治の病に「負けた」――それゆえもう私たちには手の届かない――人としてではなく、引き続き人間としての愛着と関係性と表現を求める一人の人間として見ることができるようになる。私たちは、彼らとの共存の意味を見つけ、それを誇れるようになるだろう。

認知症は往々にして自分がなるより見ているほうが辛い。二〇一〇年、英国アルツハイマー協会はアルツハイマー病に苦しむ四十人の人を対象に、彼らの経験と生活を調査した。このグループにはマイノリティ、LGBTQの人、学習障害のある人、介護施設で暮らす重篤な認知症を患う人――言い換えると、社会から受ける利点と社会との一体化が通常よりも困難な人たちが含まれていた。彼らの代理人、通常、家族である介護者は、病気の進展と評価は対応しているものと思っていた。つまり、認知機能が消失すると、幸福感も消失すると。しかし、活動や人との付き合いが困難になっても、認知症のある人は引き続き生活を楽しんでいた。彼らは、病気が彼らにとっていちばん重要なことだと思われるのを嫌った。この調査の報告書では、「QOL（生活の質）の維持は、認知症と診断を受けた後でも可能である」[11]との結論を下した。

ドロシーの幸せ

多分、職業柄なのだろうが、高齢者ケア・マネージャーのクラウディア・ファインは彼女の母親、ドロシーの衰弱

――老年病学的見地からは珍しい状態ではなく、また危機でもない状態――と上手につきあっていた。「ドロシーは公園にいるのが好きで……木の葉の……カサカサという響きが好きだ。身振りで上の方を指しながら、『ザ、ザ、ザ、ザ、』と言ったりする」

ファインの義理の姉はこの言葉を出せない状態を耐え難い喪失と感じている。しかし、ファインの観察では、「ドロシーが幸せなのは明らかだ」。ドロシーは介護施設に入っているのだが、深刻な病状の人でも家族と長い間幸せに暮らすことができる。

私のゴッドマザー［名付け親］、アンがそうだった。アンは飽くことのない興味を持ち続け、ゴーリキーから数カ国語で書かれたガーデニングの本に至るまで、多くの本を読んでいた。アンが九十歳に達するまでには、短期的な記憶喪失が三分毎に訪れ、その間隔はだんだん短くなっていった。介護する人たちにとっては悲惨な状態で、私との会話は現実世界から想像上の風景に移っていったのだが、私はアンに応えることがいつもできていたし、アンも私にいつでも応えていた。

認知症には解き放つ力がある。スーザン・ハマド［NY在住の作家・ジャーナリスト］の祖父は認知症にかかってから初めて自分の人格が形成された時期について話し出した。それは英国統治下にあるパレスチナの小さな村で暮らしていた頃のことだった。[12] ハマドは「記憶喪失の島々」と題してエッセイを書いた。この島々の比喩は、年齢学者マーガレット・ジュレットの心を癒した。その時、ジュレットの社交的な母親が九十代で記憶を無くし始めていた。「私の母も彼女自身になっていた――底知れぬ深い穴の底にある島々で、しばしば満足げに暮らしていた。私はその島々で一緒に暮らすことにした」と、ジュレットは書いている。[13]

「Forget Memory : Creating Better Life for People with Dementia（記憶を忘れろ――認知症のある人にとってのより良い人生）」（この章のタイトルはここから閃いた）の著者アン・バスティングは、介護する人たちに「思い出して」と言わないように強く求め、「認知症が発症した時、創造力と想像力はほとんど手付かずのまま残っている」[14]と言っている。

グレン・キャンベルのお別れコンサート

七十四歳の時にアルツハイマー病と診断された伝説のカントリー・ミュージック歌手グレン・キャンベルは、できるかぎり歌い続けていたいと話し、自分が何故、時々歌詞を忘れるのか、同じことを繰り返すのか理解してほしいとアメリカ国民に訴えた。

キャンベルのお別れコンサートツアーは「グレン・キャンベル、アイ・ウィル・ビー・ミー(私はこれからも私だ)」と題してドキュメンタリー映画に記録され、彼の歌「I am not gonna miss you(寂しくないよ)」は二〇一五年のグラミー賞、ベスト・カントリー・ソング賞を受賞した。この映画で、キャンベルが彼のヒットソングの一つ「ガルベストン」のコーラスの歌詞に詰まったその時、「なつかしい海風が今も聴こえるよ」と、数百人の観客の歌う声が聞こえてきた。これに鼓舞され、キャンベルは微笑んで持ち直し、歌を歌い終わる。

これが感情移入というものだ——恋人同士や親子の結びつきにも劣らず、観客席の見知らぬ人たちの間で共有される強い結びつき。感情移入によって、私たちは、認知機能に障害のある人を、病人とか犠牲者としてではなく、「人間の多様な条件を代表する私たちの仲間の一人」として見ることができるようになる。

晩年ほど人間の多様性が発揮される時期は一生のうちに他にない。残された人にとって、厳しいけれど必要な仕事とは、「私たちのドロシー」への期待を見直し、何をする(人形を抱くか、ショッピングカーを押す)ことがドロシーにとって意味があるのかを見つけることだ。こうしたことをしているのを見ると私たちは痛ましいと思い、私たちが覚えているその人のすることではないとして退ける傾向がある。しかし、何がなくなったかではなく、何が残っているかに焦点を当ててみることだ。すると、ドロシーが頭の上にある木の葉に反応したように、喜びのあるところはどこでも喜びを見つけることができるようになる。

自身の著作「Making an Exit(退場)」の中でエリノア・フックスは、自分の母親の介護をした最後の年月を、彼女たち親子にとって最高の時として描いている。その時、母親はアルツハイマー病が進んでいて、自分のことしか考えられなくなっていた。

年齢を重ねても、私たちは自分自身であり続ける。このことは神経学的に脳の老化が速く進む人にも当てはまる。知的能力は記憶力が落ちても残り、家族とコミュニティの役に立ち続けるのだ。アイデンティティの変化が最も強く現れる――恐ろしい自我の喪失――のは記憶喪失ではない。それは道徳の崩壊（反社会的罵声、病理学的嘘言、窃盗などの振る舞い）として現れる。他の神経変性［中枢神経の中の特定の神経細胞群が徐々に死んでいく状態］――記憶喪失、人格変化、知性喪失、情緒不安定、基本的な日常生活をする能力の変化を含む――によって、人がその人自身でなくなることはない。[15]

ホワイトハウスが観察しているように、「神経変性状態は、高齢者であることを『主張』しているのではない。それは高齢者を支配もしなければ、高齢者の人間性を貶めもしない。ただ生の営みを変えるだけだ……。『アルツハイマー病の犠牲者』というようなものは存在しないし、全『自我』が喪失することもない。病気が人間より大きいことなどないのだ[16]」。

とはいえ、アルツハイマー病は公衆衛生上の大問題だ。アメリカで最も費用のかかる病気であり、高齢化が進むにつれて費用は飛躍的に上昇すると予想される。アルツハイマー病のための連邦政府の補助金は二〇一六年に増額されたが、約九億三千六百万ドルに留まり、アルツハイマー病に苦しむアメリカ人が多いにもかかわらず、国立衛生研究所のＨＩＶ／ＡＩＤＳ用支出に比べると少ない。[17]ＡＩＤＳのリサーチは、変化を求める運動が執拗にくり返されるようになるまで基金なしで行われていた。

認知症を持つ人の介護という途轍もなく大きな問題に対処するための積極的な行動も求められている。患者の家族は支援を必要としている。質が高く、手頃な値段で、家やコミュニティで実際に受けられるサービスが求められているのだ。高齢者介護関連の仕事は、今後十年で最も速く成長する業種の一つになるだろう。介護士たちは圧倒的に女性で、在留資格を持たない移民であることが多く、有色人種の女性たちだ。彼女たちは十分な訓練を受けていないために平均賃金は一時間十二ドル以下[18]——長時間労働だが、エイジズム社会では仕事の価値が低いためもあって、まともな訓練を受けていない場合が多い。

著書「The Age of Dignity：Preparing for the Elder Boom in a Changing America（尊厳ある年齢——変化する米国の高齢者ブームに備えて）」の中で活動家のアイジェン・プーは、この親密な対応が求められる重要な仕事を、安定し、魅力ある専門的職業に変える土台作りをしている。有色人種の女性と労働者のために生涯を捧げる活動家のプーは、在宅介護が広く受けられるように、失業保険のような労働者保護を介護労働者にも広げ、移民労働者のための仕事の質と市民権の可能性を改善するため、州と国家による包括的政策を訴える。高齢者のための包括的介護計画（ＰＡＣＥ）——メディエイドとメディケアのジョイントベンチャー——はその一例だ。

メガネはどこに置いたか？

私たちは剃刀のように鋭い九十歳の人を知ってはいるが、そういう人たちは少数派だ。私たちのうちの八十％は何らかの能力低下を経験している。この変化に暦上の年齢との相互関係はないのだが、記憶処理速度、言葉による論理的思考、視空間能力〔目から入った情報のうち、ものの位置や向きを認識する能力〕が低下する。圧倒的多数の高齢者は発話能力を失うことは決してないが、顕在記憶（名前や数字を覚えていて必要な時に思い出す能力）が特に損傷を受ける。

私たちのほとんどは単語を見つけたり、固有名刺を思い出すのが若い頃より時間がかかり、別の部屋に取りに行ったものをどこに置いたか思い出すのに時間がかかる。それも、それが何であったかを思い出せた場合の話だ。しかし、鍵がどこにあるかを忘れることや、誰それの名前を思い出せないことを不安に感じるべきではない（鍵が何のためのものかが思い出せなかったり、誰それが誰であるかを忘れてしまう場合は別の話だ）。

高齢者の情報処理はそれほど速くない。多数の事を同時にする能力は低下し、散漫性が高くなるので、一つのことに集中すれば効果が上がる。こうした実際に起こる損失には恥ずかしさを感じ、気落ちすることもあり、時には怒りを覚えたりする。その対処方法は、ポストイットから集中治療まで多岐にわたる。脳には優れた再編力があって、老化や負傷からの影響を償うことができる。

私は、私のするべきことに名前をつけて、立ち上がって大きな声で叫んで対処する——誰も周りに聞いている人がいない時に限っているが。

慣れている仕事の計画を立てることと、それを実行することに難しさを覚えた場合は、認知能力の深刻な問題の前兆である可能性がある。もし明らかに混乱している人がいれば、その人は軽度認知障害（MCI）かもしれない。六十五歳以上の人の十％から二十％がMCIの状態にあると考えられている。MCIのある人は、友達や家族の目に明らかな変化を示す——例えば、メモを頻繁に取らなければならないとか、週の曜日を間違えるが、年や季節は思い出すとか。これらの変化は毎日の活動や社会的な機能に影響はない。MCIのあるほとんどの人たちは認知症にはならない。この人たちは世界で立派に活動を続けている。MCIとレッテルを貼ることは、その条件の定義が曖昧で、意味をなさないこともあるために問題が多い。

アルツハイマー病の製薬業界が、基本的に脳が老いているだけかもしれない患者と消費者のために、新しいカテゴリーを創ろうとしていることに対して、臨床医たちが疑問を投げかけている。この製薬業界の姿勢は、老いそのものを医療問題として扱う、利益優先志向の典型と見ることができる。

疾患がなければ、脳の変化は正常

これらの神経系の変化は、認知症の兆候を示しているのではない。私たちはこうした変化やその深刻さを誇張し、ステレオタイプと無知で不安を増幅させてしまう。老化の他のプロセスにも見られるように、脳の老化も個人によって異なるのだ。私たちの身体がうまく機能するかどうかは、これらの変化を、私たちがどう受け入れるかに大きく左右される。

脳の老化は個人によって異なる。私たちの身体がうまく機能するかどうかは、神経系の変化を私たちがどう受け入れるかに大きく左右される。

エイジズム社会は、自然の変化を病的なものと見做し、消費社会がその変化を「治す」療法を販売する。例えば、ホルモン変換治療、勃起不全薬、美容整形などだ。私たちの「ハイパー認知」文化は何よりも脳機能を優先する。脳機能を鍛え、管理し、改善できるとする無数の商品——ベビー・アインシュタイン〔幼児教育製品〕からシェイクスピア（『頭脳の吟遊詩人：シェイクスピア作品と脳科学による心の解明』）まで——がこのことを証明している。

認知力が、維持され強化されるべきもう一つの属性になると、それは通常の老化現象をあえて問題視していることになるのかもしれない。消費文化は、私たちみんなが望むゴールとして、身体のフィットネスのように、「頭脳フィットネス」をでっちあげる。確かにライフスタイルの選択は必要なのだが、認知力が変化したからといって、それは私たちに欠陥があるということではない。

たくさんの八十代、九十代の人たちが、ブリッジをし、スクラブル〔単語を作成して得点を競うボードゲーム〕で遊び、ビルを設計し、本を書き、若者に恥をかかせるくらい高水準の技能や集中力を必要とする多くの仕事を成し遂げている。

高齢者の健康な頭脳は、多くの若い頭脳でできるほとんどのことができている。少し時間がかかることも時にはあるが、同時に、他の認知領域は安定しているか、改善しているのだ。

認知機能を低下させないためにできること

身体機能が活発でないと筋肉萎縮が起こるのは明らかだ。精神活動はどうか？　「脳を活性化させる」ソフトウエアと食事療法に大金を払う高齢者たちはみんな騙されているのか？　たぶん。市販のゲームや機器、もしくは運動に予防効果があるという決定的な証拠はない。脳に関する多くのこと、つまり、記憶がどう作られ、どう蓄えられ、どう回収されるかなど、いまだに謎なのだ。

しかしながら、私たちは多くを学んできた。かつて私たちは、新しい神経細胞を育てる脳の能力、ニューロン形成は大人の早い時期に終わると思っていた。現在では、多くの研究で、脳には、新しい接続を作り、新しい情報を吸収し、その過程で新しい技能を獲得する能力が継続していることが証明されている。病理学さえその壁を克服できるのだ。

認知力が正常な八十代、九十代の人の死後解剖で、血小板が進行したアルツハイマー病の特徴を示す異常な状態がしばしば広範囲に発見されている。彼らは、神経科学者たちが認知予備力と呼ぶものによって保護されていたと考えられる。認知予備力とは、必要以上のニューロンを作って、その新しいニューロンを接続し維持する能力のことだ。晩年にこの能力が脳疾患と認知機能低下を防止するのだ。脳が血小板だらけで、それを自分は知らないで死ぬ、と考えるのは不思議だが、心は穏やかになる。

問題は運だ。遺伝子が果たす役割もある。特に、アルツハイマー病の初期段階ではそのことが言える。遺伝的知性が作用し始める。そして、認知予備力は教育の高いレベルと相関関係にある。私たちにはどんな時でも認知予備力を作り補充できることを示す証拠がある。国立老化研究所で行われた実験で、複雑な迷路を走る若いネズミは、歳とったネズミより多くニューロンを形成した。しかし、ネズミはすべて海馬——記憶と学習の中心——で新しい神経細胞を増やした。[19]

認知予備力を作るにはどうすればよいのか？　私たちの脳に挑戦し、社会のネットワークを維持し、運動をすること。身体と同じように、脳の健康を保つには運動が必要だ。これはサム・アデロが法廷通訳として第二のキャリアをサンタフェで始めた時に気がついたことだ。アデロはスペイン語と、レバノンから移住した叔父の話すアラビア語とフランス語を聞いて育った。彼はガルフ・オイルとシェブロンの弁護士として広く世界を旅した。

「誰かが話す時、約十九の認知段階を通過して対象言語でどう話すかを見つけ出すのです」とアデロは説明してくれた。

「文法、語彙、文脈があります。私の仕事場は法廷ですから絶対に間違ってはいけません。一人の人間の生命と自由が掛かっているのです」

通訳用に言語を使うことは「筋肉体操をしているようなものだ」とアデロ。絶えず学習するので間違いなく上達し続けると信じている。そして、退職した同業者が「古いレンガを直した」後は、型にはまってしまうことを嘆いていた。

「例えばコンピューターを習おうとさえしない人が沢山いる。『社会保障と年金を受け取ってゆっくりし、テレビでも見ることにする』と簡単に言わないでほしい」

アデロのように、私のインタビューした、高齢で働いている人のほとんどが、新しい技術の習得について一家言持っていた。

十五世紀ニューメキシコ州アクア・フリアに初めて入植したスペイン人を先祖に持つ美しいミランダ・パイクは、モデル、経理職、息子のクリニックのマネージャーなど、これまで色々な仕事をしてきた。しかし、地元のレストラン、トーティーヤ・フラッツ［ミズリー州グラッドストーンにあるレストラン］に接客係の募集があったとき、彼女は、「スズメバチが蜜を欲しがるようにこの仕事がしたかった」。パイクの姪が店のマネージャーを知っていて、七十歳の人を雇うかどうか聞いてみた。「その人は仕事ができるか?」がマネージャーの返事だった。

パイクはこの店が気に入って、バーデンダーの募集があったときには、「『バーで働きたい!』と言ってみた。ドリンクについてはほんの基礎しか知らなかったが、ニューヨークで人気のある一七〇〇種のドリンクの載った本を買って勉強した」。店主はパイクがそのうちいなくなると思っていたのだが、彼女はバーの向こう側で十一年働いた。

生かじりでは何もできない。弛まぬ努力も必要とされる。90プラス研究は、カリフォルニア大学アーヴィン校記憶・神経障害研究所（UCI－MIND）の行う人間の晩年の健康と知的鋭敏さに関する世界最大の研究である。この研究では、一九八一年から一万四〇〇〇人以上の六十五歳以上の人を追跡調査している。退職者のコミュニティである、カリフォルニア州オレンジ郡ラグーナ・ウーズ市のトランプ名人のグループもその研究対象だ。科学者は、このグループの人たちを入念に観察している。彼らは、明らかな認知障害なしに過去九十年を過ごしたアメリカ人の二十％に入る人たちだ。

目標が次のブリッジのゲームに勝つことであろうと、気候変動を止めることであろうと、生きることに目的意識を持つと脳の細胞活動に影響し、脳細胞の保護的予備機能を増加させる。そればかりでなく、目的が強ければ強いほど、認知予備力が増える。[20]

精神活動ならなんでも同じ、というのではないようで、一つひとつの社会的構成要素が重要な役割を果たしているようだ。調査結果の一つにがっかりするものがある。それは認知症なしには九十歳にはなれそうもなく、その確率は増え続けていることだ。

毎日、相当の時間――三時間以上――心から夢中になる活動をする人には認知症のリスクが少ないことが多くの調査結果で示されている。[21] 重要なことは、目新しさ、複雑さ、そして問題を解決しているかどうかだ。編み物をするなら、スカーフで止めてしまうな。外国を訪問するなら、旅行に必要なその国の言葉の会話集を暗記しろ。目的が必要なら、私を助けてエイジズムを終焉させよう。

汗をかく

身体の良好な状態と精神の良好な状態は相互に関係し合う――特に活発な運動を定期的に行うと血液が脳に送られる。私にとってこれはウォーキング（散歩でなく速く歩く）であり、一週間に九十分のウォーキングだけでも脳機能を改善するという調査結果に縋り付いている。

しかし、精神にとってどのレクリエーション活動が良いかについて二十一年間にわたって調査した研究によると、認知症の発症を基準に評価すると、一つに決めず、さまざまに挑戦するのがベストだという。[◉22] ボードゲームがトップの座にあり、次に読書と楽器の演奏が続く。頻度高く行うパートナーダンスは七十六％もリスクを下げる――アルバート・アインシュタイン医科大学の研究では、どの知的・身体的活動よりも高く評価されている。形容詞「頻度高く」に注意。

どの活動もいつもうまくいくとは限らない。決まりきった繰り返しもうまくいかない。リードしたり、フォローしたり、または新しいステップを習うとか、型とリズムの変化に合わせる時の一瞬の判断が鍵であって、それがいくつかの脳機能を一度に統合し、神経経路を形成する。これは良い運動でもあり、人を幸せな気持ちにもし、人との交流を可能にする。確かにパートナーなしで飛び回るのは技術をあまり必要としないので私は好きだが、認知力の必要条件を必ずしも満たさない。でも、これも、有酸素運動。最適な組み合わせは、社会的要素があり、新しいことが学習でき、定期的な運動であることだ。

ニール・グレイは喧嘩っ早かった。空軍の航空兵屯部に属していた彼は、工業デザイナーになり、テクニカルライターになり、最終的にシチュエート湾［マサチューセッツ州プリマス郡南岸］ヨットクラブの便利屋になった。プロのカーレーサーでもあったグレイは、仕事に行く時にはスバルを運転したが、それが故障した時は艶やかなTVRスポーツクーペのハンドルを握った。機嫌のいいこの男は、「『ボストンに車で行くのか？　夜に？』と人が言うのを聞くたびに腹が立った。まるで八十三歳の人間にはそうすることができないかのようだ」と憤慨する。遠出するのは、所属する三つのゴスペルグループのうちの一つでリハーサルするためだ。彼はゴスペルグループの新曲数曲をすべて習得していた。そして、「ボストン・ポップス・オーケストラが来る時には、五曲から六曲を覚えていなくてはならない」。覚えることは、「脳を活発にし、若さを保ってくれる」とグレイ。ゴスペル歌唱は肉体的な挑戦でもあった。

「時々手を叩き、身体を揺すらなければならない。私は身体の調整能力が弱いのだ」

未だに身体の調整がうまくできないのは、子供の頃かかった十日間の猩紅熱《しょうこう》〔A群溶血性連鎖球菌という細菌の一種による、小児に多い発疹性感染症〕の発作が原因だと、彼は思っていた。「ブルックリンで当時最高の高い熱――華氏百八度〔摂氏四十二・二度〕を乗り切った」。その後、体の動きを調整できるようになるまでにしばらく掛かったが、諦めず、挑戦し続けた。

「歌のタイトルの一つに『I need you（君が必要だ）』があり、これを二人で歌うのだ。それでコーラスのために歌を勉強しようとした。やる必要はなかったのだが、勉強したかったんだよ」

グレイは多くの苦難に見舞われた。お金の苦労、度重なる失業（「私の働く会社はすべて上手くいかなくなるんだ。驚いたよ！」）、愛する妻の死。しかし同時に彼は、マッカーサー財団の研究が高齢者の高い精神機能を示す指標として明らかにした三つの重要なことを体現していた。つまり、定期的に身体的活動を行い、強力な社会支援システムを持ち、日常生活に必要な処理能力に対する自信を持っていたのだ。心理学者はこの特質を「自己効力感」と呼ぶ。小型電車が「できるぞ、できるぞ」とやかましく汽笛を鳴らして進んでいるような結果を出せるとの自信だ。

自己効力感の強い高齢者は、自分の認知力を維持し、改善できると信じている。これが動機を高め、努力をうながし、目標を達成した時に自信を高める。屋根付きの玄関を建てようとしていようと、中国語を話せるようになろうとしていようと、大事なことは、ある一定の年齢を過ぎているからという理由だけで無理だと思わないことだ。

老化のプロセスそのものが思考に良い効果をもたらす

特に感情の領域において、老いた脳は復元力が強い。八十歳を超えると、脳の前頭葉に変化が見られる。その変化によって、怒り、妬み、恐れといった否定的な感情の処理能力が向上する。そのため高齢者は社会不安や対人恐怖を感じない。個々の処理能力が低下していても、正常な老いた脳は感情面で成熟度が高まり、変化にたいする適合性が増し、生活の満足度を上げる。これがあの幸福のUカーブの神経学的根拠だ。

それを、ペニー・カイルは代理教師として復職した時に気づいた。デトロイトの中学校の教室でカイルは、自分が百四歳だと言って生徒がそれを信じたとしても、今までになく自分が有能だと感じたのだ。

「私は年寄りで、その分、人より思慮深い。子供たちが勉強したがらないなら、『選ぶのはあなたたちよ。もし嫌なら、黙って静かにしていなさい』と、言うだけ。『静かにしないなら、こうなる、ああなる』と言う前にみんな静かになった」

カイルの仕事に対する態度も哲学的になった。

「教室で、ことが思った方向に進まなくても苛立たないこと。なぜって、代理教師にできることは限られているのだから」

小さな肩をすくめながらカイルは言った。それは知識と呼ばれ、経験と呼ばれ、知恵と呼ばれている。小児科医のナタリア・タナーはそれを経験と呼び、八十代になって彼女は「臨床関係、患者の親との関係、友達関係など」、すべてにわたって以前より良質な医者になっていると語った。

「これだけ大人になると哲学的になる。かつてのように物事に苛立たなくなった。若い頃は熱血漢だったと思う。『お母さん、その瓶で子供にものを飲ませてはいけません』とかなんとか細かく言っていた。今は、リラックスして、患者そのものに興味が持てる」

別の医師、老年病専門のヒラリー・シーベンスは、自分の思考プロセスが五十代後半から六十代に入る時期に変化したと感じた。

「新しい考えやその日の出来事に興味はあるのだけれど、過ぎ去ったこととのつながりが心に浮かんでくる。今やっている仕事が将来どういう結果をもたらすのか、今やっている仕事だけにしかできない価値ある結果を、この歳を重ねた意識が見せてくれているようなのだ」

脳の変化は想像力も掻き立てる。

有名なフォークロア画家のアンナ・マリー・ロバートソン・モーゼスは、「グランマ・モーゼス」としてよく知られているが、七十代に関節炎で刺繍を諦めざるを得なかった。代わって彼女は絵画を始めた。モーゼスは百一歳まで生きた。偶然だろうか？

著名な高齢者専門の精神科医ジーナ・コーエンによれば偶然ではない。コーエンは、人生の終わりに起こる予想外の心理的発展と知性の未開発の泉について記した著作「The Mature Mind : The Positive Power of the Aging Brain（円熟した心――老化する脳のポジティブな力）」の中で、こうした力の出る変化を、「心の声が『今でなければいつやるの？　彼らが何をしてくれると言うの？』と友達のように言っている」と説明している。「これで人は慰められ、自信が持て、勇気がでてくる」[24]

デューク大学の二〇〇一年脳スクリーニング検査では、若い人が右脳または左脳のどちらか片方に頼るのに対し、高齢者は脳の両側面を同時的に使い始めることが明らかになった。[25] コーエンはこれを、「全輪駆動への移行」と表現している。

「脳の両側面を最も有利に使う活動は、どれも脳にとっては甘いお菓子のようなものだ。芸術がそれだ」

なんと言っても、億万長者でなくても、仏教徒でなくてもこうした変化を経験できる。老いの過程そのものが健康な頭脳にその変化を与えるのだ。

老いた脳は多くの情報を利用できる

年齢に対する偏見のためになかなか気付かないのだが、老化は認知力と感情に良い影響を与える。単語を思い出すのに時間がかかる時、思考が中断するのは思考力の減退を反映しているのではなく、作動中の思考プロセスを反映しているのかも知れない。多くの研究で、このプロセスにかかる時間は、老いた脳が生涯を通じて蓄積した情報の蓄えをふるいにかけ、フィルターを通し、情報を文脈の中で捉えるプロセスを反映している、との結論に達している。ほとんどの人にとって、注目する対象は明らかに広がっていく。データが多いと、なんとかという名の女優が出ている映画のタイトルを思い出すのは難しくなるが、注意が散漫になるのは悪いことではないのかも知れない。

一点に集中して考えがちな若い回答者に比べ、高齢者は、詳細かつ些細な手がかり、または関係のない情報によく気がつくので、最終的に良い答えや解決策を見つけ出せるかも知れない。高齢者は多くを知っているばかりでなく、自分たちの持つ広い世界観によって、若者よりも容易に、その場の雰囲気を読みとり、誤りを防ぎ、用心の必要な状況を乗り切ることができる。[26]

ここ数年、いわゆる「ぼけカーブ」――健康な大人の年齢に関連する認知機能低下を表すものとして知られている――について懐疑的な見方が広がり、それと同時に、認知機能は一生のうちのさまざまな時点でピークに達するとの理解が進んでいる。

「心理科学」誌では二〇一五年、全ての年齢の人に行った莫大な量の認知機能テストの結果を分析し、四種類の技能の習熟が五十代までには達成されないことを発見した。語彙、数学、一般知識、理解力の四つである（テストにはなぜ物事は今ある姿をしているのかの説明も含まれた――例えば、なぜコミュニティには土地区画規制があるのか）。[27]

別の証拠が、巨大な字句のデータベースを調査するドイツ・チュウビンゲン大学言語チームによるデータマイニング［統計学、パターン認識、人工知能等のデータ解析の技法を大量のデータに網羅的に適用することで知識を取り出す方法］から上がっている。[28]高齢で、教育を受けた人は、彼らほど長く生きていない人に比べて語彙が多いために、実験では老いた脳の実際の働きをシミュレーションした。言葉を見つけるのに時間がかかるのは、記憶に障害があるからではなく、作業の規模が大きいことによるものだった。研究論文の主執筆者マイケル・ラムスカールは、最初「ぼけカーブ」の強い信奉者を自認していたが、シミュレーションが認知機能過程をあまりに正確に描いたために、機能低下を引き合いに出す必要はないと認めるに至った。

情報をフィルターにかける能力は仕事にプラスになる。ロサンゼルス出身の行動科学者スチュアート・アトキンスは、「あるグループ内で起こっていることを抽出して要約する私のやり方を彼らは、『知恵』という言葉を使って表現する」と言う。アトキンスは営業チームのための感受性訓練クラスを受け持っているのだが、問題の解決が「恐ろしく速く」できることに気がついた。気が散らず、すぐに解決できるのだ。

「私が八十四歳だから最盛期を過ぎたとは誰にも思ってほしくない。なんと、私は今、能力の絶頂にある！」

良質なフィルターがあると身の引き方も楽になる。公園の奉仕活動スペシャリストのベティ・ソスキンは、自分の仕事となんの関係もないグランド・キャニオンでの訓練に今ひとつ身が入らず、大きな窓から松の木に積もった雪を眺めていた。

「時々、雪の後ろから太陽が顔を出し、大きな雫が大地に落ちてくる。私はお菓子屋さんにいる子供のようだった。こうしている方が大事なのだと私には分かっていた」

怠けているのではないか、どこかがおかしいのではないか、と感じる代わりに、ソスキンは、「八十歳くらいの時からどこかで動き出していた新しいフィルター」を感じて楽しんでいた。「緊急ではない何か、次の四十八時間以内には使わない何か」と言って笑い出した。

「それがあるからといって、私の動きが鈍くなることなどない。いい物はまだすべてこのフィルターで捕まえられる」

ソスキンはブログで、この能力を「ご褒美としての資産。老いの利点の一つとして研究に値する」と言っている。[29]この公園管理者は常に頭脳を働かせていた。人生で学んだ優先順位を信じ、関心を持つものを選別した。ソスキンが言っているように、「私の八十年の歳月は否定すべきではない」。

知恵の神経学的基盤

情報を取り入れ、優先順位をつける能力を表す言葉として浮ぶのは、知恵だ。この言葉は、リアルタイムの情報を、自分の中に蓄えている多くの一般知識と結びつける時に高齢者が感じる強みをうまく表している。私はそれをどちらかといえば経験と呼ぶ。それは私たちみんなに時が与えてくれるものであって、本当の意味での知恵とは違う。めったにお目にかかるものではなく、並外れているのが本当の知恵だ。私たちは賢い子供に出会うとゾクっとする。そして、私たちはみんな、面白いことから何ひとつ学ばない多くの老人に出会ったことがある。だから、「知恵」を老いと結びつけ、まるで量産された詰め合わせの贈り物のように白髪頭の誰にでも届けることには違和感を感じる。そう、思春期の若者が退屈なのは予想がつく。人生の経験は、思いやりある決定をしたり、充実した会話をするには役に立つ。だが、知恵を皺のように、老いに付随するものと思い込むのは逆エイジズムだ。

しかし、心理学者のトッド・フィヌモアの知恵の定義は受け入れられる。この定義は老いた脳の神経学に組み入れられるべきものだ。

「知恵とは、状況を調和した全体として見る能力だ。老いるにつれ、調和をもたせる力が強くなる。老いた脳は多様な繋がりを持ち、若い脳より多くの繋がりを使う。それは、私たちが人生を通して、人との繋がりをたくさん持ってきたからだ。知恵は、矛盾したように見える考えや出来事を、心の中に不協和音をあまり立てずに共存させる。私たちは、関係性を失わずに愛する人を叱ることができたり、希望を失わずにある考え方に憤慨したりする。私たちは、それしか知らないという理由で、一つの真実だけに縋るようなことをしない。すべての高齢者が賢い訳ではないが、老いると、経験したことに注意が向かうので、知恵を育てる多くの機会を持つことができる◉30」

知恵はしばしば消極性と一緒に扱われる。私が知恵という言葉を避けるもう一つの理由はこれだ。この言葉を政治的文脈で考えたことはなかったが、ワシントン大学のキャサリーン・ウッドワードのエッセイを読んで考え始めた。ウッドワードは、高齢者の理想として「知恵の使用禁止」を呼びかけている。[31] ウッドワードは、怒りと知恵は両立しないとし、後者を理想化するのは高齢者から個人的・政治的に変化するきっかけを取り上げることだと主張する。

おばあさんからの提案や、おばあさんの権利の要求に対応するより、おばあさんがロッキングチェアに座ったまま見えないところにいてくれる方がはるかに楽だ。特に笑って受け入れているときは歓迎される。私たちは、高齢者が静かに元気である方を好む。強い感情を表すと当惑し、高齢者が表す怒りをすぐに高齢者の偏屈さや怒りっぽさとして格下げする。こうした筋書きがおばあさんたちにとって良いことなのかどうかとウッドワードは疑問を投げかけ、高齢者の知恵を理想化するのはエイジズムを煙幕に包むことだと指摘する。そして彼女は、心理学者のG・スタンレー・ホール〔一八四六年 - 一九二四年〕が書いた「Senescence（老境）」――ホールが人生の後半（今や最後の三分の二のようだが）と呼ぶものに関して発表した最初の主要研究――からよく引用される節を紹介する。

「老人たちには、若者と同じように感情で揺さぶられる権利があり、年寄りも若者と同じように感情に巻き込まれ、感情に流される。私たちはここでも誤解されている。私たちは衝動を絶え間なく抑えなければならない弱い少数派にされているのだ」

老いの特質とは、「新しい交戦状態――ウッドワードが「賢い怒り」と呼ぶもの――にある」と、ホールは宣言する。心地よさと自信に裏付けられた怒りが、兵器庫に保管されている。それは、学んだり感じたりするには歳をとり過ぎている、という考え方への反論として、また、黙らされ、偉そうにされていることへのお返しとして備蓄されているのだ。

老いが満足をもたらす　幸福のUカーブ

最初に幸福のUカーブに出会った時、数人の社会学者が八十代の人に詰め寄り、甘いものを渡して質問攻めにしている光景が浮かんだ。高齢者もこの調査結果には驚いて目をパチクリさせた。満足している自分たちは例外でラッキーなのだ、と思い込んでいたからだろう。それは、彼らが裕福だったからでもなく、超人的能力を持っていたからでもないのだ。八十歳に達するまでに人は、逆境に出会い、何かを失い、破滅的な状況にしばしば出くわす。健康上の問題も多い。しかし、八十代の人は、若い人を不安にさせる財政的な問題や個人的な問題が若い人に比べて遥かに少なかった。[32]

この調査結果の背後には広範囲にわたる確かな裏付けがある。十八歳から八十五歳までの三万四千人のアメリカ人を対象とした二〇〇八年のギャロップ調査とシカゴ大学の三年間にわたる研究などがそれだ。全体的な幸福度には、経済的に良い時期と悪い時期の影響を受けて浮き沈みがあり、若く貧しい黒人は裕福な白人より幸福度が低くなる傾向があった。しかし、こうした違いは人が老いると少なくなった。ポジティブな感情がネガティブな感情より受け入れやすいから、こうした結果が出るのではない。精神的に最も健康な高齢者にポジティブさが最も顕著に表れるからなのだ。[34]

このことはすべての人に当てはまる訳ではない。私のパートナーの母親ルースはいつも、九十歳は六十歳とはだいぶ違う、「良い意味でなくて」と言っていた。しかし、この幸福の源泉は内面にあるようで、大部分の人にとっては老いること固有のもののようなのだ。

人間の幸福に関する本を数冊出しているワーウィック大学のエコノミスト、アンドリュー・J・オズワルドは、八十代初期に二十代の時よりも幸せになることができるとする調査結果は、「生活の中で起きた物事が原因ではなく、非常に深い、極めて人間的なものから生じている」[35]と書いている。

幸福の経済学的研究をしているブルックリン研究所のエコノミスト、キャロル・グラハムも、彼女が調査した結果を同じような言葉で表した。

「それは何か人間の条件に関わるものだ」

グラハムが分析した調査データは、客観的な生活環境とは無関係に、世界中で同じU字型を示した。[36] ジェンダー、個性、外部環境も影響するのだが、その影響は思ったよりも少ない。[37] 若い人たちは、幸福はモノによってもたらされると思っているが、「高齢になると、幸福はモノにもかかわらず、もたらされることが分かってくる」と、ヴェイル・コーネル医科大学の老人学者、カール・ピルメアは言っている。[38]

老いそのものが人々に効果的な対処メカニズムを授けるのだ。

このことは認知行動療法〈訳注2〉と極めて一致し、「高齢者には自然に(この考えが)浮かんでくる」とピルメールは指摘している。言い換えると、老いそのものが人々に効果的な対処メカニズムを授けるのだ。「幸福を選択できなければ、見つけるのは大変だ」とピルメール。

選択は、しばしば人生の転換点で迫られる。二十二歳の娘を失った女性の場合、二年間嘆いた後、意気消沈した状態から自分自身を引き離す決意をした。この女性と仲間たちは、不安と恨みに縋りつくことをせず、小さなことに楽しみを見つけ、何かを手放すこと、感謝の気持ちを実践することを勧めている。

エイジズムのレッテル、「幸せの逆説」

理由が普遍的なものだろうが、その人固有のものだろうが、八十歳以上のほとんどの人は幸せだと言う。若い人たちと比べると幸福度が低かったとしても、彼らは幸せだと答える。老いと幸せの研究者たちはこれを「幸せの逆説」と呼んだ。老いと幸せは結びつかないとするエイジズム文化の中だけで通用する呼び方だ。なぜ、こんなに使いやすく、立証も十分にされている科学的調査結果の表現に「逆説」を使わなければならないのか?

幸福のUカーブに関して本当に驚くことは、高齢者の自尊心を高めることもできず、高齢期の意味も見つけられない文化であるにも関わらず、Uカーブが存続していることだ。この特性に、巨大な社会的・文化的勢力は否定的な動きをする。彼らは、高齢者を、生きがいを見つけられる役割も世代間の交流もない世界に追放する。そこは高齢者がただ「忙しく」するしかない世界だ。幸せのUカーブを知って人々が驚くのも当然だ。

「身体部分を除いて、人間であることのすべてで素晴らしい人生になるはずなのだが、それを知っている人は誰もいない。高齢者も知らない。私たちの社会でエイジズムがあまりにも強いからだ」と、「The Unexpected Pleasure of Growing Older(老いの予期せぬ喜び)」の中でウェンディー・ラストバーダーは書いている。[39]

ラストバーダーは、若者の持つ疑惑と不安とは対照的に、老いることは、自覚と自信を強め、評価を恐れなくなり、本当の幸福を感じられるようになる、と指摘する。生きることが楽になるというのではなく、本当に大事なことに焦点を絞れるようになる——そして良い生き方ができるようになるのだ。印象派の絵画が距離をおいて眺めるとはっきりと見えてくるのに似ている。

人の一生とは、その全体の意味が、時間をすぎて初めて理解できる一度きりの旅だ、とラストバーダー。この真実は本質的に若者には分からない。若者は、「晩年の悲しみがあまりに無慈悲に思えるため……老齢は恐ろしいに違いないと結論づけてしまう。苦悩から新しい活力が生まれることを知るのはずっと後になってからだ」。[40]

再生し続けるのは希望に満ちているように見えるかもしれないが、実際には、こうした難しい変化のプロセスを通過することから多くがもたらされるのだ。この変化のプロセスを、ヘンリー・ワーズワース・ロングフェロー[詩人、一八〇七年 - 一八八二年]は、「Morituri Salutamus(死への挨拶)」の最後でこう記している。

老いは、若さと同じように好機なのだ

装いは異なるが
夜の薄明かりが消えるとき
空に星が溢れる
昼間、見えなかった銀河だ

ここで詩歌からポップ文化に移動する。ジェーン・フォンダもこの問題に取り組んでいる。TEDウーマン［様々な分野で活躍する人の講演会を開催・無料配信する米国の非営利団体TEDの女性部門］のスピーチで、フォンダは、真ん中《ミドル》でピークに達し、その後、低下していく弓形の一生のパラダイムを拒否し、新しく、素晴らしいメタファーを提案している。階段としての高齢化だ。

「私たちを、知恵、全体性、信頼へと導く階段としての高齢化――病理学としての高齢化ではない」◉41

私とベティー・フリーダン〈訳注3〉やその他の多くの人と同じように、フォンダは中年《ミドル》を過ぎる時に感じた予兆と歓喜に驚いた。「そしてどうなったと思う？　このパワーは幸運な少数の人のためだけにあるのじゃない。五十歳以上のほとんどの人が若い時より気分がいいし、ストレスが少ないし、敵意も少なく、不安もない……もっと幸せですらある」と、フォンダは言う。パーソナルトレーナーやビジネスマネージャーのようなリソースを利用できる一人のセレブとして、フォンダは幸運な少数者の一人だが、そうは言っても、「こうなるとは思っていなかった。信じて欲しい」と、彼女は顔をしかめながら付け加える。フォンダの四十代は不安でいっぱいだった。

「でも、私自身の舞台の三幕目のド真ん中にいて、こんなに幸せだったことはないと気がついた……外から見るのでなく、老いの内部にいると、恐れが後退していく」

恐れが後退する。これには普通、時の流れを待たなければならないのだが。若い時に訓練中の高齢者になっていれば、どれほど恐怖を制御できるか想像してみよう。もし、すべての年齢の人がこの自然のプロセスを受け入れたとしたら。丁度、生きることが老いることを意味するように、老いることが生きることを意味するようになる。もし私たちが、「老い」と「不幸」の方程式を拒否したとすればどうなるか？　もし私たちが、正しい考え方か、正しい過ごし方で克服できるものとして老いを捉える――そうすべき――ことに挑んだとしたら？　老年病学者ミュリエル・ギリックが「The Denial of Aging（老いの否定）」で書いているように、本当は、老齢は、「はるかに複雑で、きめ細かく、可能性に満ち溢れているのだ[42]」。

私たちは長く生きることになる。それは老いへの態度が健康に直接影響するからだ。私たちはより良い人生を生きることにもなる。それは、中年期の即時的な不安から解放され、前途に待ち受けているものについて、より多様に、楽天的で、現実的な捉え方ができるようになるからだ。

【アクション】

恐れていたことは起こったか？

もしあなたが、私か、ロングフェローか、フォンダ――政治的同志であることは明らか――に賛同しないなら、自分自身の経験を考えてみてほしい。バースデーカード入れを横目で見れば、三十歳以降の誕生日を恐れていたことが分かる。六十歳以上の女性をターゲットにした人気のブロガー、アリ・セス・コーエンによると、「歳をとることに一番大変な思いをしているのは二十代と三十代の人たちだ[43]」。

一九七〇年にグレイパンサーと呼ばれる組織を立ち上げ、六十五歳の強制定年制の終了とベトナム戦争の終了を求めてロビー活動をしたマギー・クーンは、三十歳の誕生日を最悪の誕生日として覚えていた。多世代家族で暮らしていたマギー・クーンは八十九歳で亡くなった。クーンのモットーはこうだ。

「勉強とセックスを、死後硬直が始まるまで！」

二十代の私は大いに楽しんだ。ゴーサム［ニューヨークのこと］への恋が始まった独身女性で、その恋は未だ冷めやらない。あの年月をもう一度生きたいか？　いや、それほどには。「若いって素晴らしい」は、「老いるって最悪」と同じように厄介なステレオタイプになる。私たちのほとんどがアイデンティティの確立に苦心し、経済的自立に懸命になっている時期を「またとない楽しい頃」と表現するのは、この時期を暗い影で覆うことになる。

英国ガーディアン紙のサラ・ディタムは成人期初期の特徴を「災害」という言葉で表現した。少年災害、アルコール災害、学校災害、職場災害。実際にはどの時期も彼女にとって悲惨ではなかったのだが、こう呼ぶことで、いつ、何に気をつければ良いかが判断できたという。

「老いることの楽しみは、正しく理解する機会が増えることや、怖がることは『間違って』いないと気づくことだ……だから、また誕生日だ、とぶつぶつ言っているのを聞いたり、中年に近いことを認めたがらずに苦しんでいる人を見ると、なんてバカなって思ってしまう」

もし彼女が三十代で学んだものと同じくらい四十代でも学ぶことができたなら、「その証拠に皺を自慢する」◉44 と彼女は書いている。

大人になってからの誕生日が怖いのは、誕生日にまとわりつく文化を負担に感じるからなのだが、常識と経験が暴きだすものは何か？　友達は二十五歳になる時、こう言われたことを思い出した。「最後の素敵な誕生日だね」。本当に？

私はグランドキャニオンで六十歳になったが、そんなに悪くなかった。他に三十歳をすぎて楽しんだ人はいないのか？

「若い」と「歳とっている」を分ける線が砂の上に引かれている訳でもないし、そこから衰えが始まる乗り換え地点のようなものも存在しない。

「若い」と「歳とっている」を分ける線が砂の上に引かれている訳でもないし、そこから衰えが始まる乗り換え地点のようなものも存在しない。この想像上の敷居が私たちの自意識を傷つけ、差別し、私たちを不必要な恐怖で覆う。エイジズム文化は二十代を絶頂期の十年間として捉える。つまり、今のうちに楽しんでおいた方がいい。人生は得るものが多いほど楽しいのだから、と。

実際は、ほとんどの私たちにとって二十代は厳しい時期だ。続く中年期は、棚上げした夢、負ったリスク、通らなかった道に向き合わなければならない。生きてきた日数が残る日数より多くなり始めることに不安を感じ始め、一番厳しい時期となっていく。

ホームベースにたどり着くと、今までの時の過ごし方を受け入れ、私たちは現在をこよなく楽しむようになる。こうした人生のご褒美は、最初ははっきりとは見えないかもしれないが、確かに存在する。

ピュー研究所の二〇〇九年報告「Growing Old in America：Expectation vs Reality（アメリカで老いる――期待と現実）」へ情報提供した人たちは、七十代と八十代になった時、自分たちの人生をその前の時期より前向きに評価した。八十五歳を過ぎると、健康と自立は目に見えて弱まったが、八十五歳以上の最高齢者たちは、最も快活な人々の集団に入っていた。健康で、友達がいて、財政的に安定していることが、幸福の最も重要な要件であった。高齢のアメリカ人の多くにはこれらのうちの一つが欠けている。戦後世代の退職計画と財政状態に対する、二〇〇七年――二〇〇九年の大不況からの破滅的影響は未だ完全に収束していない。

晩年の良い面に対しては期待しすぎる傾向が見られた。つまり、六十五歳以上の人は、若者が思っているほど家族と過ごす時間やボランティアとして過ごす時間が多くなかった。しかし、彼らが直面していると思われた多くの問題――記憶喪失、運転ができない、寂しいとか役に立たないと感じる――は高齢者の報告よりも少なかった。

主流の物語に疑問を持とう！

怪物を探す子供のように、例え話のベッドの下を覗いて見なかったら、小説家で弁護士のルイス・ベグリーが、「Age and Its Awful Discontents（老いとその不愉快な不満）」と題するエッセイで書いた話を疑問に思うことは決してなかっただろう。[46]

ベグリーは母親と自分自身の長い一生を描いていた。第二次世界大戦中ドイツ占領下の地獄のポーランドで過ごした最初の数年間、そしてその後の心地よいニューヨークのアパートでの数年間のことだ。ベグリーは老いや病気という身体的損傷に嫌悪感があることを認め、その感情は母親が晩年に衰え始めた時にまで遡ると言う。その理由をベグリーは幸せな老年の実例がないためだとした。ベグリーの家族が悪い老い方をしたからではなく、皆、若く暴力的に死んだためだ。

「当然、時代が私たちを弄んだゲームの恐ろしさが私の小説に鳴り響いている」とベグリーは説明する。ベグリーは過去を捨てることができないし、捨てたいとも思っていない。たぶん、生き残れなかった家族への敬意からなのだろう。

ベグリーの作品は、歴史が私たちを弄ぶゲームについて多く触れ、老いについてはあまり触れていない。ベグリーと母親の晩年への「不愉快な不満」は、第二次世界大戦中と戦争直後に彼らが耐え抜いた物資の欠乏の傍では色褪せる。ベグリーの母親は、毎日家族の訪問を受け、「心地良さそうだが独りで」、九十四歳まで生きた。夫と友達に先立たれ、車椅子を使ってコンサートや映画を見に行くには誇りが高すぎ、家から出ることはなかった。その理由は「歩行器の操作のコツが掴めなかった」からだった。

友達より長生きするのは寂しいことだが、悲劇ではない。家から出られないのは哀れだが、ベグリーの母親は彼女を救えたはずのテクノロジーを拒否した。彼女には彼女なりの理由があった。少なくとも息子の目から見るとそれが真実だ。ベグリーを待ち受けているものについても悲痛な文章が続く。「私の身体はまだ……私を許し続けている」と、すべての痛みをステロイド注射で治療しながら、七十八歳のベグリーは観察していた。愛する妻、子供、経済的安定、やるべき仕事、そしてこれらの組み合わせに健康な脳が加わると、タイトルが暗示させる「不愉快な不満」ではなく、極めてその逆のものにたどり着く。ベグリーがそうしたものの見方をしていないという事実には彼の性格と経歴が影響している。またそれは、アメリカ社会がいかに老いを衰えと同一視しているかを反映しているのだ。

ニューヨークタイムス紙がこの文章のために選んだ写真を見てみよう。写真は日曜オピニオン欄のページを飾ったものだ。白髪頭で少しかがみがちの女性が、太陽の光がまだらに差し込む目の前の道を見つめながら、公園を独りで歩いている。女性は背後から撮影されている。そこからはベグリーがエッセイで出した結論、「母の孤独の苦痛と苦悩」を喚起させようとする意図が読み取れる。写真の女性は寂しいのか、またはただ単に独りなのか？　憂鬱なのか、それとも深く考えているのか？　それは語られない。老女の状態は白紙であって、その上に私たちの希望と恐怖が照射されるという仕掛けだ。だが、彼女の靴がとても履きやすそうなのが気になる以外は、彼女はとても元気そうに見える。

〈訳注1〉　ピーター・J・ホワイトハウス：米オハイオ州クリーブランドのケース・ウエスタンリザーブ大学教授、神経科学、アルツハイマー病研究の世界的権威。聖路加国際大学看護学部臨床教授。認知機能障害をもつ高齢者のケアに世代間交流というアプローチを世界で初めて取り入れる。米クリーブランドの世代間交流スクール(The Intergenerational School)の創設者。二〇一一年に日本を訪れ、日本老年精神学会と聖路加看護大学老年看護学共済の「世代間交流プログラムの可能性」で講演している。

〈訳注2〉　認知行動療法：現在生じている問題を具体的にし、考え方や行動などの変えやすい部分から少しずつ変えていくことで、問題の解決をめざす心理療法。不安障害とうつ病に対しての効果は研究によって認められている。

〈訳注3〉 **ベティー・フリーダン**：一九二一年-二〇〇六年。アメリカ合衆国のフェミニスト、ジャーナリスト、作家。一九六三年に出版された著書『新しい女性の創造(The Feminine Mystique)』(大和書房、二〇〇四年)が大きな反響を呼び、米国における第二波フェミニズムの引き金となった。一九六六年全米女性組織を設立し会長に就任。一九九三年に『老いの泉(The Fountain of Age)』(西村書店、一九九五年)を発表。

第4章
からだ
若さでなく健康を

「今度の本はダイエットと運動と健康についてなの？」と、友達のパオラが聞いてきた。

私たちはイタリアに共通の名付け親《ゴッドマザー》がいて、何回もイタリアを訪れるうちにすぐに友達になった。保健師のパオラは健康だが、彼女の夫君、エンリコはスポルティビシモ［運動神経がものすごく発達している］。五十五歳でマラソンをし、私とパオラが岸壁でおしゃべりをしている間は、離れた小島と小島の間の海を泳いでいる。

「いや、情報が多すぎる」と、答え、批判に構えた。老い関連のウェブサイトはほとんどすべて健康を前面に押し出している。深呼吸をして、私は続けた。

「少し強調しすぎだと思う。腕立て伏せをして、繊維質をたくさん食べれば、老いを漠然とは延期できるけれど、この問題にちゃんと向き合っていることにはならないんじゃないかと」

「まったくその通り！」《エサッタメンテ》と、茶化すようにパオラは笑い、Speedo［一九二八年にオーストラリアで誕生したスイムウェアブランド］の小さな水着を付けた夫君の肉体を誇らしそうに見つめた。この男の容姿は素晴らしい。余分な脂肪はゼロ。

その上、日焼けしていて、イタリア人だ。

「エンリコは自分流にトレーニングできると思っている。もちろん、時間は彼に追いつく。その時が来たら彼にはきついと思うけど」

誤解のないように。健康は老いに大いに関係し、健康を維持するにはできることがたくさんある。モーターボートに轢かれるようなことがない限り、エンリコは彼の仲間より長生きするだろうし、仲間より健康を保っていることだろう。エンリコの後ろについて山登りをするのはパオラにとってもいいことだ。しかし、活動的なライフスタイルは老化対策の一つでしかなく、老化は相対的なものだ。エンリコが島まで泳げなくなる日はやがてやって来る。彼はすでに速度を落としていて、体力の減退に合わせて調整している。

エンリコは、肉体の衰えは避けられないが体調不良は避けられることを示す良い例だ。衰えを病いのせいにするのでなく、年齢のせいにすることで、虚弱な人間という高齢者のネガティブなステレオタイプが出来上がる。しかし、ほとんどの人は虚弱ではない。六十五歳以上の大人の六十四%は主要な活動に限界を感じていない。[1] 彼らのほとんどは高齢関連の疾患から影響を受けていない。私たちがどれほど病気を怖がろうと、大勢の高齢者が慢性の病気と障害と共存しながら健康に歳をとっている。

健康に執着しすぎるのは健康的なことではない。最高齢の人の多くは、病気にかからずに健康に暮らしているのではなく、病気であっても充実した人生をおくっているのだ。可動性(動ける)と不可動性(動けない)の間、または、自立と無力の間にはっきりとした分岐点はない。二項対立という考え方は何の役にも立たない。そう、老いの否定がまったく役に立たないのと同じだ。

目標は健康であること、「若さを保つこと」ではない　長寿はボーナス

老いを否定することの一つとして、多くの人が長い目で見れば良い結果が出るライフスタイルを選ばないこと

がある。作曲家のユービー・ブレイクの有名な言葉として、「こんなに長く生きると知っていたら、もっと身体に気をつけておけばよかった」がある。この対極にあるのが、Speedoを身に付けたエンリコのように、運動とダイエットで老化を阻止する、または、死以外の何でも使って老化を乗り越えるという考え方だ。この妄想は誕生日が通過するごとに維持しづらくなり、最終的には非常に高い代償を払わなければならなくなる。老いの否定は社会にも影響する。集団的な「老いの保留」欲求は、高齢化の進むアメリカに必要な医療改革を遅らせる。老年学者のミュリエル・ギリックが、「The Denial of Aging（老いの否定）」の中でその影響を詳述している。

もし私たちが高齢の現実を否定し続ければ、効果のない高額なスクリーニング検査と、最終的には役に立たないが費用の高い晩年治療に資源を浪費し、有益な介護に回す資金がなくなってしまう。もし私たちがダイエットと運動で慢性疾患を防止できると思い込んでいるのなら、新しい医療を受け入れられなくなるだろう……。もし薬で私たちに不死がもたらされると信じるなら、黄斑変性症［アメリカの老人に見られる視覚障害の主要な原因］や変形性関節症［老年医療のトップで痛みと不動性の主要原因］のような平凡な疾患や、数百万人のQOL［生活の質］を害する疾患のリサーチへの投資ができなくなるだろう。◉2

「ガンとの闘い」型医療モデルでは一つの病気を一度に攻めてきた。これによって私たちは追加の人生を得るのだが、最悪の結果としてそれは健康なき人生になるかもしれない。現在は、全体的（ホリスティック）な視点から健康を考えることが、多くの人の総意となりつつある。つまり、老いる過程そのものに介入し、活動できる年月を増やし、身体の障害と死を先に伸ばすのだ。先に伸ばすのであって、阻止するのではない。

老いの否定の一つとして、多くの人が長い目で見れば良い結果が出るライフスタイルを選ばないということがある。

「不死の科学」、中身のない約束

現在の文化が自尊心の基盤としている多くのこと――ピンと張った肌、運動能力、性的能力――はすべて長続きしないものばかりだ。高齢者がゆっくり歩き、反応が鈍いのを見ると、刑の執行は一時的にしか延期できないことを思い知る。若さをずっと保てるとか、死さえうまく避けられるかもしれない、といった妄想が魅力的に感じられたとしても不思議ではない。

毎週、「アンチエイジング」なるものが飛躍的な進歩を遂げているようだ。

二、三例を挙げると、幹細胞を使って組織を若返らせる可能性、ナノボットを動員して身体を巡回し傷ついた細胞を修復する、またはテロメア（テロメアは、老いるにしたがって細胞分裂の度に短くなる染色体の末端部のＤＮＡの広がり）を伸ばす、などだ。

先頭に立っているのは、急進的な寿命延長支持者たちで、生物工学の進歩によって生物時計を遅らせるか、戻せると信じ、私たちの世代は私たちの両親より長い一生が期待できると信じている。多くの支持者は、生物医学研究者のオーブリー・ド・グレイが「寿命回避速度」と呼ぶものが実現可能だと信じている。「寿命回避速度」では、一年ごとに平均余命が一年伸びるので、生存期間は無限になる。

二十世紀に、人間の寿命が先例のない伸びを見せたことで、私たち人間の新しい進化の時代が始まった。オランダ人老年学者ルディ・ウェステンドープ博士は、ニューヨークのマウント・サイナイ病院で八十五歳以後の健康についての講演をこう始めた。

「人間の年齢に生物学的限界はありません。死の必然性とは、生物学者が言うように人間が考えたものなのです」

彼の白髪と老眼鏡を見れば、この人間という組織体も最終的には衰えることにあらためて気づかされる。ウエステンドープはそれを「安い自動車」のようにと快活に表現する。時とともに、細胞は怪我や病気に対して修復能力を落としていく。しかし、衰えは避けがたいとはいえ、私たちは生物学的デザインの限界にはいまだ達していない。

遺伝子学的にいうと、老化は先天的なものではない。私たちは健康に影響を与えることができるのだが、平均余命が伸びるにつれ、これ以上の影響を与えることが難しくなっている。人口統計学者のS・ジャイ・オーシャンスキーは、「これは数学的な確信でしかない」と言って、生物学的現象から直線的に推論することの危険性を説明する。オーシャンスキーの挙げた直線的推論の例では、人間が二四二〇年までに一マイル〔一・六キロ〕を一分で走るようになる時には、体重は男が百三十二・九〇キロ、女は百十八・三八キロになる。思春期を過ぎると死の危険性は七年ごとに倍になる。この急激な増加は、私たち人類と他の多くの種の生物学的特徴だ。寿命が長くなってもこの曲線は変わらない。

老いるにつれて私たちの身体に何が起こるかを研究する生物老年学を、私は全面的に支持する。グーグルのカリコ〔Googleなどの資金援助によって二〇一三年に設立された生物工学の研究開発企業〕のような会社が行っている老化の生物学研究を利用すべきではないのか？　資金不足で国立老化研究所がこうした研究をできなくなっている現在は、特に必要ではないのか？　私たちの細胞と器官に起こっていることが現在より遥かによく分かるようになるまで、平均余命と最長寿命に影響をあたえる健康促進戦略は存在しない。

健康寿命を延伸？　絶対に価値ある目標だ。老化を遅らす？　もちろんだ。しかし、老化に打ち勝つ？　テストステロン（男性ホルモン）、恐怖、テクノロジーの魔術をいかに組み合わせても熱力学の第二法則（熱現象の不可逆性）を覆すことはできない。システムは時とともに衰える。生きることと老化は切

老化に抵抗《アンチエイジング》することは生きることに抵抗《アンチリビング》することだ。

り離せない。老化は病気ではない（そうであれば、一生も病気になる）。老化は「治療」できない。老化は生きることである。

アン・カルプフが、米国のラジオネットワークNPRのブライアン・レーラーに言ったように、「誰も呼吸に抵抗できないように、老化に抵抗《アンチエイジング》することはできないのです」[4]。

医療のエイジズム　少ない治療、よくない治療、しばしば治療なし

高齢者が医療から受ける恩恵は若者に比べると少ないと一般的には思われているが、これは間違いだ。医療から受ける恩恵――CPR（心肺停止の蘇生救急）、臓器移植、化学治療、透析治療など――は年齢とは関係がない。心臓切開手術をうける八十代、九十代の人たちが多くなり、その生存率は年齢のはるかに若い患者と変わらない[5]。もちろん、四十代の人にも、その例に当てはまらない人たちもいる。医療判断は臨床的必要性と個人の総合的健康状態――心臓機能、肝臓機能、腎臓機能――に基づくべきであって、年齢を基準に否定されることがあってはならない。

実際、「『高齢』の病気として片づけられる病気はひとつもない」と、老年学者で「Treat Me, Not My Age（私の歳でなく、私を診て）」の著者マーク・ラックスは言う。

「年齢を基準に治療すると、治療可能な重大な事態を見逃すかもしれない」[6]

しかし、医師たちはいつも年齢を基準にしている。英国のNHS（国民医療サービス）で年齢差別が違法になったのは二〇一二年。その年に発表された、ロンドンに拠点を置くチャリティ団体「エイジUK」と英国外科医師会との共同レポートは、生命維持に必要な手術から外された高齢の患者がいることを明らかにした[7]。二年後の追跡調査報告で、実態は問題解決からは程遠く、広い範囲――がん、胆石、ヘルニアの修復、結腸直腸の手術、膝の代替手術など――で手術率が一様でないことが明らかになった[8]。七十五歳以上の患者は、六十五歳から七十五歳

の間の人たちよりも手術を回避される確率が高かった。
衰弱度の高い人たちの治療が多いのがその理由なのだろうが、医療従事者たちは、一般の人よりもエイジズム的態度に影響を受けやすく、老化と病気は一緒に進むものだと簡単に思い込んでいる。◉9

友達が八十三歳の母親を健康診断のために主治医のところに連れて行った時――母親は発作直後で車椅子を使っていた――その主治医は「まだお達者なのですか？」と言って迎えた。死を――患者の死も自分自身の死も――扱いたがらない医者は多い。

どのような影響があるのか？　高齢患者の医療問題とは、誤診の頻度が高いことと、病気を検知されないことだ。疾患が正しく診断されたときでさえ、偏見か情報不足のために、若い患者より低い水準の治療を受けやすい。

- 医師と看護師は、平衡障害、失禁、便秘、物忘れのような症状を、治療可能な疾患としてではなく、高齢であるから仕方のないものとして捉えることが多い。
- 医師と看護師は、痛みや不快感を、改善できる症状として見ず、真剣に取り合わないこと――「あなたのお歳でどうにかなると思っているのですか？」――が多い。高齢の疼痛患者は若い患者より適切な治療を受けられない。◉10
- 若い患者は、症状が軽くても医者は比較的よく話し、患者の不安によく応えているとの調査結果がある。高齢の患者は医者といっしょにいる時間が短く、特に外来通院の場合はそれが顕著で、◉11忙しい病院職員からの応答も少ない。
- 医師は、高齢者の薬物吸収における加齢のために起こる変化についての説明や副作用のチェックができず、さらに多数の薬物の併用による影響も考慮できていない。こうしたことにより、高齢者には薬物副作用が起こりやすく、処方薬の乱用が多い。

二〇一四年に、十二万四〇〇〇人という驚くべき数のアメリカ人が有毒な薬物相互作用（ADI）が原因で死亡し、八十万七〇〇〇人以上が、食品医薬品局（FDA）が「深刻に憂慮する」と分類する病状――入院や命を脅かす障害――であった。[12] このことは、全処方薬の半分以上を服用する六十歳以上の人に強い影響を与えていることを物語っている。彼らの六人に一人は薬物有害事象（ADE）が原因での入院であり、七十五歳以上では三人に一人と増える。こうした影響はほとんど研究されていない。[13] 多くの高齢者、特に高齢者施設の入居者たちには危険なほど過剰な薬物治療が行われている。

・こうした偏見は社会政策に反映される。二〇一九年現在、国立衛生研究所の助成金申請者には年齢制限をしないか、または、年齢制限の理由を説明するものとされているが、多くの研究は民間から資金が提供されていて、ガイドラインは高齢者のテーマを積極的に取り上げるようにとの勧告はない。晩年に最もよく見られる疾患の研究が除外される確率は許し難いほど高い。[14]

・一九九三年の国立衛生研究所再生法では、連邦政府資金による臨床実験には女性とマイノリティを入れることを義務付けているが、薬物治療受診者に六十五歳以上が多いにもかかわらず、六十五歳以上を入れることは義務付けられていない。八十五歳以上の人の数の増加は人口全体で最速を示しているのだが、患者の典型とされているのは若い人たちだ。

・多くの医師は、高齢の患者は性行為をしないと思い込んでいて、セックス歴を聞く事がなく、性感染症の定期検診をしない。高齢者は気づかずに何年もＨＩＶ／ＡＩＤＳにかかっていることが多い。その理由は、疲れや体重の減少や意識障害などの症状を、年齢による通常の痛みや疼きと捉え、内科医も患者もＡＩＤＳを若者の病気と思っているからだ。

・がん検診のような、予防プログラムでは高齢者をしばしば見落し、多くの医師が高齢の患者に適切な予防のための助言を与えることができていない。

うつ病を抱えた高齢者の自殺率が高い。これは、こころの健康に対するエイジズム的な固定観念のために、高齢患者用の精神科医療の進歩が比較的遅れているからだ。精神的に落ち込んだほとんどの高齢者は生涯にわたってこの病いと格闘している。高齢者がうつ病になる確率は実際、若い人や中年層に比べて低いのだが、診断されないままに放置される可能性が高い。[15]うつ病関連の認知障害が認知症と誤診されることも多い。心理療法はすべての年齢集団に平等に効果を発揮するが、心理学者は高齢者の反応する能力と内省能力を低く見がちだ。

高齢患者の態度にも問題がある。一九三〇年の大恐慌期に育った世代にストイシズが広く見られ、彼らの多くが医療を受けること自体を煙たがる。心の中のエイジズムのために、多くの人が回復するのではなく衰えていくのだ、と思い込んでいる。八十六年間使った片方の肩に痛みがあるがもう一方の肩は問題ない、とか、問題のある方の肩をさらに積極的に治療をしてほしい、と自信を持って言える人は少ない。

それが女性なら、セクシズムが問題をさらに悪化させる。医療現場で高齢女性がはっきり話したり、聞いてもらったりすることは少なく、積極的な医学的治療を受ける機会も少ない。[16]高齢のレスビアンの人たちの扱いはさらに悪く、レイシズムが高齢の有色人種にさらに不利に働くことは多く記録されている。

心理学者ローラ・カーステンセンは、医療現場での年齢差別に気がついて、高齢の研究を始めた。カーステンセンは二十一歳の時、自動車事故で十二カ月間、整形外科病棟に入院した。入院患者のほとんどが高齢者だった。看護師が彼女に与えた課題の一つが同室の高齢患者に親しむことだったので、カーステンセンは高齢の女性の入院患者と数カ月間、四六時中一緒に居て、治療法の違いを目の当たりにした。

「私は一日に三回から四回、理学療法士の治療を受け、リハビリをしてもらっていたが、高齢の女性患者たちは違った」[17]

カーステンセンは後に、スタンフォード長寿センターを創設した。このセンターが行った調査では、かつては元に戻すことができず、生物学に基づいていると思われていた多くの変化が、未来の捉え方と関係していることを明らかにしている。

ナース・プラクティショナー（高度な看護教育を履修した公認看護師）のレイチェル・ドロレットが高齢者介護に興味を持った一つの理由は、高齢患者が若い患者より簡単に行動制限を受けるのを見たためだった。「『高齢者』は容易に混乱する、と思われているだけで、患者が混乱し、潜在的に自傷性がある、とカルテに書かれてしまうのです」と、ドロレットは私に言った。

身体的疾患の最初の症状は精神面か感情面に現れることがあるため、挙動の変化は重大な健康問題として扱われるべきだ。高齢者の場合、薬物作用や無関係の疾患が認知症と精神錯乱の原因となりかねない。麻酔が切れるまでに長い時間がかかり、高齢患者は一両日、混乱状態が続くかもしれない。こうした症状が、「通常の」認知機能障害の兆候として片付けられることがあまりに多発している。

いまだ私たちが知らないことが沢山ある。例えば、高齢の患者には必ずしも若い患者と同じ養生法が実践されるべきでないのかもしれない。「老化について新しく知るすべてのことには、私たちが思っていたことよりも遥かに微妙な意味合いが多く含まれている」と、カーステンセンは言う。

例えば睡眠を取ってみよう。

「長い間、睡眠は年齢とともに変化し、歳をとれば取るほど睡眠の必要性は少なくなる、と教科書が教えていた。不眠を病気や関節炎の痛みなどの要因から切り離して考えることはなかった。それが、高齢者の場合は睡眠障害の治療が可能になり、高齢者も若者と同様、ぐっすりと眠ることができると思われるようになった」

不眠はうつ病の症状であることもあるので、何歳であっても治療が可能だ。

老年病専門医が尊敬されないのは、エイジズムのため

記録的な数のアメリカ人が長生きしているという事実にも関わらず、米国の老年病専門医は七〇〇〇人以下で（これは七十五歳以上の人一万人に対し老年専門医が四人以下ということだ）、その数は減少している。[18] このことは、老年病専門医が、高齢の患者の臨床医であり、教育者でありコンサルタントとしての役割をも果たさなければならないことを意味する。

「あなたはガンだったと想像してみてください」、とハートフォード基金でこの問題関連のデータを毎年分析しているクリストファー・ロングストン博士は説明する。

「あなたのかかりつけ医はガン専門医に相談したが、あなた自身がガン専門医に診てもらうことはなかったとしたら、いい気分がしますか？　私たちが直面しているのはまさにこうした事態なのです」

老年病専門医の不足は、アメリカの人口の二十％が六十五歳以上になる二〇三〇年には重大な問題となる。しかし、アメリカの医学系の学校は学生に小児科用教科学習全体の習得を義務付けているのに対し、老年医学関連は十％のみだ。[19] また、それを選択するのはアメリカの医学系学校卒業生の一％以下だ。平均して、老年病専門医は、特別研究員の訓練を必要とする他の専門医よりも労働代価が低い。これは高齢者の診療時間は、総合的なケアが必要なために通常、平均より長くなるからだ——診療ごとの個別支払い、手術症例数をベースとする制度の不利な点である。

他の阻害要因？　老年病専門医は尊敬されない。老年病関連の仕事をしていると誰かに言ってごらんなさい。「なぜ？」か、または、見下すように、「よくなさいますね」という反応が返ってくる。

ソーシャルワーカーも、老年病専任は全体の三％しかいないが、同様の反応を受ける。原因はエイジズムだ。

サミル・シンハ博士がこの分野で仕事を開始した時、才能を無駄にしていると言われた。現在、トロントのマウン

ト・サイナイ病院とユニバーシティ・ヘルス・ネットワーク病院の老年医学部長であるシンハは、老年病専門医の不足は、制度に浸透したエイジズムのために起こっていると批判する。

「老人を低く評価する文化は、老人のために働く人々にまったく価値を置かない」[20]

患者の側にある内面化されたエイジズムがこの偏見を永続させる。老年病専門医に治療してもらっていることが見つかりませんように！　この残念な待遇は老いの否定で封印される。アトゥール・ガワンデ博士が著書の『死すべき定め』（みすず書房２０１６年刊）で指摘しているように、老年病専門医に診てもらうと、「生きているうちに治らないものと、これからやってくる衰えと深く向き合うよう私たち一人ひとりに要求され、少しでも考えを変えるよう求められる。患者が不老の可能性を妄想しているなら、老年病専門医はそうではないことを認めろと言う。楽な要求ではない」[21]。

医学生も老年医療を専門にするのは気が滅入ると、思い違いをしている。だが、仕事の満足度が一番高いのはどの科の医者か想像できるだろうか？　老年病専門医なのだ。

最も幸せな老年病専門医には、七十五歳以上の患者がたくさんいて、メディケア〔米国の、高齢者および障害者向け公的医療保険制度であり、連邦政府が管轄している社会保障プログラム〕を受け入れている[22]。カリフォルニア大学デービス校が行った六五〇〇人以上の医者の調査が発見したその原因は何であったか？

「時間が安定していることに加え、シニアたちとの出会いから刺激を受ける、そして患者との関係性が長く続く。この専門領域は、ベビーブーマーの退職で需要が増えている」

この調査報告書の注釈には、「メディケアの保障額が少ない〈訳注１〉ため、全国的な老年専門医不足が生じている」と皮肉ではなく記されている[23]。

このメディケア返済率を改善してみてはどうか？　この仕事に対する満足度の数字でイメージを改善できないか？　研修中の老年専門医たちに債務を免除をするというのはどうか？

ただ長く生きているのではなく、長く健康に生きているのだ

六十歳とは新しい四十歳ではなくて、新しい六十歳のことだ。活動的なライフスタイル、健康的なダイエット、人工股関節置換手術とホルモン補充、すべてが、かつては中年過ぎには避けられないと思われていた機能不全を予防し抑制する。

アメリカ社会はもはや、元気で活動的な若い世代と、健康を崩した高齢世代とに分断されてはいない。耳が不自由な人は、六十五歳以上のアメリカ人の三十五%のみであり、視覚障害がある人は八・五%にすぎない[24]──身をかがめ、ラッパ型補聴器を付けて目を細める漫画の中の老人のイメージが疑わしくなってくる数字だ。八十五歳以上の人の中でさえ、トイレにいく、身なりを整える、食事をとる、などの日常の活動に助けが必要な人は全体の四分の一にすぎない[25]。

ニューヨーク州のオレンジ郡で、社会福祉士をしているティム・マーフィーは、「百歳に近い新しい世代全体がコミュニティの中でほとんど自立して暮らしている」姿を見て、「ちょっと興奮している」。これはこの百歳の人たちが支援を必要としないという意味ではない。この人たちは頼みたいことをどう頼むか、いつ頼むかを判断できる。そして自分たちの年齢に対し前向きだ。彼らは、自分たちが健康的に長く生きるのに役立つ治療、テクノロジー、資源を選択し、それを批評することができている。

深刻な疾患や病気は人生の最後の時期に集中する。公衆衛生の目標はこの期間を短くすることだ。つまり、病気も疾患もなく、できるだけ長く生きること。これが進歩の基本的な指標であり、同時にこれが医療費が最も高くなるのは人生の最後になる理由だ。医療費が人口の平均年齢に比例

医療費が人口の平均年齢に比例して上がることはない。

して上がる――よくある間違いだ――ことはない。高齢アメリカ人の就業不能率は、一九八〇年代と一九九〇年代に減少した。教育と医療の改善、特に心臓病治療の改善の影響が大きい。この状況は二十一世紀も続いている。[26]

二〇一六年のハーバード大学と全米経済研究所の研究で就業不能率の低下が明らかになった。[27] アメリカ人は早い時期に病気にかかるが、治療法が向上し、病気からの影響への対処方法も向上している。言い換えると、寿命が長くなると病気で過ごす時間も長くなるのだが、「障害のない余命」の伸びは寿命の伸びより速い。

研究者は、服を着る、トイレを使う、などの日常生活動作と、軽い家事と金銭の運用などの「手段的」日常生活動作を分ける。研究者はまた、四分の一マイル（四〇〇メートル）を歩く能力や少し重たいものを持ち上げる能力で、身体能力を評価する。こうした能力は後退するし、また、そのQOL（生活の質）への影響の測定は非常に主観的なものだ。運動神経の発達した人は階段が登れないことでショックを受け、食通の人は料理ができなくなるとやる気を無くすのだが、一方で簡単に適応できる人もいる。

健康そのものは相対的なものとして解釈できる。二〇〇八年に発表された二十五年研究では、二三〇〇人の健康な男性を四分の一世紀、調査した。[28] 調査が開始された一九八一年、対象者の平均年齢は七十二歳。研究の終了時点では、九百七十人が生き残り、九十代になっていた。このグループが罹った慢性疾患の割合は、全人口の慢性疾患の罹患率と同じだった。QOL《生活の質》の違いと、その継続期間は、予想に違わず、変更可能な五つの行動と関係していた。それは、禁煙、体重制御、血圧制御、糖尿病回避、定期的な運動、の五つだ。

老化は病気ではない

死の生物学的原因は一九〇〇年時点よりも予測が可能だ。きれいな水と抗生物質のおかげで、肺炎と下痢性疾患は、心臓病、ガン、脳卒中に道を譲った。もしこれらの疾患の治療方法が見つかれば、私たちは別の何かが原因で死ぬことになるだろう――しかし高齢が原因で死ぬことはない。なぜなら老化は病気ではないからだ。

老化は長い間、病気と同一視されてきた。この問題の研究が最初、長期医療看護施設で行われていたからだ。そこでは肉体と頭脳がほとんど刺激を受けることがなく、多くの調査対象者が実際、病気だった。世紀が進み、一九五八年に始まったボルチモア老化長期研究などのプロジェクトからリサーチが開始され、これら二つ（老化と病気）を切り離し始めた。科学者たちは健康な老化に寄与する要因を識別し始め、平衡機能と筋肉機能を改善する運動といったような治療介入が始まり、それまでは完全に老化が原因とされていた症状の進行を遅らせるか、防ぐことができるようになった。今では、研究者たちは「正常な老化」と病気をはっきりと分けている。

医学的に言って、老化とは、免疫反応や恒常性のような身体能力を喪失し続けることであり、それが死を引き起こす主な要因からの影響を受けやすくなることである（恒常性は、ブドウ糖値や体温などの安定した体内状態を維持する身体能力のこと。高齢者が寒さに対して暖かく着込むのはこのためだ）。通常、私たちの感覚は鋭さが弱まり、皮膚が乾燥しやすくなり、肺の弾力性は減少し、過度の緊張から影響を受けやすく、スタミナと強さが衰え、骨密度が減り、脊椎骨間の椎間板とともに私たちは縮んでいく。（希望の兆し一つ。私の友達のコリーヌは八十六歳で膨れた脊椎円板が傷まなくなった）。

アルツハイマー病、脊髄の狭窄、関節炎のような病気は確かに年齢と関係する。しかし、私たちが年齢のせいにしている変化の多くは、子供の頃から始まっていて、肥満、栄養不足、環境諸条件、社会的逆境、個性などさまざまな要因の影響を受けている。このことが早期の医療介入が非常に重要である理由であり、若いアメリカ人の就業不能率の上昇は要注意事項である理由である。若者の就業不能率は肥満と失業率など複雑な要素が関連している。

また、年齢に関連する変化の程度と確率は人によって大きく異なることを覚えておいた方が良い。さらに、個人間の違いは歳を追って大きくなる。これは、私たちが歳をとれば取るほど、暦上の年齢から私たちの健康（または認知力、言語機能、自立機能）を推測できなくなるということだ。言い換えると、一人の個人の健康と幸せを、その人の年齢を基準に予知することは不可能なのだ。八十代で街を歩くのに支障がある人がいる一方で、マラソンを完走できる人もいる。

病気と高齢は関連するが、同じではない

老年病専門ケアマネージャーのクラウディア・ファインは、複雑な慢性疾患患者の介護を専門にしている。ファインがこの問題の難しさについて率直に話してくれた。

「病気と衰えは、身体的なものであっても精神的なものであっても、本当に辛い。周りの人みんなにとって辛い。老いると、これらがよく起きるようになる。しかし、老化と病気は同じではないのです」

ファインは、太極拳やコンピューター教室のようなたくさんの高齢者用のプログラムに――患者の健康が衰え始めるまで――関わっている。

「私たち――家族、介護関係者、社会――は、どういう訳か、高齢者のための目標を、私たちがいいと思えるようには設定しないのです」

ファインは、目を逸らすのではなく、損傷がないところに注目し、その強さを助け、その人の本質的な部分を守っていくことを勧める。

「私たちがそうしないと、彼らに残るのは病気だけになってしまうからです」

通常、老齢には衰弱が伴う。だからといって、この老齢と衰弱との関連性は、あるひとりの高齢者が怪我をしたり、病気になる可能性について語っているわけではなく、完全回復の可能性についても何も触れていない。その高齢者の担当医が懐疑的で、家族が心配そうに廊下に集まり、次にどうするか話し合っている時であっても、このことに変わりはない。

もし政府が元気で精力的な高齢者のための余暇プログラムと職業訓練プログラムに資金を投じるなら、その額は非常に大きなものになるだろう。その代わりに私たちにあるのは高齢者向け医療保険制度《メディケア》だ。この制度は、高い利益のあがる病気重視の現状の維持に役立っている。つまり、医療産業やこの問題の関係者、政策決定者だけでなく、モノとサービスを高齢者へ届けるために開発された公的・私的、両方の大量なインフラストラクチャーの役に立つ制度なのだ。

慢性の病気を受け入れて生きる

いつか、電動車椅子をビュンビュン飛ばすびっくり仰天老人と出会うだろうと期待していたのだが、活動的な高齢者には病気はない、と私は思っていた。しかし、違った。私がインタビューした八十代と九十代の人たちは慢性の病気か、徐々に悪くなる病気にかかっていた。しかし、彼らはその病気に自分の計画や自分の心理が飲み込まれないようにしていたのだ。

ハンガリーの職人組合、「煙突掃除人・オーブン製造者・屋根用タイル貼り職人・井戸堀り人・陶器製作者のための組合」から、女性で初めて熟練職人の資格を授与されたデザイナーのエヴァ・ツアイセルは、ヨシフ・スターリンの暗殺計画に参加したとの冤罪を被った。ロシアでの彼女の政治犯としての経験は、アーサー・ケストラーの名作『真昼の暗黒(Darkness at Noon)』(岩波書店、二〇〇九年刊)に登場する。ツアイセルは米国に移住し、陶芸家となり産業デザイナーになった。黄斑変性症によって百歳でほとんど盲目になった彼女は、バルサ材製の型の使い方を習い、自分の手でデザインできるようになった。私は百貨店ブルーミングデールズで銀製食器用の仕事をしている彼女を見ていた。こうした仕事は大変ではないのですか？　ツアイセルは首を振り、確信を持って言った。

「プロセス――ゼロから形を作る――はいつも同じ」

可動性(関節などの機構が動く事とその自在の程度)は、相対的なものだ。

二〇一三年、ベトナムへの旅で、私のパートナー、ボブと私は世界中から来た旅人に出会った。ほとんどの人が私たちより遥かに若かった。そして遥かに年上の人が数人いた。キャロルとマシスは、私たちが乗船したハノイの北部ハロン湾の二日間クルーズで会った。ハロン湾は三〇〇〇以上の石灰岩の島々が緑色の海から垂直に突き出している。退職したフランス人教授でホロコーストの生存者であるマシスは童顔で八十七歳だった。ちょっと太り気味の彼は関節炎と狭窄症（私の病気）を患っており、頸椎の手術の後遺症で平衡感覚に支障があったため、動く時は三輪歩行器に頼っていた。マシスが参加しなかった小旅行はいくつかあったが、ある日、手すりなしの不安定な、とても長い浮かぶ歩道の一方の端にランチが用意された時、マシスは自分自身と歩行器をボートのふちから持ち上げてボートを降りた。その間、彼の後ろでは若い東欧人たちが静かに礼儀正しく待っていた。ボートに戻ってからマシスは私に水が死ぬほど怖かったと打ち明けた。

マシスと彼の妻（いくらか体重がマシスより多く、彼と同じように疲れ知らず）は、ミャンマーからベトナムに入った。ミャンマーでは運転手付きのレンタカーを借りた。もし彼らがもう少し機敏に動けていたらこの選択はなかっただろう。簡単に動き回れる国ではなかったのだが、二人はこの国の至る所を旅して回った。一週間後、私たちはかつてのフランスの貿易の中心地、ホイアンのホテルで一人の女性と話し始めた。七十代後半と思われるこの女性と彼女の夫君はカナダ人で、四十四年間ニュージーランドに住んでいた。夫君は立つと脊柱湾曲症のために顔が残酷なほど地面に近づくのだが、彼ら二人は道路をまっすぐ歩いていた。二人は六週間のベトナムの旅の最後に差し掛かっていて、残りの旅を十分楽しんでいた。例外は彼女がメコン・デルタで気を失った時だ。高血圧が原因だと判明したが、高血圧の既往症はなく、命取りになるところだった。治療薬モニタリングのためにホーチミン市の病院に短い間入院した後、旅を続けた。

「水分を大量に取ること」と、彼女は私に勧めた。私が彼女のスタミナをほめると、インドで寄生虫を食べてしまい、ナイル川のファルーカ［エジプトの小型船］でサルモネラ菌に当たり、戻ってから一、二週間、寝ていなければならなかったと話してくれた。「茹で卵だった。世界で一番安全だと思わない？　食卓の私たちと同じ側に座って籠から取って食べた人はみんな当たった」「また繰り返しているじゃない」と、私は嗜めた。「何も学ばなかったの？」「何も学ばなかった」。彼女は認めて微笑み、ハイタッチした。ボブと私は、上段の寝台に楽に這って入ることができたので、ハノイからホーチミンまでの列車では上段で寝たが、最後には下段を予約するようになった。それがダメならサイドカー付きのオートバイか。

今、話した人たちは、私たちも含めて、経済的に、そして純粋な冒険心があるという意味で、社会のある層を代表している。資金のある多くの高齢者がゴルフカートでの旅しかしないが、その一方で、それより多くの余裕のない人たちが映画や本のページ上で旅をする。車椅子は、私たちの世代が完全に商品化した後、もっと格好良くなり、もっと多くの場所に行けるようになるだろう。一九九〇年の「障害を持つアメリカ人法」〈訳注2〉のお陰だ。

たどり着けない目標は多い。多くの妥協をしなければならないだろう。もし妥協することで、屋外に出られるなら、私はそれをよしとすることにしたい。

身体障害は烙印《スティグマ》を押される

老いへの不安の多くは身体に障害を持つことへの恐怖から生まれる、と推論するのにさほど考え込む必要はない。医学の進歩によって身体に何らかの障害を抱えて生きる人の数が増えたのだが、その同じ医学の進歩によって、残る私たちの生涯が彼らの仲間入りをするほど長くなっている。

しかし、身体に障害のあるアメリカ人の三分の一は六十五歳以上であるにも関わらず、私たちは、あたかも高齢者が身体障害者になることは決してなく、身体障害者は決して老いることがないかのように振る舞っている。身体障害と老いを同一視することに抵抗するのは間違ってはいないのだが、この二つが重複する領域を認めるのも重要なことだ。そうすることは、エイジズムとエイブリズム（身障者差別）の土台を崩すことにつながり、コレクティブアドボカシー〈訳注3〉への道を開くことになるからだ。

七十年代、八十年代の行動主義から多くを学ぶことができる。その時代の行動主義者たちは、身体障害への私たちの見方を変えた。彼らは、この問題を個人の健康問題から社会問題に変え——正解！——そして、社会への統合、利用する権利、平等の権利を要求した。

何歳であろうと、身体に障害のある人は疾患と社会的費用〔市場経済において内部化されていない公害、環境破壊等により社会全体あるいは第三者が負担させられる費用〕の両方を背負っている。病気の原因が何かを理解する前に、障害者は隔離されるか敬遠される。社会が医学に追いついていないのだ。

私たちの多くが身体に障害のある人をまだ避けている。理由は、彼らがいると居心地悪くなってしまうからだ。社会から受ける烙印《スティグマ》は心の中に入り込むと、病状そのものより自尊心とＱＯＬ《生活の質》を害する。驚くことに、高齢者の多くが、そのスティグマがあまりに深く心に残るために車椅子や歩行器を拒否するのだ——あたかも家から決して出ないと言っているかのようだ。

独創的な次善策を思いつく人もいる。友達のウェンディの八十六歳の叔母がそうだ。ウェンディの叔母はニューヨーク市クイーンズ区の高層ビルに住んでいる。ウェンディと出かけた時、叔母が並んでいるショッピングカートの一つに財布を落とした。彼女たちに買い物の予定はなかった。すぐにウェンディは、叔母がショッピングカート——歩行器には見えない——を歩行器代わりに使うことに気づいた。足がこむら返りした時、叔母は足を引きずってバス停まで歩き、痛みが和らぐまでそこに寄りかかっていた。「こうすると人は私たちがバスを待っていると思うでしょう」と、叔母は囁いた。

この逸話は適応性の話としては素晴らしいのだが、同時に、「老いて見える」ことを恥として捉える悲惨な話でもある。私の叔父は、完全に目が見えなくなった時でも白い杖を使わず、見知らぬ人やタクシー運転手の親切に頼りたがった。足の骨を折った後、四十歳前の私の友達も杖を嫌い、松葉杖に頼った。松葉杖は「怪我人」を示すものであって、「年寄り」や「障害者」を示すものではないからだ。これは、杖をついた猫背の老人アイコンの裏側に伸びる暗い影をさらに長く伸ばす話だ。

ワイル・コーネル・メディカル・センターで老年専門医学研修中のある医者は、多発性硬化症の七十八歳の患者のことをこう語った。

「彼女は歩くことが難しくて、自分の家でも転んでばかりいるようなのですが、椅子を勧めると怒り出すんです」

この医者は彼女が彼の申し出を受け入れて欲しかったのか？

「そうです。歩行器を使わない人も同じ反応をするのです」

難聴はどうか？　国立難聴・コミュニケーション障害研究所（ＮＩＤＣＤ）によると、六十五歳から七十四歳までの人の二十五％、七十五歳以上の人の五十％が聴力消失に至る難聴を抱えているが、補聴器で聴こえるようになる人の三人に一人が補聴器を使ったことがない。費用が一つの理由。否定がもう一つの理由。高齢者の多くが問題ないと主張し、聴覚専門医には「私は聴きたいものを聴いているのだ」と言う。無知もう一つの大きな要因だ。聴覚消失は通常ゆっくり進行する。存在しなくなっているものは気づくことができないので、多くの人が気づかない。聴覚消失は老いの一部で普通のことだと思い、害がないと思い込む人もいる。これは間違いだ。

耳は平衡感覚を取る役割を果たしていて、軽度の聴覚消失でも転倒のリスクを三倍に高め、うつ病、認知症に関係する。ボルチモア老化縦断研究［一九五八年から現在まで続く米国内最長の前向きコホート研究。老化とは何かへの答えに挑戦］に基づいて行われた調査によると、聴覚消失が大きければ大きいほど、認知力の低下率は高まる。◉30

スティグマがあまりに深く心に残るため、まるで家から決して出ないと言っているかのように、高齢者の多くが車椅子や歩行器を使いたがらない。

このことを知って、私は自分の聴力をテストした。一つには「聞こえないの？　もっと大きな声で話して！」の家庭内論争を解決したかったことがある（私のパートナーは美しい低音でゆっくり話す。彼の母親は聴力が低下していて、数分ごとに「彼なんて言ったの？」と聞いてくる。私はパートナーに向かって「今言ったことをお母さんに言ってよ」と。ああ、家族よ）。私の聴力は正常値範囲内だった。高い音域は聴き取れないが、これは私の年齢ではよくあることだ。検査で最初に使われた言葉は「インク入れ」。これには大笑いしたが、標準的な検査内容は第二次世界大戦以降、更新されていないようだ。

補聴器を使う必要がないのは嬉しいが、私は必要になった時には使おうと思っている。その頃には今の機能より進んでいてほしいし、もっとおしゃれになっていてもいいかも知れない。新しい補聴器のモデルはスマートフォンのアプリに合わせてもいい。

スマートフォンは障害者用の生物工学機器に多大な影響を及ぼしている。それはまた目立たないので、身に着けやすい。ユーザーが聴力に問題ないと思っている同僚よりもよく聞き取れるようなら、特に目立たないのは便利であり、そうした状況になる可能性は大いにある。よく聞き取れるということは普通の生活を全うできるということであり、一緒にいてイライラしない。早く受診すればするほど、適切な治療の範囲が広がり、社会的にも、認知機能的にも効果が得られる。

遺伝子はそれほど重要ではない

家系に長生きした人がいるのはプラスにはなるが、ご先祖さまからの影響は今のあなたまでで終わる。このことを私は老年病専門医のロバート・バトラーから学んだ。

「今からでも自分自身を作り直すことができる。新しい健康習慣を身につけられるのだ。始めるのに遅すぎることは何もない。遺伝子から影響を受けるのは私たちの健康の約二十五％だけだ。七十五％は環境か生活習慣次第だ」と、バトラーは私に教えてくれた。割合を三〇％とするのを見たことがあるとはいえ、遺伝子はかつて私が思っていたよりもその重要性は遥かに低い。さらに、環境からの影響が増大しているために、人の一生を通じての遺伝子の役割は減少している。肥満、高血圧、高コレステロールなどのリスク要因は全体的に遺伝しない。言い換えると、マッカーサー財団のサクセスフルエイジング研究が述べているように、「どう生きるか、そして、どこで生きるかが、心臓、免疫システム、肺、骨、脳、腎臓など身体全体の多くの臓器機能に影響を与え、個々の臓器の年齢に関係する変化に最も深い影響を与える[32]」。

だが人生はそれほど公平ではない。記録の上で、もっとも長く生きたジェーン・カーメントは一九九七年に百二十二歳で亡くなったのだが、彼女は甘い物好きで、安い赤ワインと脂っこい食べ物を好み、七十七歳までタバコを吸っていた。

バトラーは、二人の大学時代からの親友のことを思い出し、第二次世界大戦時にはパイロットで、ヨットに乗り、ずっとテニスをしていた方の友人に身体的な問題が多かったと語った。その時、電話が鳴って私たちの会話は中断した。電話はこの八十代の男性のパーソナルトレーナーからだった。

パーソナルトレーナーを持つ余裕があると助けになる。医療を利用できると良い。また、基礎的なことが自分でできると良い。タバコは吸うな。体重と血圧をコントロールしろ。砂糖を控え、野菜を多くとれ。定期的に運動しろ。睡眠を十分とれ。これらのことを実践することは、命が延びるにしろ延びないにしろ、意味がある。いくつになっても、私たちは健康を改善できるのだ。

「百歳の人の秘密」と題するニューヨークタイムス紙の二〇一〇年の特集記事には通常の分かりきったことが書かれていたのだが、コラムニストで作家のジェーン・ブロディが「三つのR――決意(Resolution)、豊かな資源(Resourcefulness)、復元力(Resilience)」としてまとめ、長寿に果たす遺伝子の役割は比較的小さいと強調していた。では、「秘密」とは何か？　運動、節度、社会と家族との強い結びつき。短く言えば暮らし方だ。

心に残ったのは、私自身がインタビューした人のように、類例が多様なことだ。ディナーを一緒に食べたら楽しい百歳の人もいるし、麻痺するほど面白くない人もいる。身体的に平均的な人もいるし、超人的能力の持ち主もいる。ヘイゼル・ミラーは私が食事か車の旅を一緒にしたい人だ。ミラーはダンスを好んでいるのだが、「ご存知のように、ある年齢に達した後は、一緒に踊る男がいなくなるの。それで私はラインダンスを始めた」。これが復元力というものだ。

態度は重要

男性を待たずに、ヘイゼルは状況に合わせ、自分の好きなことをやり続けた。もう一人の百歳代の人は自分が健康である理由を、「私は恵まれている。そのことを大いに利用している。何かやらなくちゃならないから、元気を出して面白いことを探す。態度の問題なのだから」。

ニューヨークタイムス紙の記者ジョン・ルランドは「最年長の高齢者」と一年間話を続け、その経験を一冊の本にした。タイトルは「Happiness Is a Choice You Make（幸せはあなたが選ぶもの）」。

「この本のタイトルは、そのお年寄りが最初に私に教えてくれたことからつけた。能力がいろいろ衰えても、私たちは自分のQOL《生活の質》に大きな影響を与えられるということだ[◉34]」と、彼は言う。

ルランドのインタビューした高齢者たちの暮らしは、健康障害、貧困、孤独のうちのどれか一つか、そのいくつかから深刻な制約を受けていた。しかし、彼らは失ったものに執着するのではなく、今、目の前にある楽しみに集中し、一定の幸せを見つけていた。

楽天的な態度は、まるで優秀な遺伝子のようにその真価を発揮する。楽天主義者は悲観主義者よりも長生きすることを示す研究があり、楽天主義者が追加された年月をさらに楽しむことは確かだ。しかし山ほどある老いのサイトや老いの専門家たちが、「良い老い方」となると楽天的態度を強調しすぎる。まるで「オール・ユー・

ニード・イズ・ラブ（君に必要なのは愛）」と繰り返すビートルズのクローンのようだ。これでは状況の責任をすべて個人が負うことになり、人を不利な立場――笑えない立場か、単に我慢ができない立場――におく制度が見えなくなってしまう。明るい性格は虐待に耐え抜くには助けになるかも知れないが、治療の代わりにはならない。

【アクション】

動き続けよう！

アメリカの終末介護の遅れについての講演を、老年病専門医のジョーン・リンは、「死ぬつもりの人は何人いますか？」と質問して、開始した。その後、三つの選択肢を出した。ガン、心臓と肺の慢性疾患、フレイルと認知症だ。それぞれの疾患の晩年を描くリンのグラフ（Y軸が機能、X軸が時間の経過）と、各疾患の死亡者数が聴衆を驚かせた。私も驚いた。ガンによる死は、通常、急激な衰退が数週間か数カ月前に起こる。心臓と肺の慢性疾患は、重篤な疾患の発作と機能低下が進みながら比較的安定した状態とが交互に起こる。第三の道、認知症と対をなしているかもしれない長期のフレイルは、長く、ゆっくりした衰退を伴い、ほとんどの人にとっての悪夢の状態なのだが、それが多くのアメリカ人高齢者を待ち受けている。それは通常、八十五歳以上の人で、女性で未亡人が多い。

認知症の原因が何なのかは分かっていない。だから、老いに対して前向きになることで認知症から守られると知ってはいても、防止するとなると難しい。遺伝子的に認知症にかかりやすい人でも同様だ。[36] これと対照的に、フレイル（体重減少、弱体化、疲れ、歩行速度の低下、運動量の減少）は簡単に予知できる。信頼に足る検査方法はあるのだが、老年病専門医以外の医者がこの検査をするのは稀だ。

老いるにつれて筋力が衰えるのは自然で、気づかないうちに弱っていることが多いのだが、いずれは、バスタブから出られなくなり、階段を上がれなくなる。生まれながらにシャワー嫌いの私の母は、バスタブに多くのハンドルを取り付けた。最初、倒錯したのではないかと疑ったのだが、母はバスタブに出入りができないほど弱っていたのだ。

よく運動をすることは、高齢者の体力、筋肉、強さを劇的に増加させ、骨の強さと平衡感覚を強化する。それは、認知力低下を改善、予防し、ダイエットと共に、フレイルの原因になる多くの要素を治療し、修復しさえする。何歳であろうが、いかに遅れてはじめようがそれは変わらない。[37] すでにフレイルの進んだ非常に高齢の人でさえ、ウオーキングか簡単なウエイトトレーニング［筋トレの一種。バーベル、ダンベル、マシンまたは自分の重さなどを使って筋肉に負荷をかけ体を鍛えるトレーニング］のような軽度の治療介入から多くの改善の兆候が観察できる。高齢者が体力のレベルを維持するのに若者よりも激しい運動をする必要はない。

「遅すぎることなどない」と、ラックス博士は言う。

「遠くから氷河を見ているのに少し似ている。一度から二度の軌道修正をすると、氷河を完全に避けることができるのだ[38]」

オルガン演奏会は短く！

痛みと病気の話の繰り返しが、「オルガン演奏会」と呼ばれているのは聞いたことがあった。それは時間が経つにつれて音量が増していくのだが、会話を止めてしまうようなことがあってはならない。友達のかかえる大きな健康問題の最新情報は知りたいが、その話はテキパキとできるよう、お互いに訓練できるはずだ。

海外に住んでいて、故国のみんなと情報交換するために毎年帰国する女性と会った。彼女は友達の暮らし——内面ではなく——がどのような状態かを聞きに帰ると友達に知らせていた。「オルガン演奏が始まると、彼女は、自分は医者ではないと友達に言って、その場を離れた」。

「数年かかりましたね。でも、私は彼らの習慣を変えましたよ」、と彼女は思い出しながら笑って言ってた。あなたの病気のことについては、たぶん、あなたの母親以外は本当に興味を持っている人はいないのかもしれない。

会議で、一人のジャーナリストがスピーカーの一人ひとりに老いについてどう思うかと質問した。私の好きだった答えは、「痛みが塊としてあって、それがただ私の周りを動き回っている」。

私はそれを「赤ん坊が泣くのは一度に一人だけ」の痛み理論として考えている。これは、私たちが二人目の赤ん坊を病院から家に連れて帰ってきた時、夫が真面目くさって宣言した言葉だ。家に入ると赤ん坊の二歳になる姉が泣き出した。「赤ん坊が泣くのは一度に一人だけ」と夫は事もなげに上の娘に言った。その言葉で彼女は完全に泣き止み、私たちは彼女の弟の癇癪を抑えるのに十分な時間ができた。もし長く座りすぎていたり、長く動きすぎていたり、またはその日が何をやってもうまくいかない日だったりすれば傷つくが、背中が痛いと、膝はほとんど気にならない。赤ん坊が泣くのは一度に一人だけ、なのだ。

痛みは痛みに過ぎないことを覚えておかなければいけないし、すべての痛みは年齢とは関係がない事も覚えておかなければならない。数年前、運動神経の良い私の娘と私は一緒に膝蓋大腿関節シンドロームと診断され、二人とも理学療法で回復した。朝、何かの拍子でよろめいて、ドアノブを掴んで立とうとする時に、そのことを思い出すのは難しい。私の祖母が凝りと呼び、私の整形外科医が狭窄症と呼び、私の鍼師が気のたまりと呼び、そしてかかりつけ医が関節炎と呼ぶ。これについて私はあまり話すことはない。理由は、(a)つまらないから、(b)これに回線容量を割きたくないからだ。

目標は私のしたい事をし続けられることだ。どこが終着点かはっきりしないとはいえ、これまでのところうまくいっている。かつて私は自転車で風を切って走っていた。今はスローレーンの中だ。いまだに歩道に沿って車を飛ばしている。スピードを落とすのは、ルース・フレンドリーが言うように好きになれない。

「まだあなたは五十歳、六十歳、六十五歳だと思う。七十五歳でも大丈夫」と、このテレビプロデューサーは言った。フレンドリーは毎週日曜日、家族と夕飯を一緒に取るためにニューヨーク州ウエストチェスター郡の自宅から街にドライブする。「リバーサイド・ドライブに沿って歩いていて、突然、『もう少しゆっくり歩ける?』って言わなきゃならないなんて、これは私じゃない。いやだ」と、フレンドリー。しかし、そこが彼女だ。歩幅を短くしたからといって、活動的な社会生活をやめたり、仕事を捨てたりはしない。

「二年前よりはるかにゆっくり動いているよ」と、教師でドキュメンタリー映画作家のジョージ・ストーニーは言った。彼は九十二歳。「ビルから出ると、通り過ぎる人みんなが私を追い越していく。まだこれを受け入れることができない。ずっとイライラしている」。このことだけに心を痛めているのではないのだが、彼はそれを否定はしない。

生徒から彼の聞き取り能力に不満がでた時、ストーニーはすぐに補聴器を買った。地下鉄の中で誰かが必ず席を譲ってくれるが、「多くの場合、座れて嬉しい」と彼は言う。私も。

気分を悪くするのは馬鹿げている。これは心の中のエイジズムが働いているのだ。とは言っても、バスの中のうんざりする告知は何の役にも立たない。

「お年寄りに席をお譲りください」と、その告知は言っていて、押し付けがましい小さなハートで閉められている。正しくは、

「必要としているように見える人に席をお譲りください」、だ。

人生に終わりがあることを認めよう!

私たちはみんな、ある日、歳をとって目が覚める。そのうちのある日、まったく目が覚めなくなる。その事を受け入れるのが早ければ早いほど、幸せになる。それは、私たちが、老年病専門医のビル・トーマスの言う「まだの独裁政治」を打倒する時だ。

私たちが、まだ働いている限り、まだヒールを履いている限り、まだ階段を走って登れる限り——私たちの「まだ」が何であれ——すべてうまくいく、という妄想を打ち砕く時だ。理由は、同じ状態に留まっているものなど存在しないからだ。

トーマスの問い。なぜ中年後期までは変化と成長を祝い、それ以後はその真逆をほめるのか？　老いとその避け難い終焉への人間的すぎる恐怖を癒すためか？　カーペットの下に押し込めた不安を払拭するためなのか？　否定しても不安はなくならない。「老いと戦え！」では心が穏やかにならない。そしてそのパワーは年月がすぎれば消えてしまう。このエネルギーはもっとうまく使うべきだ。

ピュー研究所の報告書「百二十歳以上まで生きる」[39]で調査の対象とされたアメリカ人の三分の二の人のように、非常に長い寿命からの恩恵に対して私は懐疑的で、ごく少数の人にしかありえない可能性に違和感を感じる。私が反対する主な理由は哲学的なものだ。生物医学的な大当たりを追いかけてその決算を延期するより、必然的な変化を受け入れるために闘う方がよっぽど良い。避け難いものに敵対するのではなく、現実を直視し、それと共に生きる方がよっぽど良い。老いに向き合わないことは、生きることに向き合わないことだ。

それは、「Today」（NBCの朝のニュース・情報番組）のインタビューのタイトルの問題だった。[40]老年病専門医マーク・アグロニンへのインタビューで、「老いへの恐怖にお休みを！」と、元気の良いタイトルが付いたのだが、アグロニンのコメントは放送の際、制限を受けた。テレビ画面の下に認知症と自殺率の数字がテロップで流れたのだ。皮肉からそうなったのではなかった。

NBCのチーフ医療担当ナンシー・スニダーマン博士にも、同様の相反する二つの人格が同時に現れた。ベビーブーマー世代が実際死んで行く事を指摘して、博士はこう言った。

「問題は、人生の残りの半分をどう見るかです。この半分は私たちのものなのでしょうか？」

素晴らしい問いだが、その答えが悪かった。

「人生を大きく生きましょう、上手にやってください、そしてホームベースに滑り込みましょう！」

老いに向き合わないことは、生きることに向き合わないことだ。

中程度の人生がやっとの人はどうするのか？　三塁ベースを回っているときに腰を骨折したらどうなるのか？　立派にホームインする人もいれば、もたつく人もいる。後者のうち、チェーンスモーカーでステーキを食べる人もいる、前者に敬虔な菜食主義者もいる。残りの人生がどうなるのかはまったく分からない。

私たちは自分を偽ると、個人的にも文化的にも代償を払い、時を止めたいと望んだり、「不老」を望むと、その代償はいっそう高くつく。

年齢が病気に格下げされると誰が得をするか考えよう！

高齢者が病気と医者とのアポイントばかりに気を取られているように見えるなら、それは、高齢者の生活にかつて意味を与えていた多くの利用権をエイジズム社会が取り上げてしまったからだ。

文化は、高齢者に、健康が衰え、無力感を学んでいると期待する。メディアは、処方薬とアンチエイジング療法（他にはあまりたいしたいものはない）の消費者としての高齢者像を発信し続ける。高齢者は、この文化とメディアに一生涯、洗脳され、結果的にこれに協力しているのだ。高齢者を、欠損の多くある肉体に貶めて扱うと、差別しやすくなる。

全体的（ホリスティック）療法の方が効果が高いかもしれないとの議論がある時に、病理学に集中するのは、特定の病気のリサーチの資金集めには効果がある。例えば、アルツハイマー病のリサーチと治療は臨床治療全体を持続させている。しかし、一方で介護士不足の問題の取り組みは手付かずのままだ。人口の高齢化は、病気関連製品とそのサービスを急成長させる薬品産業の収益源となっている。

すでに経済的には「有益」ではないが、それでも高齢者の多くは、「偉大な金銭的価値、つまり、病気を生産している」と、年齢学者マーガレット・クルックシャンクは観る。

「高齢者ビジネスとは、高齢者が病気であることだ」[41]

私たちが、高齢を単なる肉体的衰えに貶めることに挑戦し、この方程式が誰に利益をもたらしているかについてよく考えなければ、この状態は変わらない。

現代医学は、高価で利益率が高く、しばしば法律で医療介入が初期設定されている。特に晩年の医療にはそれが顕著だ。健康が全体的（ホリスティック）に定義されることは稀で、いくつかの慢性疾患をなんとか切り抜けているかもしれない高齢患者に対し、彼らのＱＯＬ（生活の質）との微妙な関係性を調査する時間のある――または、時間を割く――医者はいない。

「あなたの歳で何を期待しているのですか？」と聞かれたら新しい医者を見つけること。

上手に老いるとは、「晩年の病気には文化的起源と生理学的起源の両方がある事を知ることだ[42]」と、マーガレット・クルックシャンクは書いている。

言い換えると、膝が痛めば、それは軟骨がどれだけすり減ったか、それに対して何ができるかできないか、だけではない。それは、その疾患があなたについて語っている事をあなたはどう思うのか、そして、あなたはどの解釈を拒否するのか、または、受け入れるか、なのだ。もし「あなたの歳で何を期待しているのですか？」と聞かれたら、それはあなたの身体の他の部分は完全に健康だと言っているのだ――そして新しい医者を見つけろと。多くの八十代、九十代の人は、病気が中心の政策目標に登場することはないが、最後まで極めて元気だ。

エイジズムのステレオタイプを拒否しよう！

老化についての認識と、健康と行動との関係を検証する興味深い調査が増えている。イエール大学の心理学者ベッカ・レヴィーは過去二十年以上にわたり、年齢のステレオタイプの与える影響を測定してきた。レヴィーと彼の仲間は、老化について前向きに捉えている人は、老いると役に立たず無力になると思っている人とは違った行動をとることを、何度も確認した[43]。社会経済的状態、人種、ジェンダーよりも、老化に対して前向きな態度の方が、身体機能の良い状態との関連が強く、また、健康状態の予測がより可能であることを、長期的な研究で明らかにしている。[44]

「潜在的な医療介入」——コンピューター画面上で「活動的」、「創造的」のような前向きな年齢に関するステレオタイプの言葉を短く、そして、意識的に印象に残らないように点滅する——は、自己認識ばかりでなく、平衡感覚のような身体的機能も改善した。前向きな見方をする人たちは記憶力テストで成績が良い。筆跡もよく、これは良好な健康状態と相互関係がある。歩くのも速い。

米医師会ジャーナル誌に掲載された報告では、このポジティブなバイアスのかかった高齢者は重篤な身体障害から完全回復する可能性が四十四%あることを示している。この人たちは平均七年半、長く生きる。内面化されたエイジズムを生涯乗り越えられない人は、医療を求めないか、運動する可能性が低く、早く亡くなった。

公衆衛生と高齢者政策の目標は、「健康長寿であって、不健康な長い寿命ではない」。

エイジズムのステレオタイプは人の自己像を歪め、歩幅を小さくし、将来を制限する。そうなる前に、エイジズムのステレオタイプが消滅した場合、健康と人間の潜在能力が得る利点を想像してみよう。エイジズム的ステレオタイプをなくす公衆衛生キャンペーンが、すべてのアメリカ人の寿命だけでなく「健康な期間」を伸ばす事について考えてみよう。

〈訳注1〉　メディケアの保障額が少ない：保障申請が却下されたり、申請の一部のみが保障されたり、または支払いまでに時間がかかるなど、メディケア制度では数々の問題が生じている。

〈訳注2〉　障害を持つアメリカ人法：米国における最も包括的な公民権法の一つ。障害者の差別禁止および障害者が他者と同じく米国での生活を営むことができる機会を保障する。

〈訳注3〉　コレクティブアドボカシー：同じような悩み、障害、状況を共有する人たちとその支援者たちによって組織化された民間団体が、生活の質の向上やサービスの充実に向けて、法制度の改善、創設などを国や地方自治体に訴えていく活動をいう。

第5章 セックスと情愛 賞味期限なし

性の領域でエイジズムほど差別が強く、悪質なものはない。ほとんどのアメリカ人は、高齢の人は性欲が弱く、セックスに興味がなく、肉体的にもその能力がなく、いずれにせよ相手が見つかる魅力がない、と思っている。したがって、反射的に「セックスレス・シニア」というステレオタイプが出来あがる。また、同性愛恐怖症のためLGBTQの高齢者の存在が見えにくくなる。清教徒と一緒に大西洋を渡ってやって来た上品ぶった物腰がこの問題をタブーにしてしまう。結果として、高齢者の性は調査不足で、無視され、見くびられている。この事が健康、幸福、自己イメージに与える影響は計り知れない。

「おえっ!」はないでしょう

皺くちゃの老人がセックスをするって？　おえっ!

なぜ、多くの人が嫌悪に近い感情を持つのか？　セックスは他の何よりもその瞬間の生を感じることができるものであり、人生の最後まで肉欲を楽しむと考えるのは、気が滅入るどころか、楽しくなってしかるべきだ。私たちの肉体は一生のうちに美しく変化する。特に女性はそうだ。そして通常、顔に比べて肉体には時の経過があまり出ない。四十歳と五十五歳の違いは、あるいは、七十歳と八十五歳の違いは、十歳と二十五歳の違いより不快であるはずがない。ところが、私たちは、高齢の肉体に対して、特に女性の場合は、魅力がない、醜い、さらには、ものすごく不快、といった無数のマイナスメッセージを心に植え付けている。

「シニア・セックス」と聞いて気分がよくなる人がいれば、その人は罪深い人ということになるのだろう。それは従来の考え方——産業界全体と数百万ドルの広告費によって強固に守られている、セックスは肉欲と喜びを勃起の継続時間とオーガズムの回数で測る業界のものであるとするセックス観——を覆すことになるからだ。

身体障害者の権利のために闘う活動家シミ・リントンは、身体に障害のある人のための性教育と生殖医療サービスの存在しない世界で成人になったために、セックスの必要性を思い描けなかった。そこで彼女は性教育カウンセラーとなり、オーラル・セックス、鼻やつま先、手の届くところにあるものはなんでも使って試すことを勧めた。「セックスを新しい考え方で捉え、何が重要なのかを考える機会として身体の障害を使った」と、彼女は回顧録『My Body Politics（マイ・ボディ・ポリティクス）』[1]で書いている。リントンと彼女の仲間は、障害者の健全な性生活について忌憚なく話すことで人々が慌てるのを楽しみつつ、この二つ、セックスと障害者を結びつけることは、喜び、欲望、性能力の周りにある文化規範に挑戦することであり、過激な考え方であることを理解した。

今こそ、老いと健康な性生活——情愛すべての生涯にわたる権利——を結びつけ、こうした抑圧的規範がどこから生まれるのかを調べる時だ。

バーバラ・マクドナルドと彼女のパートナー、シンシア・リッチは共著『私の目を見て（Look Me in The Eye : Old Women, Aging and Ageism）』（原柳舎、一九九四年）を世に出した。セクシズムとエイジズムが交差する領域についての強い影響力を持つエッセイ集だ。リッチは、肉体的嫌悪感は抑圧の道具と同じものだと捉える。「高齢女性の肉体に対する嫌悪の源泉はとてもよく知っている領域にある」とリッチは言う。

「これは、反ユダヤ主義者がユダヤ人に感じる嫌悪、同性愛恐怖症の人がレスビアンやゲイに感じる嫌悪、人種差別主義者が黒人に感じる嫌悪——抑圧される人が確かに存在することに対し、抑圧する側が感じる後退りの感覚だ」

恐怖心から生まれる不合理なこの肉体的嫌悪感が、「良識や公正感から私たちがリベラルな方向に向かおうとする度に、瞬間的停止装置」として稼働する。[2]

「マルクス主義者の考えそうなインチキ療法だよ」と、我が家の泊り客パトリックは鼻先で笑った。「大事なのは美しさだ。十八歳の少女ほど官能的に美しいものはこの世に存在しない」。これは、数十歳年上の女性との長く情熱的な恋愛とその女性の身体の美しさを詳述して自慢した後、彼が放った言葉だ。プレイボーイ誌のカバーガールへの文句でないなら話すに値しない、と私は返した。

性的相性というものは存在し、それは素晴らしくも恣意的である。それがあるからといって謝る必要もなければ、ないからといって謝る必要もない。求められる権利といったものは存在しない。しかしリッチが観察したように、差別されている人は皆、他の人が彼らから肉体的に嫌悪されるのは「自然」なことだと言っているのを耳にしたことがあった。この嫌悪はすべての「差別主義」に共通する。エイジズムが奇異を衒った名前——おえっファクター——で呼んでいるに過ぎない。

この社会的烙印《スティグマ》に「自然」なものは一つもなく、固定しているものもまったくない。このスティグマへ挑戦することは、力関係を保っている社会的・政治的構造を脅かす。女性が家の外で働くことが不自然と考えられていたのはそんなに昔の

情愛すべてに生涯にわたる権利がある。

ことではない。黒人と白人が友達になる、ましてお互いが結婚するなど考えられなかった。私たちが高齢者を美しいと見るとき、若者文化の商品全体の価値を下げてしまうのだ。

私たちの周りの広告塔、映画、テレビのショー番組、ファッション雑誌はすべて若者に執着する。そこに高齢者が取り上げられることや、ましてや性欲のある老人が取り上げられることは極めて少ない。ゴールデンタイムのテレビ番組に登場する女性役のうち四十歳以上の女性が演じるのはそのうちの二十七%だけ。そこでの彼女たちは――裏切られ、捨てられ、虐待される――犠牲者の役が多い。[3]「グレイス&フランキー」〔二〇一五年から放送されている米国のコメディードラマシリーズ。高齢のジェーン・フォンダとリリー・トムリンが主役〕のようなテレビシリーズの極めて重要な登場人物が流れを変えることになるかもしれない。

映画となると、四十歳から六十五歳の女性の役は、台詞のある女性役全体の四分の一以下であり〔同じ年齢層の台詞ありの男性役より大幅に少ない〕、六十五歳以上の人が映画に登場するのは子供より少ないことを、南カルフォルニア大学〔USC〕二〇一三年の研究が明らかにした。[4]また別のUSCの研究では、二〇一四年から二〇一六年の間の最優秀映画にノミネートされた二十五本の映画の中で、台詞と名前がある一二五六役のうち六十五歳以上の役はそのうちの十二%以下であることが分かったために、ハッシュタグ #OscrsSoAgeist〔アカデミー賞は高齢者を差別している!〕が立ち上がった。ちなみにその多くは病人役だった。オスカーは非常に女性差別的であり人種差別的でもある。高齢の役の七十七・七%は男性役であり、八十九・九%は白人役、六・一%が黒人役、二%がアジア人役。ラティーノ役はない。[5]

こうした除外操作には呼び名がある。「象徴の消滅」。英語版ウィキペディアはこれを「ある集団の代表をメディアに出さないこと、または代表者の不足」と定義する。マーケティングとマスメディアは、大衆文化と、私たち自身の自己評価に大きく影響する。そこに存在しないことは社会への出力の分布を反映している。物理的存在と性的存在として高齢者を遠ざけると、その分だけ高齢者の理想と幸福は無視しやすくなるのだ。

冷笑か侮蔑――選択肢はあまりない

大人は、何歳であれ、同意した他の大人とのセックスを非難されることなく求める権利がある。しかし、そのことをメディアや他の誰からも知らされることはないだろう。

『フィフティ・シェイズ・オブ・グレイ』(早川文庫)〔英国の作家E・Lジェームズ作の官能恋愛小説。二〇一五年に米国で映画化〕の映画版の事を話しながら、ナショナル・パブリック・ラジオ(NPR)のホストが冗談半分に、「おばあさんにも安全な言葉〔ある性行為を止めるために隷属趣味と支配趣味の性行為者たちの中で使われるコード〕が必要になってくるかもしれない」と、まるで可能性が全くないかのように言った。「クーガー〔若い男好きの女性〕」について語られることを考えてみるといい。クラウドソーシングで運営されているアーバン・ディクショナリー〔俗語や慣用句のクラウドソーシングオンライン辞書サイト。unurbandictionary.com〕のしゃれた表現を引用する。

「クーガーとは、明らかにやり過ぎの整形手術犠牲者から、絶対的に悲しく太り過ぎのエロ婆か、本当にイケてるか、シたくなるMILF〔セックスしたくなるセクシーな熟女。Mother I'd like to fuck の略〕までの間の誰かのこと」

サイトには他に、高齢のパートナーの性体験から得られる利点、彼女たちが自立していることから得られる利点、また一般的に彼女と一緒に動くことからの利点を述べた投稿が掲載されている。女性が、自分より若い相手と子供を作らずにセックスを楽しむ性の全盛期に自信を持つことは、私たちがそう主張する限りにおいては何の問題もないのだが、厳しい監視の目に晒されることになり、中立からはほど遠い。

デミ・ムーアがパートナーをブルース・ウィルスからアシュトン・カッチャー〔俳優。二〇〇五年に十六歳年上の女優デミ・ムーアと結婚。二〇一二年離婚〕に変えるまで誰も彼女の性生活に注意を払わなかった。男性も同じ扱いを受ける。ニューヨーク・タイムス紙の「12・12・12ニューヨーク　奇跡のライブ」〈訳注2〉への批評が良い例だ。

「音楽は時を超えるが、ロックンロール歌手たちは……」と嫌味ったらしいタイトルをつけ、評論家アレックス・ウイリアムスは大物スターを揃えたラインアップを称して、「見るからに老けた」人たちは「悲劇的」だと言って嘲笑い、公共の場で「服を着ていない」と叱責するのだ。「まるでお爺さんはまだセックスしているぞ、と言っているのが聞こえてくるようだ。しかしいいねえ…、詳細は割愛する」と、すまして話を結ぶ。

そう、これが本音だ。このライブに出演したロックンロール歌手たちはとても元気で、立派な仕事をし、そのステージを楽しんでいた。もし手に負えない相手なのなら、家から出ずに黙っていてほしい。

「シニア・セックス」が見出しを飾る時、メディアの記事は、侮蔑とあからさまな嫌味の真ん中でどちらかに傾きながら進む。

「自堕落ジイさんの寄合　現在進行中」は、エジプトの銀行家マフムド・アブデル＝サラム・オマールが性的虐待で二〇〇一年六月に逮捕された時のニューヨークポスト紙のタイトルだった。オマールが、ホテル従業員暴行魔で「共犯ジジイ」のドミニク・ストロス＝カーンと、裁判を待つ間、一緒にごろ寝していたことを匂わせた。[◉6] オマールとストロス＝カーンは乱暴な豚として罰せられるべきだが、六十歳を越えていることで罰せられるべきではない。しかしメディアの報道はそうはならない。

高齢者の性的能力に対する恐怖は根深く、若者の間では無視されるか称賛されることさえある行動が、陰口や雑言の的となる。高齢の男たちがポルノを見たり、誰かをセクシーだとほめるといったまったく普通のことをすると、「気味の悪い老人」というレッテルが貼られる。ほとんど反論しようもないほどゾッとする中傷だ。人が気味悪く感じるのは、その人が気味悪いのであって、一定の年齢以上であるからではない。高齢の男たちを性的能力がないものにすることで、このダブルスタンダードは高齢男性を保護していると取ることもできるのだが、改善には繋がらない。

インディアナポリスにあるドラッグストアで、シリアルが並ぶ通路で起きた八十代の男性の話の記事の見出しが、「高齢者、サウスイーストサイドで女性を驚かし、身体を触り、キスをする」と、報じられ、Facebookで、彼は罰金を課せられるべきか、賞賛されるべきかの物議を醸した。四十代のフェミニストの友達は、「両方支持。私は両方を支持する。そう、この行為は受け入れられないが、彼のリビドーが現役だったことを知って嬉しい」と言って議論に加わった。彼女はこの痴漢男が彼女と同じ年代の男性だったら何と言ったのだろう？　彼女の高齢者のセックスに対する軽蔑から彼のセクシュアリティが無いものとされていいのだが、年齢は悪い行いの言い訳にはならない。八十代のこの男の行動は叱責されて然るべきだ。

ベストセラー作家アイリス・クラスノウの「Sex After（セックスのあとで）」に対する批判の多くは高齢者のセックスに対する侮蔑であった。この作品では、妊娠、離婚、不倫、乳癌、カミングアウト、閉経後の性生活が書かれている。最後に分類された閉経後の性生活が最も反響を呼んだ部分で、七十代と八十代の女性が最高の性生活を送る可能性に対して評論家の中には眉をひそめた諸氏もいた。

クラスノウは「クラクラする黄金色の女性たち」と章にタイトルをつけることで彼女たちに道を開いたが、オンラインメディアのBuzzFeedは八十八歳の女性のインタビューを掲載した。この女性は夫が六十歳で亡くなって以来、デートをしていないが、マスターベーションを頻々に行っていた。エンジンを燃やし続けるための健康的な方法の一つだ。しかし記事の見出しで彼女のコホートを表現するのに「黄金色時代の婦人たち」は必要だったのか？[7]

「イザベル」誌［セックス、セレブ、政治を扱うオンラインマガジン］のリンディー・ウェストは、三十歳の人たちがフェラチオをしたり潤滑油を注入するのを「かわいらしい」と思うのだろうか？[8]　「イザベル」誌のこの記事の見出し、「あなたより熱いセックスをしていますよ、と七十代の女性」は、読者の中にはその歳の人がいないとの前提があることを暴露していて、年齢に束縛された女性の共通認識が感じられる。

八十代、九十代の女性の性生活についてのデータは裏付けが得られないものが多い。それは研究者たちの、エイジズム、

軽蔑が高齢者を去勢する。

セクシズムとさらに、そうした性生活を送る人たちは存在しないという一般的な思い込みのせいで研究がなされていないからだ。

「老いは女性が一番嫌がるものだ」

これはシンシア・リッチの言葉だ。[9] 彼女はレズビアンだが、そのことが彼女を女性の美しさに関する異性愛的規範から守ってくれる訳ではない。シンシアのパートナー、バーバラ・マクドナルドは、若い女性の抱く、高齢者からの疎外感と高齢者になることへの恐怖は、社会からの影響だと指摘する。「若い女性としてのあなたの力は、あなたがあなたと高齢女性との間で取れる隔たりで測ることができる」と、マクドナルドは残酷なまでの率直さで書いている。

経済学者は、女性が「老い」を男性より遥かに厳しく判断されることを指して、「魅力による代償」と呼ぶ。女性は美しさと若さの方程式からもろに被害を受けているだけでない。私たちはこの方程式を――白髪隠しで髪を染めるたびに、また、年齢を偽るたびに――永続させているのだ。老い隠しの美容整形手術は言うまでもない。

スーザン・ソンタグ［米国の小説家、映画製作者、社会運動家。一九三三年－二〇〇四年］が、老いは男性を強くするが、女性を徐々に破壊する社会的慣習と定義し、「老いのダブルスタンダード」と批判したことはよく知られている。「女性はそれを、自己満足と、苦悩と、嘘で補強する」と彼女は書き、「女性として自分を守るとき、女性は大人としての自分を裏切る」とも。痛い！　女性がソンタグの助言に従い、「自分たちの顔はこれまで生きてきた人生を表している」と、認めるには勇気がいる。[10]

男性も無傷のままではいられない。ミック・ジャガーがミュージシャンのジョージ・メリーに自分の皺は「笑い皺」だと言ったとき、メリーは「こんなに可笑しいことはない」と陽気に応じた。

男性よりも遥かに早く老けて見えると判断されるために、女性は競って若さに留まろうとする。分別も何もあったものではない。本当だ。しかし、この過酷でお金のかかる作業は、ソンタグの言うダブルスタンダードを強め(エイジズム、女性差別主義、家父長制を強めることは言うまでもない)、お互いを戦わせ、最終的には敗退を余儀なくされる。

これを読んでいる女性は、かつてより何かが減って——興味が減り、ベッドでの楽しみが減り、価値が減って——いると思っているのだろうか？　もしそうなら、そのメッセージはどこから来るのか？　そしてそれは何の目的に役立っているのか？　究極の媚薬とは何か？　それは、自信だ。

慣習に逆らう代償は高い。女性誌のどれを開けてもたくさんの広告が「そのままで、いったいどうしたらあなたを求める人がいると思えるのか？」と、唸り声をあげている。広告から記事まで、可能なものすべて——SPANX[米の下着メーカー]！　パーソナルトレイナー！　脂肪吸引術！——を押し売りし、皺のない顔と曲線ピッタリファッションに合う身体に執着する。生殖能力があってもなぜ、「絶対的に短命な、女性のいわゆる全盛期に特典を与えるのか？　悲劇的で、グロテスクで、全く公平ではないではないか？　しかも、あらゆる反対の証拠を無視するのだ」と評論家カリナ・チョカノは問いかける。

「女性は、落ち着きと羞恥を持って、明らかな真実に従うものとされ、それに対して男性は寛大で、ほくそ笑むことのないように努力する、と思われている」

今や、チョカノは四十代に達したために、若さと価値を結びつけることがいかに人を傷つけるかを理解し、なぜ私たちが反論しないのかを知りたがっている。

「私は今、考えている——二十九歳を超える時にどんなに辛かったか、どんなに恥ずかしかったか——そして老けていると感じることにどれだけ私の若さを浪費したか信じられないほどだ」[11]

アンジェラ・ランスベリー主演の「ジェシカおばさんの事件簿(Murder, She Wrote)」は、視聴率が「高年齢者に偏りすぎている」(十八歳から四十九歳の年齢層の視聴者が少ない)という理由でCBSが中止に踏み切った時、全米で最も視聴者の多いテレビ番組の第八位だった。四十年ぶりにロンドンの舞台に戻ったランスベリーは、「私は銀幕の美女というわけではなかったから、若い頃から年寄り役を演じていた」ので、この移行はそんなに辛くなかったと語った。[12] このようにして配役が決まるという事は、美しさは若さであるだけでなく、美しさがないということは即ち、歳をとっているということなのだ。

「昔、彼女はとても美しかったのよ」とは何度聞いたセリフか。まるで年齢と美しさとは相容れないもののようではないか。部屋の向こう側に魅力的な誰かを見つけ、彼らが私たちの方を見向きもしない時ほど、皺の持つ意味をつくづく思い知らされる時はない。自分の容姿と伝統的な魅力を利用してきた女性にとって、この変化は実に辛い。

目を惹くこと自体が面倒な反応を生むことがある。たとえば、しばらく前に、ダンスクラブで若者が私のところにきて、私がスーザン・サランドンのようだと言った。それからすぐに、顔を曇らせて、「ほめているつもりなのです」と、うっかり口を滑らせた。この若者は私がスーザン・サランドンのようだと言ったのではない。彼は「あなたは老けていて、そしてセクシーだ」と言ったのだ——この文化には珍しいメッセージで、あまりに矛盾しているために、頭がよく、素敵な六十代の映画スターと比べることは失礼に当たるかも知れなかったのだ。

高齢女性の多くが、新しい誰かに肉体と心を裸のまま曝け出すという、複雑で危険な行為を完全にやめてしまうことにはさして驚かない。特に、性と快楽の王国に止まる決意をするには勇気と自信がいる。それから、これまで見えていなかった人たちに場をゆずるのは重要なことでもある。

人はセックスを止めない

実際、セックスは、かつて若者だけのものだった。それが、旧石器時代に人間の寿命が長くなった時に変化し、二十世紀に長寿へと前代未聞の飛躍を遂げると、その変化はさらに進んだ。

セックスは子供を作るためだけのものだとする考え方を現代の私たちは何の問題もなく捨てられる。今や、セックスが若い人たちだけのものだとする性の手引書の考え方を捨て、その考え方の一因である視野の狭さを検証してみる時だ。

若い大人はセックスをする。中年の大人はセックスをする。次は？　中年時に性的に活発だった女性はセックスをし続ける――彼女たちのパートナーと同じように！　セックスをし続ける高齢の男性は、数で比べると女性よりたぶん非常に多いだろう。

全米退職者協会が六十歳以上の離婚男性に独身になって何が一番いいかと尋ねたら、二十二％の答えが「もっとセックスができること」だった。同年齢の離婚女性のうちの一％だけがこれに同意した。[13]関係性の状況、文化的通例など、この違いの背後にあるものを取り出してみるのも興味深い。女性は閉経後でもセックスを求め続けるからだ。質も衰えない。なのにそうでないと思うのはエイジズムとセクシズムの神話だ。セックスは良いものだし、私たちはセックスが上手になるのだ。

「セックスするのに高齢すぎるのは何歳からか？」

この問いは、二〇一三年に私が参加したハフィントン・ポスト誌のオンライン・ディスカッションのタイトルだった。問いそのものが本質的にエイジズム［年齢差別主義］的だ。何歳で歌うのをやめるのか、とか、何歳でアイスクリームを食べなくなるのか、とか訊かないだろう。どうしてセックスをしなくなるのだけが問題になるのか？　もちろん、性的能力は歳をとるにつれて減退するが、私たちがセックスをしなくなることはない。皺が増えたり、関節が痛んだとしても、インターネットのデートサイトのユーザーになる高齢アメリカ人は急増している。

何歳で歌うのをやめるのか、とか、何歳でアイスクリームを食べなくなるのか、とか訊かないだろう。どうして何歳でセックスをしなくなるのかを訊くのか？

主に男性がかかる心臓病や癌のような疾患への治療が進歩したおかげで、男性はかつてより長く生きている。バイアグラやシアリスのような薬が勃起を後押しする。高齢者は一世代前の高齢者よりも財政的に豊かで、インターネットで人に知られる事なく相手探しができるし、見つけられる可能性も高い。道徳観も変化している。「同棲している」からと孫を追い出していた世代が一緒に住み始めている。その数は記録的な増加を見せている。熟年の恋愛が不信感を持たれなくなっているのだ。

このことは、高齢者の間での、クラミジア、淋病、梅毒などの性感染症の発生率に反映する。HIVを抱えるアメリカ人の四十五%が五十歳以上の人で、その数は急激に増えている。[14] 彼らはHIVの危険要素に気付く可能性が低く、早期の診断を受ける可能性も低い。高齢の異性愛の女性は特にリスクが高い。膣壁が薄く脆弱になるためにすべての性感染症にかかりやすくなるからだ。あなたが性的に活発なら、コンドームを付け、検査を受け、パートナーにも同じことをするようにたのむこと。あなたの主治医があなたの性的健康に対処してくれなければその医師を捕まえて、同じようにたのむこと。

「ニュー・イングランド・ジャーナル・オブ・メディシン」誌が行った調査によると、最年長（七十五歳から八十五歳まで）グループの回答者のうち二十五%がセックスをしていて、その多くは月に数回の頻度であり、彼らの三分の一はオーラルセックスを授けるか、または受けていたことがわかった。[15]

高齢者施設は性表現を勧めない典型的な所で、インフォームド・コンセントも問題となりうる所だが、その中でさえことを陽気にすることができる。施設に移り住むのは家の快適さを諦めることになるが、潜在的には、大幅な独自性とプライバシーが確保できる。それが基本的人権を否定してのことであってはならない。このグループの子供たち、戦後世代がこの素敵な夜を静かに過ごす事は絶対にない。良いことだ！　揺り籠から墓場まで、どこで生きようが、どれくらい長く生きようが、人間的な接触は欠かしてはならない。

エイジズム世界でのデート

では、このゲームに参加し続けるために何ができるか？　まずはじめに、パートナーの死や離婚後にこのゲームを再開する人は、自分たちの思い込みと期待、そしてもちろん優位に立っていると思っていることを最新の状態にアップデートする必要がある。

オンラインデートは出会いのチャンスを広げる。定年で退職した人は時間の融通がつくので、旅行や離れたところにいる人と会うこともできる。この数年間で、数多くの出会い系サイトが立ち上がり、気のおけない友達関係から結婚までのすべてを求める「熟年の」大人たちの要求に応えている。OurTime.comは五十歳以上の独身者用のサイト、全米退職者協会はデート斡旋サービスを提供、eHarmonyは五十五歳以上が最速の急増をしめす層だと報告している。ゲームの場と可能性を広げるには、OkCupidかMatch.comのような大きくて一般的なサイトの一つか二つに参加するのも良い。

出会い系サイト上で年齢――身長、収入、最新の写真――を偽る人はすべてのジェンダーで多くいる。ついでながら、最初の出会いのやりとりで、サイト上で自己紹介の内容（経歴など）をでっち上げていたと認めることが多い。ほとんどの人が、「私の感じる歳だから」とか、「これって、私が幾つに見えるか人が言ってくれる歳なのよ」とかの理由で、数年差し引いている。そして、多くの男性が自分たちより若い女性を求める。

エイジズム文化を考えると、年齢を偽るのは理解できる。それはその人たちが正直でないのではなく、出会いのチャンスを得る以前に排除されるのを恐れるからだ。

しかし、年齢に（他についても）自信がないのは魅力にはならない。自信がないから昔の写真を投稿する。なぜ、実際にあった時、自撮り写真より良い姿ではなく、見劣りする姿を見せてがっかりさせるのか？　真実を強引に曲げるのは短期間では意味があるかもしれないが、一度嘘をつくと、困った事を抱え込むことになる。嘘が分かると、デートの相手が他にも何か本当のことを言っていないのではないかと詮索し始める。黙っていると友達がうっかり本当のことを言ったり、相手が運転免許証を見てしまったりした時は、ひどく面倒な事になる。

できることは、私の友達のように、オンラインの自己紹介で本当のことを言うことだ。もう一つは、会う前か、最初のコーヒーを飲む前に告白すること。いちばん良い方法は最初から正直であること。もしそれでも反応がなければ、年齢が問題ではないのかもしれない。誰かにあなたの素晴らしい写真を撮ってもらって、自己紹介の見せ方について助言を受けたらどうか。もし若い女性だけを求めている人を見つけたら、事実を認めるメモを心を込めて書いて送り、例外をつくる意思はないかを聞いてみることだ。多くの場合、二人の人間の気持ちが通じ、お互いに一緒にいることが楽しいなら、後で問題が起こることはない。可能性を考えないほど心の狭い人か、理想とする相違点とは「違う」から思い止まっているのなら、たぶん、もともとその人はあなたには向いていなかったと思うべきだ。

私は、出会い系サイトにスクリーニング情報のトップを占める年齢の欄を完全に取り除いてもらいたい。チャットか、実際に会って連絡を取ればすぐに訊けることだ。子孫を残したい人は、性感染症（STI）テストの結果とともに生殖力評価を要求できる（男性の場合も同様だ。先天性欠損症や精神疾患の発生率は父親の年齢に伴って上昇するのだが、男性の精液の絶頂期が過ぎているのではないかと女性が心配するのを聞いたことがあるか？）。もしサイトの自己紹介のページから年齢と年齢層の欄がすべて削除されれば、さまざまな問題が現実的な意味を失い、嘘の必要がなくなる。求職時の履歴書に年齢の記入を求めるのは差別を助長するので違法だ。オンラインの出会い系サイトの世界でも同じことが言える。出会い系サイトの自己紹介文は求職時の自己紹介とどう違うのか？　どうして出会い系サイトだけに年齢の記入が許されるのか？

デートに関する基準は以前より平等になってきた。

一九五〇年代の素敵な少女たちのように受話器の周りをうろうろしながら電話が鳴るのを待つ女性は少ない。

女性から誘い、セックスをリードもできる。これは、年齢から得られる自意識と自信にぴたりと合う。求めること、そして求められることは、自分をどう感じるか、また、自分が世界でどう活動していくかにとっては欠かすことのできない要素だ。セックスは、二、三利点を上げるだけでも、睡眠を改善し、うつ病のリスクを減らし、免疫機能を増強する。自分が健康だと思う人はたぶん、性的にも活発で、健康な性生活は長寿を予言するものでもある。セックスは生きている実感を感じられるだけでなく、長生きにも役立つ。シニア・セックスの女王で「Naked at Our Age（この歳で裸になる）」の作者ジョアン・プライスは私にこう語った。

「社会とメディアが伝えるものとは違って、シニアセックスは嫌な感じではありません。性の観点から言って、私たちに賞味期限は存在しない。セックスをしなくなる唯一の理由は、私たちがしなくなるからです。性の喜びは、生まれてから死ぬまで私たちにある私たちの権利なのです」

つまり、この生まれながらの権利を主張し、会いたい人と同じように心を開いていることだ。

自称「中年の元妻」ステラ・グレイがガーディアン紙にオンライン・デートについて書いていた。グレイは、容姿が可愛らしく、面白そうで、率直な一人の男との逢瀬を拒否し、ちょっと飲むことさえも拒否した。理由は彼女の歳が彼の二倍だったからだ。もし歳の差が本当の理由だったら、彼女にはOKを出して欲しかった。共通の興味に年齢はほとんど関係がない。もし気があって、裸になれば、とても楽しい時間を過ごせたに違いない。

男性は若い女性とデートする傾向があるので、同性愛でない高齢女性はこの領域では非常に不利な立場にある。一つの療法としては、誰と一緒にいるのが楽しいかについて偏見をなくすことだ。オンラインで相手を探す時、年齢で人をふるいにかけないように。確かに、関係が成り立つには、興味、目的、生活スタイルに共通するものが必要だ。家庭を求めている男性は、たぶん、四十歳以上の女性とはデートしないだろうし、「一緒に子供を作ろう圧力」を感じなくてすむために、かなり年下の女性を選ぶかもしれない。夫と死別したとか、離婚した人で再婚したい人は自分の年齢に近い相手と運が開ける可能性が高い。文化的、歴史的基準を共有できると思う人にこだわるのは安全であり、楽だ。しかし同時に非常に制約がきつい。共通の興味は年齢と関係ないことが多い。たとえば、スイング・ダンス[スイングジャズに乗せて楽しく踊るペアダンス]をしている人を見てみるといい。あらゆるサイズの人、あらゆる人種の人、あらゆるジェンダーの人がペアになって踊っている。年齢は言うまでもない。占星術師でもないのに、なぜ、誕生日が相性の鍵を握っていると思うのか？　彼か彼女は、トラックを運転する・家賃を払う・猫を好む・ハイキングをする・地図でクリミアを見つけることができるのか？

二〇一三年一月、出会い系サイト、OkCupidは「愛は盲目の日」を宣言し、数時間、サイトから登録者全員の写真を外した時、全員が一般的な通念を覆すための何かを学んだ。その時間帯に送られたメッセージには返事がくる可能性が高かったし、高い確率で人々は連絡先を——写真を見たことがない人と——交換しあった。どの人の容姿が、どの位良かろうと、デートがうまく行く確率は変わらなかった。「見た目」は関係なかったのだ。OkCupidの共同創設者で大量のデータ収集・分析に長けたクリスチアン・ラダーは、こう観察した。

「参加者は、いやいやではなく、自分で選べることに利点を見つけたから、私たちが提供した情報から選んだのだ[16]」

エロチシズムは高齢者のために

セックス経験のある人でエロチシズムが若者の領分であると思う人はいない。音楽と文学はそれを示すたくさんの例で溢れている。

「激しい興奮は若者のものだと言う人は何もわかっていない」と、二〇〇二年にボニー・レイット[一九四九年生まれのロック・ギタリスト、シンガー、活動家。ブルース、R&Bの色合いの濃いサウンドが特長]は歌った。

「歳をとるのが怖いなら、そんなことは忘れたほうがいい」と、レイットはニューヨークのビーコン劇場で聴衆に向かって語りかけ、五十代が彼女の最高の年齢だと続けた[17]。特にブルースは、人間が葬式まで性を感じ続ける長い伝統があることの証明だ。年齢学者のマーガレット・ジェレットが指摘したように、「真に喜びに関心がある文化は経験のないことを美化したりはしない」[18]。

作家のジョアン・ネスレは五十代後半の時、こう宣言した。

「白髪とざらざらした手は、今、私の求めるエロスの象徴だ」

ジューン・アーノルドの書いた小説「Sister Gin（シスター・ジン）」の中で、中年の女性スーは八十代の女性と恋に落ちるのだが、スーの欲望は相手の女性の年齢で削がれることはない。彼女は、「他とは違う乾いて穏やかな終わりゆく生命と、その日知ったことすべてから漂う気高い趣と生き生きした物腰に劣情を抱く……『枯れた』という言葉よりも美しい言葉は存在しない」[19]。

小説家ルイス・ベグリーの老齢に対する「不愉快な不満」といううす気味悪い評価を覚えているだろうか？　六カ月後に、ベグリーの妻に対する賛歌「オールド・ラブ」［ニューヨーク・タイムス紙二〇一二年八月十一日版オピニオン欄掲載］[20]に出くわしたのには驚いたし、嬉しかった。ベグリーは三十九歳の時、若い女性への愛と、その女性の美しさが衰えると彼の愛も消えることへの恐怖を、友達に告白したことがあると書いている。

「嫌悪に取って代わるかも知れない。たとえば、彼女の肌が萎んで皺ができたとき、彼女の曲げる腕にキスをしたくなるだろうか？　私が好きなその腕に。そして、もし私がキスをする勇気があったとしたら、目は逸らさなければならないのだろうか？」

ベグリーの友達が、ベグリーと彼の愛は一緒に変化し、ベグリーのものの見方も進化するだろうと上手に指摘していた。実際、本人の心配にも関わらず、「時のなせる技」によって彼が「問題の女性」に値するような人間になり、時と共に、彼女と、そして彼の人生の多くのことをより深く愛するようなった。八十歳で、悪夢の「無関心の怪物」になる代わりに、予想に反して、彼は平凡さに喜びを感じる自分を見出す。そして、そう、八十歳で、彼と彼の「問題の女性」はまだセックスをし、その中に喜びと意味を見出している。ベグリーは、「ただ互いに腕で抱き合うことに満足し、感謝する」ひとときを思い描く、と言っている。たぶんそうなのだろうが、私には疑わしい。

ベグリーは下手な預言者であることをすでに証明してしまっている。
もう一人の作家、グレイス・ペイリーは数十年にわたって変わることのない夫への欲望を感動的に記述する。

あれは庭を横切る老いた私の男
検針員と話している
世界の悲しい話を話している
電気が石油かウラニウムでできていると
私は孫に言う
お爺さんのところに走って行って
私のそばに少しの間でいいから座って、と言ってきてと
突然、説明好きの彼の唇に口づけをしたくなる[21]

こうした晩年の情熱の表現が奇妙に思えるのは、あまり見慣れないからに過ぎない。こうした人が増えれば、必ずやそこに文学が生まれる。

詩人のメイ・サートンが、一九七八年にベグリーのエッセイと同じページ(ニューヨークタイムス紙論説)で若者は愛について何が分かっているのかと問いかけた。特に性的情熱と愛を混同する傾向について問うたのだ。年老いてからの愛は、強さは若者たちの愛と同じかも知れないが、「広い弧状を描くように存在し、味わう時間が確かに短いので、その分さらに貴重なものになる点で異なる」と、サートンは書いていた。当時六十六歳だったサートンは病気の悪化にもかかわらず、さらに十七年間、生産的に生き、セックスとは関わらなくなっていたが、新しい形の愛情を表現し続けた。その時点でさえ彼女の記憶には強いエロスが感じられる。かすかに触れただけでも感じら

れるのだ。

私の七十七歳の友達は素晴らしい性生活を送っていたが、今は優しさを求めている。彼女の言うように、「誰かと親密になる方法は色々ある」。

五十年間の幸せな年月の後、未亡人になった八十二歳の女性は、手を握る機会がないのが一番寂しいと語った。「それはどこか情熱のように熱いものなのです。触れるとそこに多くの記憶の重さが感じられる。その多くがセックスに関係する記憶です」

若い人たちは、「首を振って、『可哀想に、性生活があまり良くなかったようだ』と思うのだろうが、それは大きな間違いだ」と、彼女は思っていた。[22]

性生活を楽しむ鍵は、セックスを優先し続け、セックスの形態を広い概念で受け入れ、「高齢者」と「求められない人」を同一視するエイジズムの声を拒否することだ。それをうまく切り抜けると、こうした声は聞こえなくなり、勇気があって幸運な人には、他の物語が代わって始まる。

ディアドラ・フィシェルによる本とドキュメンタリーのタイトル「Still Doing It：The Intimate Lives of Women over sixty（まだやっている　六十歳以上の女性の親密な生活）」の「まだ」が私は好きになれないが、彼女の軍隊流の呼びかけは気に入っている。

「六十歳以上の女性がまだやっている――彼女らが刺激を受けるものはなんでも、人道主義的な活動からディルドの購入まで、マチュピチュに登ることから人生で最高のオーガズムを味わうことまで。セックスは単なる行為以上のものだ――それは生きていることの象徴だ……すべての年齢の女性よ、立ち上がれ！　情熱に従え！　恋をしろ！　セックスしろ！」[23]

これは女性が性的に活発でなければならないという意味ではない。セックスをしないとどこかに欠陥があると感じなければならないという意味でもない。「正常な」ものなど存在しない――何歳であっても――私たちが合わせなければならない基準などないのだ。特に、私たちが自己認識と欲望の多様性へ自信を深めている時は。

自分が求められ、大切にされていると感じるには多くの感じ方がある。もし、もうセックスに強くなりたくないとしても、それがあなたにとって良ければまったく問題はない。自分の居場所を知るときなのだ。興味をなくす女性もいれば、ペニスに振り回されなくてすむことを喜ぶ男性もいる。もしそれがあなたの選択なら、そのエネルギーをどこか他に回す——もうセックスはしない——のも心地よいものだ。そこではセックスを重要としない親密な関係をもつこともできる。そうした関係では、セックスが重要だったことは一度もなかったのかもしれない。

セックスはもうしないというのも結構。それがあなたの選択ならば。

ジャーメイン・グリアは、男性からの視線と「性の束縛」という独裁者から解放される時だ、として高齢を祝う多くのフェミニストの一人だ。[24] 退却は安心と平和をもたらし、特にパートナーのいない異性愛の女性にとっては、重要な人と仕事にそそぎ込む時間とエネルギーが得れるのだ。数百万人の未亡人が、最後まで面倒を見るのは一人だけで十分と思い、独り身の幸せな生活を選び、ソロセックス［自慰］と、祖父母の立場から子供の面倒を見ることを楽しみに暮らしている。MILF（Mother, I'd love to fuck. ママ、やりたいよ）の近くに、GILF（Granma, I'd like to fuck. バアバ、やりたいよ）が語彙として存在する責任を果たしている人もいる。

セックスは身体とともに変化する

二十代の頃、私は最高のセックスをしていると思い、高齢者はまったくセックスをしないと思っていた。馬鹿だった。こうした少なくない失敗の記憶が色褪せることはない。女性の喜びの中でその役割が誇張されすぎているとは言え、セックスは交接を中心としたものだった。しかし当時、私はそのことを理解していなかった。自らの好みと必要性から、セックスと性的興奮は時とともに変化していく。こうした変化により、人は無視やパニック、そして薬と出会うことになる。それらはピルや潤滑油などの医薬品で対処でき、そのいずれかはおおいに効果を発揮する。ただ長期的には、なにがセックスを構成しているのかを違った角度から見ることも重要になってくる。ゆっくり考えよう。体全体で、楽しみながら。

リビドーは年齢とともに衰えがちで、七十歳以上の人の四十％近くが身体的な問題をかかえている。主に、男性にとっては勃起能力に関するもので、女性にとっては膣の乾燥だ。真の勃起機能障害というのはあまり存在しないのだが、ほとんどすべての男性が自分の勃起に満足していない――十八歳の時のようにペニスが振る舞ってくれないからだ。

歯周病と膣萎縮を同じ朝に告げられた日は最悪だった。デンタルフロスと、灯油の味のする黄色のリステリンが腰より上に効き、エストリング――少量のエストローゲンを出す膣内にはめるシリコンリング――が腰より下の問題をうまく片付けてくれた。閉経後の膣組織の菲薄化と萎縮は――恐ろしい名称、膣萎縮、ウワッ！――血流の減退と骨盤筋の柔軟性の低下とともに、セックスが女性を肉体的に痛めつけるものにしてしまう。こうした症状は潤滑油とマッサージで治療できる。この治療法をあまり耳にしないのは、これが高価なものでなく、市場が取るに足りないと思っているからだ。

生理学的な変化が起きるということは、本当のセックスとは何かについて根本的な考え方を変えるということだ。質を落とすのではない。大事なのは、私たちのセクシュアリティについてどう感じるかだ。何を必要とし、何を望むかをはっきりさせ、その期待と欲望をパートナーと話し合うことだ。年齢と経験によって私たちはそれが上手くなっているし、どう妥協するのがいい感じで、どう妥協するのがしっくりこないかを決めるのも上手になっている。

硬くなる（男性の場合）、そして濡れる（女性の場合）ことが、性的興奮の目安ではなくなってくる。行動が性的興奮に先行するのであって、その逆ではない。

「セックスをするのにムードが必要だと思っている女性は、実際、セックスをしてそのムードになる必要があるかもしれない。言い換えれば、ともかくやってみろ！」と、ジョアン・プライスはアドバイスする。

高齢女性の膣は性的な興奮に多くの刺激を必要とし、オーガズムに達するにも時間を要する。人はセックスを優先させ、セクシーであり続けることを忘れてはならない。それには努力と研究が必要だ。これは一つのプロセスなのだ。これはロマンチックでないのではなくて、現実的な対応なのであり、両親や祖父母にとってそれが本当のことであると同様に、幼少期の子供をかかえる両親にとっても本当のことなのだ。

男性は硬くなることに対してひどく敏感だが、セックスは勃起またはオーガズムを伴う必要はない。オーガズムも勃起したペニスを必要としない。女性のセクシュアリティは男性よりも身体に広く基点があり、一箇所に集中していない。ほとんどの人にとって、性交は、時が経つにつれ、キスや親密な接触に比べて重要でなくなる。これが性交の優先順位を考え直すもう一つの理由だ。

老いるにつれて、性の興奮に集中すると良いことがある。女性にとっては特に。マスターベーションは性的に活発になる一つの方法であり、自分自身の面倒を自分でみることができる。神経細胞の興奮が持続し、組織の健康が保たれ、一人でも可能だし、喜びを共有することもできる。

アウターコースとは、挿入を含まない性交渉のすべての総称だが、それにはたくさんのやり方がある。性行為が長続きし、コミュニケーションの機会が多くなる。新しい恋人には、信頼を築き、お互いを取り巻く風景を知る方法の一つだ。長年の恋人とは過去に戻り（服を着たままのセックスを覚えているか？）、レパートリーを増やす方法だ。女性も最終ゴールにこだわらないセックスを楽しむことがしばしばある。特に性交で頂点に達することに難しさを抱えている人の七十五％から八十％にはそれが言える。強調するところを変えることでオーガズムが多くなる女性もいる。

年齢を問わず、パートナー同士はしたいこと――したくないこと――を要求する必要がある。それがポルノであっても、性具であっても、午後中ずっとキスをすることであっても。潤滑油をいつも手の届くところに置いておいて、手を伸ばすのを恥じることがないように。あなたのペニスに元気がなければ、彼女にオーラルセックスをすること。対位を変えるとエロスをもっと探求できる。これが、脊髄損傷のある男性と女性がより冒険的な性生活を送る理由であり、性的に活発なお年寄りがこれまでの人生にないほどセックスを楽しんでいる理由である。良いセックスをするには、私たちの体をよく知り、私たちの欲望を表現する必要がある。長く生きていると、どちらも上手になる。

美容とファッションは社会の構成概念——私たちが作り上げるもの

スパンデックス［ゴムの代用として広く利用される合成繊維］やショートパンツといった高齢者には過酷な今日のファッションを植民地時代のアメリカのファッションと比べてみるといい。植民地時代のアメリカでは高齢は敬遠されず、崇められていた。当時は、比較的、高齢に達する人は少なく、高齢に達した人たちは権力を握った。白い鬘と固いフロックコートを着て、ストッキングを穿いたふくらはぎが見えた。年寄りをよく見せるスタイルだ。ここにショートパンツはない。スタイルが変化したのだ。そして、市場とトレンドの要求でまた変化する。要点は何かと言うと、ファッションは影響されやすいということ。

飛び抜けて人気の高いブログ「Advanced Style（進んだやり方）」〈訳注3〉は、ファッションが若者の領域にとどまるものではないことを証明している。ジャーナリストのミレイユ・シルコッフはこのブログを基にした本の成功に刺激されて次のように書いた。

「若者文化の表面を引っ掻くと、一種の老人王国が現れる」◉25

ラップデュオのマックルモアとライアン・ルイス作の「リサイクルショップ」の歌詞は、「君の祖父さんの洋服を着ているんだ。僕がすごく素敵に見える」と歌う。

英国BBC4の「ファビュラス・ファッショニスタス」[26]〈訳注4〉は平均年齢八十歳の本当に素敵な六人の女性を追ったドキュメンタリー番組だが、彼女たちにとってファッションはこの世に生きていることの証しだった。二〇一三年十一月にyoutubeにアップされて急速に広がった。老いていることの利点は、トレンドに合わせるとか他の人を喜ばせることではなく、自分の好きなものを着ることに自信が持てることにある、との考え方をコメントや字幕すべてで表現していた。これはファッション前線への集団的抵抗だ。「若作りの年増女」と言う観念を拒否し、私たちの外形、私たちのスタイル、私たちの自我の感覚に合う服を着るのだ。

九十代のファッションリーダー、アイリス・アプフェルは二〇一三年に、コムデギャルソン=川久保玲の服を身につけてファッション誌「Dazed」の表紙を飾って注目を集めた。サラ・ディタムがガーディアン紙でコメントしたように、このトレンドは、モデル志望の二十歳の若者に数歳サバをよめと勧めるモデル業界の通念をひっくり返すものだった。五十五歳から七十四歳までの女性がほとんどを着るものに使っているという事実があるにも関わらずこうした状況があるのだ。

「美しさとは若さであり、若さの美であり、そしてファッションは美しさである、だから、それは若者のためのものに違いない、とずっと私たちは私たちに言い聞かせている。これはおかしい。自分で自分を傷つけている。実際は、多くの女性は、高齢になることはひどくいい（めちゃくちゃすごくいいの意味）ことだと経験で知っているのだから」[27]

高齢者のモデルは少数派だが、要望は増えている。「CoverGirl（カバーガール）」誌の顔としてのエレン・デジェネレス、ロレアルの代表としてのダイアン・キートン、「ダウントン アビー」［英国ITVの時代劇ドラマ］の婦人たち。挑発的な広告で知られる二〇一四年のアメリカン・アパレルが使った白髪のジャッキー・オシャウネシーは、「セクシーさに賞味期限はない」とのタグを付けた下着の広告モデル撮影で、首と腹部をフォトショップで皺のない状態に加工することはなかった。高齢で活躍する世界の大女優ヘレン・ミレンとジュディ・デンチに続く女性たちが映画の世界で脇役を演じているが、彼女たちには主役が与えられるべきだ。

【アクション】

アンチエイジングの綺麗事を拒否しよう!

優れたアンチエイジング効果で売れている商品に次に出会ったら、「老化に抵抗する《アンチエイジング》」とは「生存に抵抗する《アンチリビング》」の意味だということを思い出そう。

二十代の時、ファッション誌で、笑いを抑え、幸せの印が顔に刻み込まれないようにと勧める記事を読んだことがある。笑いを勧めない世界に住みたい人がいるのだろうか? しかし、同じようなメッセージを伝える声は大きくなるばかりだ。アンチエイジングの世界市場は二〇一五年、二九一〇億ドルを超えた。[28]

アメリカの少女たちは八歳で性別がはっきりわかるようになり、二十年も経てば全盛期を過ぎている。年齢で差別し、容貌の良し悪しで差別し、見た目を重んじる文化の中では、不安は若いうちから始まる。「早期多頻度介入」なる美容処理のスローガンで、人生の経験が表れる前のすっぴん顔を凍りつかせる。二十歳そこらの人たちが、ケミカルピール〔化学的表皮剥離〕と皮膚増強剤に数千ドルを費やし、指輪をつけた自撮りの婚約写真は適度にぽっちゃり見えて完璧だ。[29] さらに追い討ちをかけるように、キム・カーダシアン〔米国テレビリアリティ番組のパーソナリティ、モデル、女優〕がその草分け的存在だが、ビューティアイドルはますます人として不自然になっていく。

このばかげた不安の表現を揶揄したいのだが、その背後にある文化の破壊力に私たちは注意を払うべきだ。セクシズムと資本主義、欲しい人はいるか? 皺は醜い、と誰が言うのか? でぶは醜い、と誰が言うのか? 数十億ドルのお肌のお手入れ業界と体重減らせます業界だ。人の満足は金儲けにならないが、恥と恐れは市場を創りだす。それを広告主とマーケティング業者が搾取する。私たちはいんちきを信じ込まされてお金を払い、同時に自信を失う。喜びの源である自分の肉体への自信をなくすのだ。

メディアと美容業界推薦、見せかけの「完璧さ」から、美意識を解放しよう！

年齢と美しさは共存できるし、共存している。ニューヨークタイムス日曜版スタイル面の記事のタイトルは「若さと別れても、美しさとのつき合いは続く」だった。重そうな丸眼鏡とトレードマークの濃い赤と真紅の口紅が目立つアイリス・アプフェルをメインキャラクターにMACコスメティックスの新製品発売キャンペーンが始まった時のことだ。新製品は数日のうちに売り切れ、この口紅について書いた私のブログがセックスセラピストで五十五歳になったばかりのケリーに「How Not to Look Old（歳とって見えない方法）」というタイトルの本を思い出させた。

「淡いピンクの光る口紅をつければ口の周りの皺は注目されない、とかこの本にはヒントがいっぱい載っている。すべて当たっていて、効果てきめんだ」とケリー。「これがきっかけで、どの時点で、自分の歳に見えないかと心配しなくなるのか、好きなものだけを着るようになるのかを知りたくなった」。

たぶんそんな時は来ない。たぶん、それはケリーの負けを知らせていたのかもしれないし、勝ちの知らせだったのかもしれない。ケリーはそれ以来、グレイヘアになり、極めて美しい。その本の口紅についての記述は、悔しいことに、正しい。私は淡い色に手を伸ばすこともあるし、赤に手を伸ばすこともある。時々だが髪の毛を全部ブリーチした時などは素晴らしく映える。

最終的な目標は何なのか？　マーガレット・ジュレットを引用すると、「若く見せようとする誘惑は、白く見せようとする誘惑、細く見せようとする誘惑と同じように、最終的には偏見として拒否される」。

一九六〇年代に公民権運動のスローガンとなった「ブラック・イズ・ビューティフル」はこうして生まれた。このメッセージは、黒い肌と縮毛とアフリカ系アメリカ人の顔形は本質的に魅力がないとする白人系ヨーロッパ人の美意識に挑戦することで、アフリカ系アメリカ文化とその美の正当性を立証し、白人として「通過」しようとする肌の色の薄い有色人種へ反撃することを意図していた。

若者として「通過」しようとする行為はこれと同じ様に自己破滅的であり、年寄り＝醜いではないとする考え方へ異議を唱えるものだ。

フェミニストの哲学者アミア・スリニヴァサンが指摘するように、「ブラック・イズ・ビューティフル」とファット・アクセプタンス運動［アメリカを中心に展開する肥満差別の廃絶を訴える運動］の信念「ビッグ・イズ・ビューティフル」は、権利の獲得だけを意図したものではない。それは私たちに価値観の転換を迫る。スリニヴァサンは次のように書いている。「ラジカルな自己愛運動が問いかけるのは、自分の欲望の姿を変えなければならない義務が私たちにあるのか、ということだ[30]」

「イザベル」誌から離れたリンディー・ウェストは、自分の身体をじっくりと見た後、太巻きのようだとか、二の腕が太いとかと自分自身を罵ることをせずに、意識的に美しいと表現することに決め、それが効果があることを学んだと書いていた[31]。

年寄りであろうと、太っていようと、トランスジェンダーであろうと、人を見る見方を変えたい？ならば、それをやってみようではないか。欲望は生まれながらにあるものではなく、変えられないものでもない。ものの見方を変えるとは実にラジカルな要求であり、それは集団で考え直すことであり、生涯にわたる仕事なのだ。そして、必要であると同時に可能なことでもある。それをしなければ私たちは偏見と抑圧と排除をただ固定化するだけだ。

鏡の中の顔を自分ではないと思うのは、心の中のエイジズムの世界共通の表れ方だ。「いったい何があったんだ？」と呟く代わりに、一分間だけ過ぎたことのいくつかを思い出してみてはどうか。それらがなんと素晴らしかったかを思い出してみるのだ。たとえば、鼻と唇の間のあの皺に起こったこととかを。

女優のフランシス・マクドーマンドは、過ぎた二十年が刻まれた彼女の顔の左側の皺を、「わぁーすごい！」とか「信じられない！」とか言いながら、息子のペドロのせいでできたのだと言って笑った[32]。彼女の顔を地図と呼び、自分の歴史を除去することになる手術を拒否している。

今の私の手を見ると、シボレーベルエアのステーションワゴンのハンドルを握り、四人の子供を育てた母の手を思い出す。こぶのできた白い指関節のどこが悪い？　どこも悪くない。高齢になると自分の肉体的欠陥に寛容になる。これは実に歓迎すべきことだ。引き締まったお尻ではないが、シャワーを浴びながら、かつて私を苦しめていた部分を見て、「悪くない！」と思う。「賞味期限」が過ぎてからもこれほど長く元気でいられると思ったことなどなかったはずだ。多くの女性が同じ結論に達することを願っている。男性も然り。

老いた肉体から距離を置くのではなく、一生を通して肉体の変化に驚嘆してみてはどうか？　――または、少なくとも、批判しないで受け入れることを学んではどうか？　高価な「治療法」に大金を払う代わりに、これらの自然の変化を医療化する医療産業複合体に挑戦してみようではないか？　老いた肉体――靴を忘れないこと――をよく見せる、古臭くないファッションにかかわってみてはどうか？　すべてのサイズで、すべての年齢のモデルを使う業界の人を表彰するのはどうか？　最終的には、お互いを広い心で見ることを学んではどうか？　自分自身を広いこころで見るというのもどうか？

ニューヨークタイムス紙の「笑い皺の場合」と題する記事でドミニック・ブロウニングは、多くの人が針と外科用のメスで顔を凍りつかせるか破壊せざるを得なくなる「奇怪で、集合的で、晩発型の身体異形症」を嘆いていた。しかし、記事の最後でブロウニングは完全に百八十度方向を転換し、笑い皺を受け入れる努力をしなくなった。自分自身を「否定の大信奉者」と称したブロウニングは、「変わりゆく顔を受け入れろとは要求のしすぎだ――私たち自身の増える白髪に母の美しさを、笑い皺ができた時の嬉しさを思い出し、当惑したときの額の皺に父の額を認めるとか、または喜びで皺ができる私たち自身の眼のあたりに叔母の眼を垣間見よう、などとは要求のしすぎだ[33]」。

そう、難しい注文だ。しかし要求しすぎではない。こうした連想と、その共通の記憶を楽しむべきではないのか？　あなたと私はどこで美しさを見つけだすかを選べるのだ。そして二十二歳でそれを止める必要などまったくない。

お互いを広い心で見ることを学んではどうか？　自分自身を広い心で見るというのもどうか？

「色々たくさんのことが起こっている」とハフィントンポストのブロガー、チャック・ナイレンは高齢女性の身体に触れて書いている。「未完成で、不完全な」とナイレンが表現する若い人たちとは異なる老いた肉体には、「豊富な輪郭、豊富な姿、曲線、膨らみ、割れ目、柔らかな部分、硬い部分、つまむ楽しみがある……。その後、何がないのか、何ができなかったかを考えるのだ。いつも何か新しく遊ぶもの、つまむもの、次に軽く触るものがある」◉34。

どうしてこれしきのことがそんなにラジカルなのか？　風化した木や、花びらが乾いて爆発するチューリップに美しさを見ることが容易にできるなら、丸いお腹、笑い皺のある顔、働きすぎの手にそれをみることがなぜできないのか？　セックスは私たちを見捨てることは決してなく、美しさはどこにでも存在する。

セックスと恋の可能性を広げよう！

セクシュアリティは思っているほど容姿とは関係がない。性的に活発な人たちの為に知人を調べてみると、共通の特徴は美しさではないことがすぐに分かる。彼らの恋人は、熱情、興味、性的なエネルギー、そしてたぶん、誘い――断られるリスクを冒している――に応えたのだ。

高齢女性は自分の欠点を心配するあまり、性的エネルギーを発散しなさすぎる。もちろん男性は女性の外見を気にするが、「やった、僕はついている」と思うほうが多く、「う～ん、彼女の胸が大きければなあ」などとはあまり思わない。性的に活発であることを何よりも大事にする女性は誰でも活発でいられる。男性の場合も同じだ。これは、ボディポジティブ〈訳注5〉の人たち、非異性愛規範の人たち、非一夫一妻制の人たちにはなおさら強く言えることだ。

積極的に行動するとは、物事を違って考えることであり、誰にでもできることではない。特に、異性愛で一夫一妻制にしか心を開かない女性、少しばかり年上で、容姿がよく、近くに住んでいる成功した男性——そう、キング・チャーミング［おとぎ話のキャラクター。囚われの姫君を窮地から救い出すプリンス］のような人との関係にこだわる人にはできない。時間が経つと関係性は変化し、その変化の現実に対応するには能力が試される。パートナー同士の歳のとり方はそれぞれ違っていて、さらにそれぞれ違った速度で老いていく。だから行動を共にすることが難しくなってくるのだ。「死が二人を分かつまで」との約束が守れたのは一世紀前までだった。当時、アメリカの夫たちの平均寿命は五十五歳、妻たちもそれほど長生きはしなかった。

これが「熟年離婚」の割合が増加する大きな原因なのだ。熟年離婚の割合は、現在は横ばいか、年齢層によっては下ってはいるが、米国で離婚経験者の四人に一人が五十歳以上で、十人に一人は六十五歳以上だ。[35] 妻を亡くした男性は決然と新しいパートナー探しをする傾向があるが、一方で、すでに洗濯機の使い方を知っている女性は、一人でいることや、友達や家族と一緒の暮らしに満足することが多い。女性は興味の対象を見つけるのがうまい。ネットフリックスを見ながら夕食のワインとチーズを楽しみにする女性が際立って多い。夫を亡くした女性は特に、他の誰かが、男風邪［病状を大げさにアピールしがちな男性がかかる風邪または軽度の疾患］かそれより悪い病気にかかると、本当に看護するつもりがあるのか自問する。しかし、ハリウッドのロマンチックコメディばりの暮らしと、気取ったバレンタインデーを何度か二人で過ごした後では、独身生活は多くの人にとって憂鬱で、真っ先に選ぶ選択肢にはならない。解放された進歩派にとってさえそうなのだ。

可能性の概念を広げてみてはどうか？　生活様式をグレードアップする、のもいいかもしれない。セックスフレンド関係を検討してみてはどうか？　通常は、楽しい、二人の良い友人間の性的関係、それが深刻なことが起るまでの急場しのぎだとしても、一考の価値はある。それを二人が望まないなら、無理にただのセックス相手である必要はない。つまり、くだけた関係でもお互いを尊敬し、はっきりした合意の上で、安全にセックスができる関係であるべきだ。あなたの気分が良くならなくてはならない。行儀の悪さを我慢する必要はない。また、「ふしだら」とか「貞節」といった時代遅れの規範に邪魔される理由はどこにもない。

若い相手と上手くいくかもしれない、と心を開いてみてはどうか？　年の差が大きいと、男たちが家父長制の退屈なやり方で競う必要がなくなる。

「十歳以上も若いの？」

友達のヴァレリーが抵抗した。

「アイゼンハワーも知らないのよ、彼は」

「どのくらいの時間、アイゼンハワーの話をするの？」

と、私は返した。ヴァレリーは笑い出して言った。

「ごもっとも」

彼と出かけて、一、二回、「よっ、ご両人！」と言われるようにしてみてはどうか。そう、少し神経を使うし、疑いの目で見る人もいるだろう。でも、その人たちの意見が本当に気になるのか？

出会い系サイトでは、「歳相応」という考えに対して若い人たちから抵抗があり、プロフィール欄に「年上が好き」とか「年齢制限なし」と書いてあることが多い。これは、「アジア人には魅力を感じない」とか「黒人はいや」のようなメッセージの背後にあるレイシズムを見つける人たちからの呼びかけだ。彼らがジェンダー・ノンコンフォーミティ［ジェンダー規範に同調しないこと］を受け入れる可能性は高い。マイク・アルボがAARP［アメリカ退職者協会］に報告したように、「彼らにとって年齢は打破するもう一つの限界に過ぎないのだ」。◉36

なぜすべての年齢で、「セックスフレンド」は——真剣な関係も——できないのか？　もしあなたが同性愛とはどんなものかと考えたことが一度でもあるなら、今がその答えを見つける良い機会かもしれない。なぜ、健康的で楽しい性関係が独占的なものでなければならないのか？　映画と同じ感覚で恋人を一人持ち、もう一人はユーモアのセンスのある人を、そして三番目の人は年に一度、浜辺で会うことを考えてもいいかもしれない。

共有することを真剣に考えてみても良い。エイジズムを推奨する文化が、規制の強い一夫一妻制の異性愛規範、子づくり型の関係と家庭を推奨する。資本主義は、孤立し、独立した消費者たちの社会から利益を得る。共有するとは騙すことではない。ポリアモリー［交際相手を一人だけに限定しない恋愛関係］とは複数の関係性に関わり、関係者すべてが関わっていることに気づいていることを意味する。ベッドの上のことを考えるのが難しいなら、それが介護のような単調な暮らしにどのくらいの意味を持つかを考えてみるのもいい。毎週火曜日にチキンスープの係があっても良いのではないか？　他の人たちも同じなのだから。心配を共有し、場所や時間の決定や調整を分担したらどうか？　全部かゼロかという基準を捨て、代わりにあなたを支えてくれるネットワークに、ニーズがあれば、貢献してみてはどうか？　こうした自分ひとりの喜びを手放さないためにもどうか？　ハリウッド映画の白い囲い柵の家のキング・チャーミングといった主流以外に、友情、親しい関係、そして愛にはたくさんの違った枠組みがある。長くなった人生ではこれらを探索できるのだ。

私たちがどこの領域に入ろうが——男と女、性転換した男と性転換した女、異性愛と同性愛、バイセクシャルとバイセクシャルに関心のある人、一夫一妻制とポリアモリー、年寄りと若者——元気を出そう！

ただ両足の間にあるものだけを使わずに、互いが親密で、喜びを与え合える新しい方法を頭脳と想像力を使って模索しよう。一人の性的存在としてもっと広く考えること。

情熱をこめて寛大に行動し、特に自分自身に向かって。そしてその個人的で政治的な認識を携えて屋外に出ること。

私たちの偏見から利益を得ている文化、私たちが参加すると危機に晒される文化をもっと批判的に考えること。

飛ぶ前に注意深く見まわすこと。

そして、いちかばちかやってみる。
文化に信じ込まされたものよりも遥かに大きな見返りがあるはずだ。

〈訳注1〉https://www.urbandic　tionary.com/

〈訳注2〉**12-12-12 ニューヨーク奇跡のライブ**：二〇一二年十二月十二日にNYのマディソン・スクエア・ガーデンで実施されたチャリティーコンサート。同年十月にアメリカ東海岸に大打撃を与えたハリケーン「サンディ」の被災地救済のため、多くのミュージシャンたちが企画した。ポール・マッカートニー、ザ・ローリング・ストーンズ、ザ・フー、エリック・クラプトン、ビリー・ジョエルなど、総勢十六組のアーティスト。さらに八十八名の著名人が参加し、史上最大規模のイベントとなった。

〈訳注3〉**Adbanced Style Blog**：老いの概念と高齢女性のスタイルについての新たな視点を与えるブログサイト。
https://www.advanced.style/

〈訳注4〉英国ＢＢＣ４の「ファビュラス・ファショニスタス（Fabulous Fashionistas）」
https://www.youtube.com/watch?v=8nvTyqJQVwQ

〈訳注5〉**ボディ・ポジティブ運動**：ボディポジティブ（または　ボディ・ポジティビティ）とは、「痩せた体型＝キレイ」という従来の美の定義から外れ、プラスサイズの体をありのままに愛そうというムーブメント。体型にも多様性を取り入れることを目的とした運動で、#bopo というＳＮＳハッシュタグでは百万を超える投稿がされている。
https://ideasforgood.jp/glossary/body-positive/

第6章
職場 まだ途中

高齢のアメリカ人は、仕事があっても仕事がなくても、困っている。私たちが働いていると、若者から職を奪っていると非難される（経済学者が「労働塊の誤謬」と呼ぶ間違った考え方）。私たちが仕事を辞めると、正当な取り分以上に資源を吸い上げる「欲張りじじい」と焼印を押される。若者に支えさせておいて次世代の高齢者には何も残そうとないと非難される（第1章でみた「成年依存人口指数」の醜い顔がふたたびもちあげる）。私たちは解雇されると大変困る。エイジズム世界で経験は不利になるからだ。

だがエイジズムは若い労働者も不利な立場に置く。ミレニアル世代は労働倫理がない、手がかかると非難される。職業経験のない大卒者の最近の失業率は高齢労働者の失業率よりも高い。

いったん仕事から離れると、アリニタ・アームストロングのような労働者は新しい仕事探しに大変な苦労が待っている。「あの人たちは白髪頭を見ただけで価値がないって判断する」と、テキサス州ウイリス出身の六十歳は私に語った。アームストロングは五年前に住宅金融専門会社の職を失って以来ずっと仕事を探している。「健康にリスクがあると思うから雇いたがらない。保険料を上げなきゃならなくなるって思うのだろう。高齢者は五年経てば引退するかも知れないから、投資する価値があるかどうか計算する。このことは職を求めている当人には決して話してくれない」と、アームストロング。

ニューヨークタイム紙の一面の記事に、「手の骨を折ったら家がなくなる」と語るスーザン・ジママンが紹介されていた。[1] この六十二歳のクリーブランドのフリーランス・ライターはパートタイムの仕事を三つこなし、民間療法の養生法を組み合せて、メディケア〔高齢者向け医療保険制度。六十五歳給付開始〕が始まるまで健康でいられるよう祈っている。家を手放さないためには社会保障給付金の受給を申請しなければならない。申請して受理されると、六十五歳まで開始を待つよりも三十%も少ない金額を生涯にわたって受け取ることになってしまう。

高齢者が見つける新しい仕事からの収入は以前の仕事より平均二十%低くなる——労働統計局によると、どの年齢層と比べても最大の減少幅だ。[2] 彼らはダウンサイジング中の産業界から解雇される可能性が高く、また、何らかの障害を抱えていることが多いために選択肢が限られる。かつての生活水準を取り戻せない人が多く、個人や専門家としての価値は、言うまでもなく取り戻せない。ほとんどの人が少なくともこれから先二十年は生きる。今後、破産する高齢のアメリカ人が増え、さらに多くの人たち——特に低所得世帯——が一つ前の世代より多くの借金を抱えることになる。[3]

高齢の労働者は、どんなに仕事ができても、エイジズムのために、やりがいのある仕事につくことができず、これまで身につけた技術や経験がほとんど役に立たない仕事に追いやられる——例えばスーパーマーケットの出迎え係などだ。仕事にありつけた人は、二〇一六年の退職研究センターの調査報告で「年寄りの仕事」と呼ばれる職種に回されることが多い。[4] 高技能サービス職（支配人、販売スーパーバイザー、会計士など）と低技能サービス職（トラックの運転手、建物の管理人、看護補助など）が混ざり合った仕事だ。これらの仕事の賃金は、若い労働者を優先する仕事に比べ六〜十一%低いことが多い。

エイジズムのために高齢者がパートタイムやボランティアの仕事を見つけるのも難しい。意気消沈した多くの人が仕事探しをやめてしまう。彼らは経済的依存状態となり、高齢者は社会の負担だとの誤ったイメージを強めてしまうのだが、これは自ら好んで選んだ結果ではない。

根拠のないステレオタイプが労働者の将来を暗くする

職を探す高齢者は毎日、技能、健康、能力に関する神話に直面している。その神話によると彼らは、

- **新しい技能を習得できない。**

実際は、リーダーシップ、細かい仕事、組織化、聞く能力、書く能力、問題解決の面で――コンピューター・サイエンスのような最先端の分野でさえ――高齢者は高い成績を収めている。特に新しい任務が、既存の技術か基礎知識に関連する場合はそう言える。

- **創造的でない。**

同じ仕事を三十年続けると創造力は減退する。その人を新しい仕事につかせれば、新しいアイデアが生まれる。年齢の異なる人で構成されるグループは、研究開発とマーケティングのような創造的な思考が要求される分野で高い生産性を発揮する。

- **ストレスに対処できない。**

実際は、経験によって、高齢の労働者は前後関係の中で危機を捉え、職場の修羅場を乗り切る力がついている。忍耐も役に立つ。年齢で対処能力が磨かれる。

- **仕事がのろい。**

若い労働者は仕事が速いが失敗が多い。高齢者は遅いかも知れない――仕事の質にもよる――が、正確さ

を尊重する。差し引きゼロ。結果への影響は意欲と努力が年齢をはるかに上回る。

● 病気で仕事を休む。

これは、年齢と病気を同一視する文化の犯す過ちを反映する神話だ。実際は、高齢の労働者の方がずっと頼りになる。

● 肉体的に仕事の要求に耐えられない。

採用と研修の可否決定時に度々引用される判断基準のひとつだが、これを不利なこととするのは誇張のしすぎであって、絶対的に時代遅れだ。現在、肉体労働を必要とする仕事の割合は非常に低い。高齢の労働者は労働災害からの回復に時間がかかるが、怪我は若い労働者より少ない。その場合も個人によって大きな差がある。職場の適正を判断するには、消防や飛行機の操縦といった高い身体機能を要求する仕事でない限り、年齢よりも健康と経験が指標としてはるかに役立つ。[5]

● 燃え尽きる。

「金時計を待ちながら［黄金の時を刻むとのたとえから退職祝いに金時計が贈られることがある］」は、このねじ巻き式の工芸品と同じ位、時代に合わない。一九七二年から長期にわたって五万人のアメリカ人に聞き取りを行っている米国総合社会動向調査には、六十五歳以上で仕事をしている人が最も幸せだとの研究結果がある。「六十代、七十代で仕事をしている人たちは仕事から抜け出せないのだと思っている人が多いが、高齢労働者のほとんどは仕事が楽しいから働いている」と、この調査の責任者トム・W・スミスは語っている。[6]

言い換えると、高齢の労働者が直面する否定的なステレオタイプにひとつとして精査に耐え得るものはない。高齢の労働者の利点はあまり調査されていないが、ある調査では、彼らは、若い同僚と変わらず、やる気があり、頼りになり、家族の責任に影響されにくいことを明らかにしている。

高齢の労働者が直面する否定的なステレオタイプにひとつとして精査に耐え得るものはない。

「平均して高齢者はキャリア開発には向かない」というステレオタイプが経験的に支持されているが、これは、トレーニングプログラムのほとんどが若い従業員向けに作られているからだ。

実際の仕事ぶりとなると、共著に「Managing the Older Worker（高齢労働者を管理する）」のあるウォートン校［アイビー・リーグ八校の中のペンシルベニア大学のビジネススクール］ピーター・カペリ教授の指摘では、高齢の従業員は若い同僚を上回っている。「歳をとるにつれ、仕事の仕方が全ての面で向上する」と、カペリ教授は言う。

「はっきりすることはないだろうと思っていたのだが、間違っていた。高齢の労働者が優れた仕事をする時に、職場において彼らが差別されるのはおかしい」[7]

歴史家のデビッド・ハケット・フィッシャーも多くの職業で歳をとるにつれて仕事の質が良くなることを発見し、「六十歳以上の労働者、そして七十歳以上の労働者でさえ、仕事の欠席回数が少なく、事故も少ない、他の人と同調して働き、上司から頼りにされ、良い判断を下し、全体的な仕事の結果の質も量も共に若い労働者よりも優れている」と判断している。[8] これは一般的にヨーロッパ全体に共通することであると、社会学者たちは観ている。

適切な場が与えられ、適切に管理されれば、高齢の従業員は全ての企業にとって莫大な資産となる。現代生活の中心的課題――複雑な情報の創造と交換――を考えれば、深い知識基盤はこれまでになく価値が高い。ベテラン労働者はまた、磨かれた対人能力と、より適切な判断力、バランスの取れた展望とともに、豊富な経験が力を発揮する。

任意で働いている人は少ない

高齢者が求人市場から追い出されるとすれば、高齢者はどう暮らしを立てていけばいいのか？　すべての年齢の多くの労働者が給料ぎりぎりで暮らしていて、退職後のための貯金ができる余裕はない。高齢者のカテゴリーに入る人に退職するかどうかを選ぶ自由があると思うのは古い考え方だ。小さい子供の母親が職場に戻るのは家計のためではなく、ただ気が向いたからだと思うのと同じくらい古い。多くの人は子供の大学の授業料、または両親の介護費用の捻出に苦労しているか、その両方を抱えて苦しんでいる。

伝統的な年金制度は、401K〔アメリカの確定拠出型の個人年金制度の一つ〕に大きく取って替わられた。その401Kも株式市場の変動に左右され、企業退職金制度に参加しているのは全アメリカ人労働者のおよそ半分にすぎない。[9] 戦後世代が二〇〇八年から二〇一〇年の大不況〈訳注1〉から経済的に回復するには時間切れで、すでに多くのベビーブーマーに被害が及んでいる。

八十代、九十代の人で、貯金で生活の基本的ニーズを賄えている人は五十％しかいない。残りの半分は仕事をやめられるとはまったく思っていない。このことが六十歳から六十九歳の就労率がかつてないほど高い理由の一つであるのは間違いない。[10]

全米国勢調査によると、六十五歳以上のアメリカ人の貧困率は二〇一五年以降上昇している。それは貧困に近い状態にある人たちにとって医療費が高く、社会保障制度で貧困から脱した人の割合が九・五％以下に留まっているからだ。[11]

全米高齢者問題協議会（NCA）によると、六十歳以上のアメリカ人二五〇〇万人以上の暮らしは、経済的に不安定——連邦貧困基準（FPL）〈訳注3〉の二・五倍か、それ以下——である。[12] 二〇一六年のFPLは一人家族で年間一万一七七〇ドル（約一五〇万円）。こうした高齢アメリカ人には不運な一撃ひとつで災いが及ぶ。この人たちは住宅費と医療費の高騰、減り続ける貯金、食料不足、不適切な交通手段など、多くの問題を抱えている。

経済の健全性を正確に示す指標（ワシントンを拠点とする就業支援のNPO「WOW」が発行する高齢者経済安全保障標準指数と、資産・社会政策研究所の高齢者経済安定性指標など）によると、数百万人の高齢者が毎月の生活費の捻出に苦労している。しかし、彼らはFPLを上回る暮らしをしているために「貧困」とは見做されていない。

六十五歳以上で独身の社会保障費受給者の三分の二はひと月の経費の九十%以上を社会保障給付金に依存している。二〇一七年、退職者の受け取る給付金は平均して年間平均一万六九六八ドル（約二〇〇万円）強――「欲張りじじい」の領域には入らない[13]（労働省は、二〇一二年には、一五三〇万人の六十五歳以上の人が、社会保障制度による給付金なしには、貧困ラインを下回っただろうと見ている。貧困者数の四倍に近い数字だ[14]）。

女性の状況はさらに厳しい。女性の多くは退職後のために貯金するには十分なお金がない。女性は職場を離れたり再就職したりすることが男性より多く、社会保障給付金の額がかなり低くなる［社会保障給付金は職場を離れた期間は支給対象期間と見做されない］。女性は長生きするが、収入は少ない。性別による賃金格差の影響――男性が稼ぐ一ドルごとに八セントの差――が早期に始まり、年齢を重ねるごとにその差は増す。この差は人種と階級によりさらにひどくなる。白人で非ヒスパニック系男性に支払われる一ドルに対して、アフリカ系女性は六十三セント、ラテン系女性は五十四セント、先住アメリカ人女性は五十八セントである[15]。

多くの女性が、それまでにはなかったとしても、八十代に人生で初めて貧困に陥る。全米女性司法支援センターの二〇一三年報告書によれば、およそ二六〇〇万人の高齢女性の暮らしが貧困状態で、そのうち七十三万三〇〇〇人が極度の貧困状態で、年間五五〇〇ドル（約七〇万円）、月額四五八ドル（約五万八千円）の低い金額で暮らしている。六十五歳以上の女性の中で貧困率が特に高いのは一人暮らしで、黒

高齢者が求人市場から追い出されるとすれば、高齢者はどう暮らしを立てていけばいいのか？

人、ヒスパニック系、先住アメリカ人、外国生まれの女性であった。[16] 自活できない高齢のアメリカ人に人並みの暮らしを提供するには社会と経済が変化する必要がある。この社会変革に関わるには、何よりもエイジズム――この社会が高齢の市民、特に、白人でなく、男性でない高齢市民の価値を低くみる――が私たちの前に立ち塞がっているのだ。

仕事は収入だけではない

アメリカ人は、働くこととお金を稼ぐことは同じだ、と考える傾向があり、食卓にパンがなければ他のことに集中できない。しかし、仕事を持つことは、他のさまざまな面で生活を向上させる。これは多くの人――すべての年齢と階級、女性、クィア、有色人種、障害を持った人々――に重要なことであるように高齢者にとっても重要なことだ。私はこの事を、八十歳以上で働いている人たちを集中的に調査した時に学んだ。

ロバート・バトラー博士が創設したアメリカ国立老化研究所のリサーチャーが明らかにしたことの一つに、朝起きた時にすることがある人は長く生き、良い生き方をする、ということがある。バトラー博士はまた、「そのことは適切で楽しめる仕事があるかぎりは言えるのだが、それができる人ばかりでないのも事実だ」と指摘している。

仕事があると、賃金に加えて、目的意識、帰属意識、社会とのつながり――多くの退職者がなくすと寂しくなるもの――が持てる。高齢者が、仕事を続けて社会の役に立っていたいと思うのは簡単に理解できる。高齢男性にとって、仕事は自分のアイデンティティと社会的地位の証明であることが多い。シアトルの不動産ブローカーとしてのビル・バネカーの忙しい生活は妻を亡くした寂しさを寄せ付けなかった。テレビ・プロデューサーのルース・フレンドリーは、最初の夫が死んだ時、「仕事が私を連れ出してくれ、仕事に縋り付くことができた。仕事が仕事をしてくれた」と私に言った。

仕事は自尊心の土台でもある。ペニー・カイルは、三人の男の子を育てた後、夫からの反対を抑えて、ウェイン州立大学で教員資格を更新した。

「二度目に働き始めた時、朝起きるのが楽しく、ラッシュアワーの中にいることが楽しかった。自分自身を高く評価することもできた」

ナタリア・タナーはシカゴ大学医学部に在籍した最初のアフリカ系アメリカ人で、デトロイトの最初の黒人小児科医だった。人種差別(レイシズム)、性差別(セクシズム)、年齢差別(エイジズム)の中で、どれが一番大変でしたか?

「年齢だと思う」と、タナー。

「ほとんどの人が、私の歳(八十五歳)になれば、精神か肉体か、いずれにしろどこかが衰弱していると思っている」

この認識と高齢者は常に闘っているのだが、仕事に使う技能は鋭さを失わない。六十歳を超えると、活動と認知能力との間に強力なプラスの関係ができてくる。それはほとんど直感的に分かる。このことが高齢の労働者への私の関心がエイジズムそのものへ集中していった一つの理由だ。

精神の健康と肉体の健康は相互に深く関係し合う。ここに挙げる多くの男性と女性は、研究者のいう「健常労働者効果」[17]〈訳注2〉——積極的に働いている人は病気と怪我の確率(対全人口比)が一貫して低い——を体現している人たちだ。

照明デザイナーのイメロ・フィオレンチーノは子供のころ、NBC交響楽団を指揮するアルトゥーロ・トスカニーニのコンサートをよく見に行っていた。「トスカニーニは身を屈めて舞台の袖から小刻みに歩いてくるのだが、舞台に上がると子供のように速く動く! 私も同じことをしていることに気がついた」と、フィオレンチーノ。

「私はエネルギーを抑えているのだが、スタジオに入ると光の速度で動いてしまう」

好きな仕事は実際、私たちを長生きさせる。ファニタ・イングリッシュは、台所の事故でひどい火傷を負った時、高い評価を受けていた精神分析学者としてのキャリアからほとんど引退した。病院から退院した時、彼女は鎮痛薬のオキシコンチンと麻薬性鎮痛薬のバイコディンの依存症になっていた。このことは実の娘にも隠し、サンマテオの入居型介護施設に移り住んだ。

「死ぬためにここに来た」とイングリッシュは言っていた。春に電話が鳴った。それはドイツのある研究所の所長からで、地上から姿を消そうとしている彼女をひどく叱った。

「『君は来月の計画に入っている』と。すると、ピンときた」

イングリッシュは突然考えだした。

「もしかしたら来月にはできるかもしれない」

イングリッシュは鎮痛剤を断ち、会議に参加し、手放したキャリアを取り戻した。

私は八十代と九十代で働いている人たち、ヘア・スタイリストやウエイトレスから歌手のトレーナーやPR会社の社長まで五十五人に会った。すべての人の話から、仕事が彼らに与えている無数の利点を確認した。社会との接触、そして人生末期に職業的に有能であり、積極的な関与があることの利点は大きい。多くの人が働くことを阻止されているのだから、私たちは、個人的にも社会的に大きな代償を払っていることになる。

高齢者が若い人から仕事を取り上げることはない

高齢の労働者は若い労働者の犠牲の上に成り立っている、という論理は理にかなって聞こえるので、全ての年齢の人と全ての政治理念の人がこの論理を受け入れる。

「家族を養っている若い労働者が、前払金がもらえず、終身雇用でないという理由で解雇される時に、高齢の労働者が職にしがみつき、贅沢に暮らしているのにはあきれてものが言えない」と書いて「オハイオ州コロンバスで愛想をつかしている者」が「ディア・アビー」〔人生相談サイト〕に送った。[18] 「贅沢に」は無視しよう。アビーがこの発信者への返事で指摘したように、多くの人が長い期間働くのは生きていくためなのだ。

二十二年間、病院設備会社に補助薬剤師として勤めた後、六十七歳になるとすぐ解雇されたペグ・ウィットモアは、異議を申し立てても無駄だと思った。「会社は年齢がキャリアの終わりに近い人を探す。彼らはたぶん同じ仕事を半分の給料でできる人を連れて来られるからだ」と、ウィトモア。

「もちろんショックだよ。でもそこにある論理は明快だ」

必ずしもそうではない。新しい労働者の持つ技能と、長く働いている高齢の労働者の持つ技能は異なるのが一般的だ。高齢の労働者は給料を多く要求する可能性があるが、経験のない人の雇用は訓練が必要で費用がかかる。訓練が終わるとこの人たちは高い給料を要求する。離職率は高い。高齢の労働者を雇い続けると労働者の流出による経費は減る。この経費は予期していないと、とてつもなく高くなる。

高齢の労働者が昇進の道を塞ぐこともない。AP通信NORC広報リサーチセンターの二〇一六年報告書によると、たとえば、五十五歳以上の働く人の五十八％は転職を考えている。[19] 高齢の労働者がいつまでも在職している時にはもちろん、若い労働者の昇進に影響する。仕事が少なく、終身雇用が保証される学会はその良い例だ。正規の先任者——高齢の従業員の知識と経験——と若い人の野心のバランスをとるのは簡単なことではない。

会社は、公正な解決策に向けて努力しようとせずに、問題を利用して高齢の労働者と若い労働者の対立を深めようとする。二十世紀の初めには、製造業者が人種や民族の異なる労働者同士を闘わせ、今日ではウォルマートやアマゾンが組合員と非組合員を対立させる。企業利益優先のエイジズム的な資本主義社会では、こうした戦術は新しくはない。

この問題には構造的な要因がある。つまり十分な仕事がない事。貧困の専門家であるワシントン大学社会学教授マーク・ランクは、経済的階層を八つの椅子と十人の参加者の椅子取りゲームにたとえる。音楽が止まったら誰が立っている可能性が一番高いか？　答えは比較的鈍くて慣れていない人。しかし、これは誰が負けるかの説明で、もともと何故負ける人がでるかを説明していない。問題はゲームの編成にある。椅子が少なすぎるのだ。

高齢である、または若い、または障害があると、失業と貧困のリスクが高くなるのだが、主要な問題は、経済制度と社会機関が、座る必要のあるすべての人に十分な「椅子」を提供できていないことにある。[20]高い失業率は「高齢の人が多すぎる」ことが問題ではない。労働市場に問題があるのだ。

仕事の量と質は一定していない。一定していれば、たとえば、二十世紀の女性の労働力の拡大は多数の男性を路頭に迷わせたはずだが、そうはならなかった。もし労働市場が強ければ（あくまでも仮定の話だが）、全ての年齢の労働者にその恩恵がおよぶ。給料が増えると税収が増える。経験豊富な能力には価値がある。このことをゼロサム命題で見てはならない。

高齢の労働者は雇用を創出する。二〇一二年のピュー慈善信託報告書によると、「高齢者の雇用が増えると若者にとってもより良い結果――失業の減少、雇用の増加、高い給料――をもたらすことが明らかになっている」[21]。高齢の労働者は若い労働者を押しのけないだけではない。彼らは若者にさまざまな雇用を作り出す。多額の稼ぎ手として若者が生産した製品を多く購入する。彼らは若い労働者を雇う事業主であるかもしれない。そしてもちろん彼らは価値ある技能を伝える。

人口の高齢化は、異世代同士が協力する革新的な仕事にとってはこれまでにないチャンスなのだ。高齢の労働者は通常大きな絵を見ることに長け、制度的知識を活用できる。一方、若い労働者は、新しいトレンドをつかみ、テクノロジーの統合に優れた能力を発揮する。どの世代も前の世代を批判するのが常だが、エイジズム文化は、雇用主にも労働者にも利点のある共同作業を推奨せず、逆に競争を煽る。若い人たちが、通常、職場での年齢差別に影響されることがないにもかかわらず、年齢差別と闘おうとするのは、そうすることが彼らの利害に叶うことを学んだからだ。大学生にとっては、法的救済策が利用できる四十歳［米国の年齢差別禁止法では四十歳以上の労働者の保護が対象］は遠いことに思えるかもしれないが、そんなに先の話ではないのだ。

労働者同士を闘わせるのは常識にもとる。生活と支払義務は世代の堀で阻まれてはいない。子供が引き継ぐ。

祖父母が貯金を使い尽くしていなければ、授業料を手伝う。社会保障制度からの給付は家族みんなを経済的に安定させる。安定した収入のあるものが失業した家族や友達をなんとか暮らせるようにする。年齢と生物学とは無関係に、同族意識を持った集団とネットワークが私たち皆を支えるのだ。

労働者同士を闘わせるのは常識にもとる。

年齢差別は会社に負担をかける

アメリカ奴隷制からの恐ろしい教訓がある。奴隷の市場価格は三十五歳でピークに達するが、その価格は七十代後半まで高いまま留まっていて、労働力における彼らの生涯の価値を示している。[22]

現代の年齢差別は生産性と利益に影響する。高齢者が追い出されるか早期退職を勧められる時、会社は何人かの最良の労働者と掛け替えのない組織の記憶を失う。

二〇一二年十月ハリケーン・サンディが東海岸を破壊した後、ニューヨーク市は数億ドルの出費を免れ、信じ難いほど速く地下鉄が復活した。そうさせたのは何か？　ニューヨーク州都市交通局の技術者と路線作業員と大工たちの歴史的知見だ。そのうちの多くの人はこの広大なシステムに全生涯をかけてきた。その間、若者たちはオキュパイ・サンディ［米国北東部のハリケーンサンディの犠牲者を支援するために組織された救援活動］を動員し、嵐のあと瓦礫を掘って被災家族の救出作業に参加し、電気の切れた高層ビルに閉じ込められた高齢者に、二〇階の階段を登って食料と水を届けた。会社とコミュニティにはこの技術と能力の全てが必要なのだ。

差別（ジェンダー、人種・民族、年齢、贔屓主義、性的傾向、宗教、言語など、あらゆる条件の差別）のない組織は、働きやすい職場であるだけでなく、仕事がうまく進む所でもある。デイビッド・C・ウィルソンがギャロップ・ビジネス・ジャーナルに書いているように、「高齢の労働者が差別されると、みんなに損失がおよぶ」。[23]

さまざまな年齢の人がいる職場なら、高齢の労働者は概して幸せで、組織に対する忠誠心がもっとも高いことが多い。見識の高い雇用主は各世代の労働力の価値を理解し、すべての層の顧客に楽に接することのできる従業員を欲しがる（これは若い労働者が科学技術系の仕事を担当し、年取った労働者はフロリダでコンドームのセールスをすると言うことではない。女性の客は女性の店員を求めないし、アジア人の客はアジア人の店員を求めない。雇用主がそんなことはないと思い込むのは、違法ではないとしても、馬鹿げている）。広範囲の能力と職歴が求められている時に、頭の良いマネージャーは、多様な年齢の人で構成されるチームが必要を十分に満たすことが分かっている。

職場の多様性のエキスパートである私の大親友のヴァージニアが「靴テスト」のことを話してくれた。テーブルの下を見ること。もしみんな同じ種類の靴を履いていたら、問題があると思ったほうが良いのだ、と。

多様性は単なる抽象的な考え方でも倫理的な指標でもない。それは私たちをもっと共感できる人間にし、私たちの心を広くするものだ。多様性は周りの世界の反映であって、私たちをグローバルな文化に参加できるようにする。スマートで倫理的な雇用主はそのことを知っている。しかし、年齢も多様性の判断基準であることを何度も思い出させる必要はある。

たとえ会社が年齢の偏見を気にしていなくても、裁判で彼らは不利になる。この種の裁判は、高齢のアメリカ人の数が増え、キャリアを長く続けようとする人が多くなっているので増えている。職場は、多くの人、特に男性が最初に年齢差別に気づく場所だ。

米国雇用機会均等委員会（EEOC）は、年齢差別を「年齢が理由で誰か（応募者または雇用者）をあまり好意を持たずに扱うこと」と広義に定義する。それが、採用、昇進、賃上げに関するものであろうと、解雇に関するものであろうと、雇用における年齢差別は違法だ。女性はこの差別をより多く、そしてより早い時期から経験する（四十五歳から七十四歳の間の七十二％の女性が職場で年齢差別を受けていると思っている。男性の場合、同じ年齢幅で五十七％だ）。[◉24]

EEOCは昨今、増える申し立ての処理に忙しい。ベビーブーマーが六十代に入り、仕事の絶頂期にある労働者が出口の扉を指差されるのだが、新しい扉を開けることができないでいるからだ。

年齢差別禁止法（ADEA）

五十年前、クロード・ペッパー上院議員が雇用における年齢差別禁止法（ADEA＝The Age Discrimination in Employment Act）を導入し、高齢の労働者は若年の労働者よりも価値が低い、したがって同等の基本的権利を得る資格はないとの固定観念《ステレオタイプ》に挑戦した。きわめて原則的なことだ。公民権法にさほど遅れることなく一九六七年に通過したこの法律は、十年間にわたる嘆願の歳月を経て、施行に至った反差別諸対策実現の大波の一部であった。

しかし、この法律には他と違っているところがあった。それは一九九〇年に制定された障害を持つアメリカ人法（ADA＝Americans with Disabilities Act）とも違っている。ADEAは、補償的損害賠償と懲罰的損害賠償を認めていない。この法律は四十歳以上の雇用者と求職者の双方の保護を目的としている。これは、ほぼ一世紀も前の一九二九年に定められた基準だ。

多世代労働力が将来の解決方法であるにもかかわらず、就職希望者たちからは、差別はかなり早い時期から始まるとの報告が止まない。二〇一五年三月に始まった「Younger（サバ読み大作戦！）」と題するテレビの連続ホームコメディの主人公は、二十代と偽って自分のキャリアの復活を目指すシングルマザーの女性だ。実年齢は四十歳。彼女の同僚はボトックス治療〈訳注4〉を受け、シリコンバレーで毛髪移植をしている。シリコンバレーといえば、二〇〇七年フェイスブックのCEOマーク・ザッカーバーグがスタンフォード大学で聴衆を前に「若者の方が頭がいい」と、有名な演説を行なったところだ。

ノーム・シャイバー［ニューヨークタイムズ紙のライターであり、ニューリパブリック誌の元主任編集者］による「テクノロジーの残酷なエイジズム」と題する「ニューリパブリック」誌の記事で、サンフランシスコの美容外科セス・マタラッソ（この男は、世界で二番目に大きなボトックス自動販売機を持っていると豪語している）が自分の患者の話をしている。患者をただの中年の落ち込んだ夫から、次のように言える男に変えたのだと言う。

「いいか、私は四十歳だ。若い子供の取締役会と正面から対決しなければならない。妻と二人の子供と住宅ローンがあるように見えては困るんだ」[25]

グロテスクな話だ。湾岸地域（サンフランシスコ）の若さへの行き過ぎたこだわりは、黒い肌、膣、車椅子ユーザーに対する偏見と同じくらい許せない。しかし、食品チェーン店の幹部――頭がよく、技能が高く、異性愛で、高給取り、三十代の障害のない白人男性――が生まれて初めて差別を経験するまで、科学技術分野に存在するエイジズムが注目されることはなかった。

年齢差別の証明は簡単ではない

職場における差別は、雇用の際に最も一般的に行われているのだが、このことはほとんど理解されておらず、証明が難しい。残念ながら、年齢差別には巧妙なやり方がたくさんある。発見しにくく、身を守りにくい。厳しい時代になると、労働市場が崩壊するため、実際の差別と、雇用削減との区別が難しくなる。高齢者も若者も雇用削減の対象とされるからだ。

年齢差別が注目を集める問題となってはいても、裁判での勝利はだんだん難しくなっている。ごく最近の敗北は、二〇〇九年のグロス対FBLファイナンシャル・サービスの最高裁判所の判例。ここでは、年齢が、単に高齢の労働者の解雇の要因であるだけでなく、決定的理由であることを示さなければならなかった――立証責任が加重され、ニューヨークタイムス紙が「極めて高いハードル」[26]と称したことが確定してしまった。

この基準は、一九六四年の公民権法に詳述されている人種や性別の中立ての基準より高い。当時、議会は年齢を保護すべきカテゴリーに加えることに消極的だった。このために数百の案件が却下されている。

「本質的に良いものでないレイシズムと異なり、高齢者が若者に譲ることについては何か自然なものがある……ことに同意する人は多い」と観察し、ジャーナリストで弁護士のアダム・コーエンは、ニューヨークタイムス紙に「四十年の時を経ても、年齢差別はいまだに二流の扱い」[27]とタイトルをつけた論説の中で述べている。

「高齢であるとの理由で拒否されることは、人種か性別を基に拒否されることと同じだと感じるかもしれないし、感じないかもしれない。しかし、それは明らかに不公正であり、人間性を奪い取っているのだから、法律は現在の規定より深刻にこの問題を捉えるべきだ」

サンドラ・デイ・オコーナー判事は年齢を他と区別し、高齢は、「通常の生涯を送れば全ての人が経験することなので、分離し孤立した少数派とは定義しない」と書いている。このことがエイジズムとその影響を問題として取り上げにくくしているのだ。しかし、マーガレット・クルックシャンクは、高齢者は一般の人々の中の少数派であるばかりでなく、彼らが若い時に不公平な扱いから逃れたという事実に快適さは微塵もない、と「Learning How to Be Old（老い方を学ぶ）」の中で指摘している。全ての差別は本質的に悪いものだ。誰もが犠牲者になるからという理由でエイジズムが許されることはあり得ない。可能である限り働く権利は本源的な権利だ。

法律の下の平等とは、橋の下で眠ることが、富裕な人にも貧しい人にも同様に禁止されているということだ、と言ったアナトール・フランスの言葉を引き合いに出しながら、デビッド・ハケット・フィッシャーは次のように書いている。

「自由社会は、社会の構成員の個性に気付いていなければならない。彼らの個性の相違点と類似点を敬うべきだ。選択の自由――仕事と退職の選択の自由――を勧め、彼らの自主性の拡大に努めるべきだ[28]」

私たちは長く働きたい人々を支援する必要があり、また、長く働くことができない人たちを、彼らの介護パートナーと一緒に支援する必要がある。

流れは変わってきているかもしれない。二〇一七年三月に、超党派の上院議員グループが、二〇〇九年の最高裁の裁決に応え、労働者が年齢差別の犠牲者であることを証明しやすくするための法案を提出した。[29]数週間後、米国雇用機会均等委員会（EEOC）は、ケンタッキー州を本拠地とする全米のレストラン・チェーン、テキサスロードハウスに対し一二〇〇万ドルの判決を勝ち取った。これは三十年間で最大の画期的な年齢差別判例であった（エージェントが示した証拠の中には、二十州、三十八軒のレストランから提出された求職申込書があり、それには黄色のステッカーに会社役員のコメントが書かれていた。「年寄りで小太り」の横に、「年寄り」、「小柄なばあさん」と「中年……我が社のイメージに合わない」などがあった）。[20]女性または少数派が低く評価される場合、積極的差別是正措置（アファーマティブ・アクション）をとるよう州政府は命令している。なぜ、高齢労働者にもそれが適用されないのか？

良くも悪くも「定年退職」は時代遅れ

産業革命の渦中、早期退職が成功の証となった。一生が長くなるにつれ、人々は少なく働くことを選んだ。それができる社会は進んでいると思われた。経済的に不自由なく退職することは社会的地位を示した。二〇一〇年にフランスで起きた、退職年齢の引き上げに対する反乱に近い状態は、この考え方が社会に強く行き渡っていることを証明している。しかし、健康長寿の拡大、次世代のニーズや不十分な貯蓄、さらに現在の仕事からの諸々の利点を考慮すると、伝統的な六十五歳という年齢での退職願望はこの高齢化社会には適していない。

遅い退職年齢は、健康で、好きなように働く人には合うが、レイジーボーイズ［米国の家具メーカー］のリクライニングチェアを欲しそうに見ている人や、仕事で被災した人には適さない。組み立てラインや炭鉱で何十年も働いた人にとっては退職が必須なことが多い。現在はしかし、高齢労働者の多くはほぼ、教育か健康関連部門に従事しているため、肉体的負担はさほどきつくなくなっている場合が多い。もはや社会保障制度が働き続けている人たちにとって不利になることはない。社会保障給付金の受給を（七十歳まで）遅らせる人は、退職時に給付金が増えるよう「受給遅延証明」を受け取れる。

退職を一定の年齢に固定する定年という考え方はほぼ退化している。以前より多くの高齢者が求人市場に留まり、いつの間にか「労働年齢」の定義が拡大している。良い傾向だ。経済が悪くなる以前はそうだった。当時は、五人のベビーブーマー世代のうちの四人が、退職しても——もしそれを退職と呼ぶなら——働き続け、稼ぎ続ける意思を宣言していた。[31] 正規雇用の座から降りようとしない高齢の労働者がいる。その対極には、一時解雇されるか、強制退職させられ、新しい職が見つからない多くの人がいる。また、退職した後、労働市場に戻ってくる人もいる。退職し、ボランティア活動の予定でいっぱいの人もいる。

大多数の人たちは、キャリア形成と経済破綻の間のギャップを埋めるワークライフ——パートタイムでもフレックスタイムでも社会貢献を続けられ、在宅でも、教会でも、事務所でも、またはサハラ砂漠以南のアフリカでも続けられる、意味のある生活——を熱望している。

退職後のキャリアは、かつては矛盾する言葉だったが、今や主流だ。Encore.com（アンコール・ドット・コム）のマーク・フリードマンが「アンコール・キャリア」という言葉を流行らせ、アメリカで高齢になって「考え方を抜本的に変える」ことの意味を次のように宣言した。

「長い間、この国の夢は労働からの解放だった。今や、夢は、働く自由にある[32]」

アンコール・キャリアの目的は、企業部門から、教育や環境、公共サービスのような分野での有意義な仕事——世界をより良い場所にするという長い間先延ばしにしてきた望みを叶える領域——への転職の手伝いをすることだ。それは経験を積んだ専門家にはとても良い転職だ。

自営業者やフリーランスの人たちには、いつ身を引くか、なぜ身を引くか、を自分で決められる利点がある。マンハッタン眼耳鼻咽喉病院で最初の女性眼科研修医のエレノア・フェイは低視力［視機能が弱く矯正もできないが全盲ではない視覚障害］の分野——視覚障害がある人のリハビリテーション——で並外れた業績を残した。フェイは、大きな成功を納めた白内障の手術の後、二〇〇二年、七十九歳で外科手術から身を引いた。「六十七番街を事務所に向かって歩いていて、突然、自分に言いきかせた。『これが最後の手術になる。私には輝かしいキャリアがある。トップにいるうちに去ることにしよう』と」

それ以降、彼女は、いつも通り有能に共同経営者を喜んで手伝い、患者の術後の面倒を見ている。同じく医者のビリー・キールは、手術は十分にやりきったと判断し、あまり忙しくない生活を望んだ。キールは一般治療用に腕が落ちることがないよう気をつけている。「使わないと、なくなってしまう」からだ。

ハロルド・バーソンが店を出したのは、従業員を一人、ニューヨーク公立図書館に送って一九四七年版イエローブックに「パブリシティ」と「パブリック・リレーション」と掲載されている全ての名前を書き取らせた後のことだった。従業員のメモには五百人以上の名前が挙がっていて、「その多くは私のように新聞記者か、軍関連機関の広報官をしていた男性たちだった」。バーソンはもう一つ入れる余裕があると判断し、後にバーソン・マーステラーとなる事務所、世界で一番大きなPR会社の一つを創設した。「絶対的に最高の状態」の六十七歳でCEOを降りたバーソンはしかし、名誉会長として週三十五時間働き続けた。八十七歳まで大いに価値ある従業員であり続け、持ち前の明晰なプラグマティズムが彼を非常に役立つ人物にしていた。

「私はもうCEOではないので、地位を保つには口を閉じていなければならない」とバーソン。「私が間違いだと思うことを彼らがやっているのを見た時にはこう自分に言うのだ。『ここから彼らは学んでいくのだ』と。技なのだよ。究極の技さ。彼らが痛めつけているのは私の赤ん坊なのだから、助けなくてはならないんだ」

フェイ、キール、バーソンの話は成功物語だ。自分の考えで身を引き、満足のいく次の段階に自信を持ってスタートを切った。バーソンほどバランス良く自分の選択肢を考えられる人物はそうそういない。彼の自主性に関しても同じだ。引退する人の多くは、仕事が与えてくれた社会的地位のせいで、かつての仕事に自分自身のアイデンティティーを持ち続け、定期的に姿を見せる場所があるというあまり目立たない利点を低く評価する人が多い。

適切な報酬を受けてドイツの会社から早期退職した全てのコホートの人に、社会学者が単純な質問をした。もう一度仕事に戻りたいですか？　早期退職から平均一年目の人の答えは、八十五％が「戻りたい」だった。コロンビア長寿センター理事のウルスラ・M・スタウディンガーが言うように、「失う前に仕事の価値を測るのは非常に難しい。多分、これは全ての先進工業国に共通して言えることだろう」[33]。回答した人たちは社会との接触と日々のルーティンがなくなって寂しがっていたのだが、同時に、どんな仕事がしたいか、自主性と短いシフトは必要、など仕事に対する非常に具体的な意見を持っていた。

高齢なアメリカ人の多くは、会社員から退職者に変わることに、心理的にも金銭的にも何の準備もしていない。「多くの人は退職に備えて働いているというより旅行に備えているのだと思う」とは、退職問題の専門家、スタン・ヒンデンの言葉だ。ヒンデン自身の計画は妻がアルツハイマーと診断されたときにくずれ去った[34]。人生は入念に練られた計画でもつぶれることがある。人生が長くなったことも物事を複雑にする。長くなった分、長く働かなければならなくなるからだ。ヒンデンや他の高齢な労働者たちは、歴史ある退職という慣習を、自分自身で選択しようと、必要からであろうと――この二つは同時に機能するかもしれないが、そうでないことも多い――逆転させている。同じ年の人がまったく違う機能を発揮することもあり、能力は年代の順列を超える。当然、この変化とともに使いにくい社会政策のツールはさらに使いづらくなり、退職の風景の変化に追いつけていない。

高齢者用の設備を誰にでも使えるようにすると、全ての労働者が恩恵を受ける。

高齢の労働者を迎え入れるために、会社が計画を入念に練ってお金を使っても十分ではない。問題は利用できるかどうかだ。自動ドアと人間工学椅子のような設備を整える必要がある。こうした設備が誰にでも使えると、全ての労働者が恩恵を受ける。だからユニヴァーサル・デザインと呼ばれるのだ。こうすると、高齢者には「特別な」調整が必要だとするステレオタイプを減らし、そうすることが「普通」のことになっていくからだ。他に受け入れ策としては、これも同じように他の人のためにもなるのだが、高齢者の精神的健康のための職場健康管理プログラム、全ての年齢の人のケアを支援する欠勤症対策プログラム、晩年のための話し合いと計画の事業主サポートなどがある。

高齢の労働者は、尊敬され、やったことが評価されたいと思うのと同時に、自分たちの役割と責任を状況に適応させたいと思っている。エイジング&ワーク・スローン・リサーチ・ネットワーク〔人生後半の仕事環境の変化を研究する国際研究ネットワーク。スローン財団からの寄付金で二〇一五年に設立〕によると、高齢の労働者が最も優先するのは、職場のフレキシビリティだ。フレキシビリティとは、いつ、どこで、どのように仕事をするかに関して、雇用者とその監督者が選択・管理できること、と定義されている。段階的な退職は、中間的な方法であって、働く時間が短く、フレキシビリティが多くあり、そしてたぶん、退職手当の受け取りなどが全て小切手で支払われる形態を言う。

しかし、高齢化する労働力のニーズに最も適し、高齢者の能力が最大限発揮できるような職場改革とフレキシビリティのある労働時間制度を導入している会社はほとんどない。業務契約とパートタイムが全ての労働者にとって益々当たり前になっているにも関わらず、政府部門、民間部門もともに、労働政策の多くはフルタイム労働者用にできている。年金制度と社会保障規定の多くは段階的な退職を認めていない。

AARP〔アメリカ退職者協会〕主催の「五十歳以上の労働者のベスト雇用者」賞とスローン財団〔一九三四年、ゼネラルモーターズの社長兼CEOだったアルフレッド・スローンによって設立された慈善事業を行う非営利組織〕の「仕事ができるで賞」〈訳注5〉が、特に介護責任のある人のための職場のフレキシビリティの問題について、ウィン・ウィンでの解決の可能性を示している。自分のスケジュール管理ができる労働者は高い満足度を示し、ワークライフバランスが良いと報告している。正式にフレキシビリティ制を採っている会社は、現在の優れた人材を維持でき、生産性が向上、有効な募集ツールを持てている。

不払い労働は労働である

社会貢献を広い意味に捉えると、ほとんどすべての高齢の男性と女性は生産的だと言える。彼らは、教会、病院、チャリティ、学校といった組織のために、不払いの労働を行っているか、子育て中の友達と家族を助け、事務所や家事を手伝い、公式の労働力以外の多くの仕事をし、お金の節約か他の人が働いて稼ぐことを助けている。高齢者はまた、個人消費と経済生産性の巨大な源泉である。こうした貢献の多くは認知されていない。

有給の労働と不払いの労働の区別は重要だが、どちらにも価値がある。国民経済の計算から不払いの労働が排除されているために、高齢者が財政的な役割を果たしていないと広く信じられている――マッカーサー財団のサクセスフルエイジング研究が「いくつかの点で間違いがあり、不公正だ」とする考え方だ。

「能力の測定法が間違っている。私たちの社会は生産的活動の多くを見逃している。判断の基準が一定していないのだ。高齢の男性と女性は有給の仕事の機会を平等に与えられていない。数百万人の高齢者は、有給であろうとボランティアであろうと、自分たちの生産性を上げる用意はあるし、上げることを望んでいる」[35]

生産性の評価基準には修正の必要がある。とりわけ女性が行なう単調で不払いの労働を削除している部分は修正しなければならない。私がこのプロジェクトを始めた頃にバトラー博士が説明してくれたのだが、自分の世話をするだけでも生産的だということだ。

「なぜなら他の誰もあなたの世話をしていないのだから。もちろん、あなたが誰かにお金を払ってあなたの世話をしてもらえば、あなたは雇用していることになる」

逆説的だがマーガレット・クルックシャンクが指摘したように、高齢者は生涯のうちで最も きつく最も熱中する労働――世界への存在の新しいあり方の創造――に従事しているのかもしれない。

「しかしそれは支払われなければ『労働』とは呼ばれない」[36]

七十代の多くの人が、近所に住む八十代の人たちの様子を見にちょっと寄り、八十代の人が九十代の人のところに様子を見にちょっと寄る。ジム・リツィオは、一九一六年に自分が生まれたマンハッタン南端部のリトル・イタリーの近くに住んでいる。リツィオは自分の住む高層ビルの数えきれないご近所さんに頼りにされている。「皆、ほとんどが一人暮らし。手足が不自由で、歩くことができない」とリツィオは説明する。「『ジミー、ミルクを少しくれ』、『ジミー、切手をくれ』と、頼まれる。楽しんで応えているよ」

それは彼が場外馬券売り場の用務員の仕事のない時にすることで、それをしない時は病院に友達を見舞ったり、高齢者施設にいる従兄弟に何かを届けたりする。リツィオの主治医でさえ彼が九十三歳だと信じるには時間が掛かった。「俺のような人間に今まで会ったことはないだろう」と言って、リツィオはにこりと笑った。

その通りだ。しかし、私が話をした人は誰でもジミーのような誰かを知っていた。最高齢の老人たちは、ゾッとするような数の機能障害を抱えていても、家族の食卓のメニューや卒業式の贈り物への知恵や閃きの源泉であることをやめない。一生を生き抜くことは生計を立てることと同じくらい重要か、それよりもずっと難しい。人生の最後に向かって何が生活を良くするかは、他のことと同じように個人的なことだ。それがジミーのような世界にある人もいるし、安らぎにある人もいる。

工具・染料のデザイナーから大学の学生になった父親を感動的に語る作家のジョイス・キャロル・オーツは、彼女の父親が「純粋な実用の生活」から「熟考と感謝」の生活に入ったと表現した。非常に多産なオーツは父親と同じことを望んでいる。オーツは「ものを創れなくなったら生きていたくない」と言う芸術家仲間の考えを受け入れられない。その理由は、他の人の創る本、演劇、映画、文化的な作品を称賛できるようになる時が必ずやってくると信じるからだと言う。[37] 芸術の支援は「役に立つ」。料理には食べる人が、作家には読者が、人間には芸術が必要なのだ。こうした活動のどれ一つとして受け身なものはない。すべては相互作用だ。

【アクション】

年齢差別について学習しよう！

年齢差別がどんなものかを学ぶこと。あなたの退職計画について訊かれる時や、若い同僚とは違った扱いを受ける時にその兆しが見られる――例えば、トレーニングプログラムから外されたり、誰か自分より資格の劣る人が昇進して自分が見送られるとか。ボスがあなたと同じ年か年上だとしても、あなたの会社はより若い人を雇う傾向がありはしないか？　もしも嫌がらせを受けたら、それが起きた時間、目撃者、場所を詳しくメモしておくこと。証拠になる。

あなたの権利と雇用者の権利を知ること。問題があれば黙っていないこと。もし健康上の変化か、受診している治療の変化で仕事をするのが難しくなったら、直ちに雇用主に適切と思われる環境整備を要求すること。その要求が妥当なものであり、あなたがまだ仕事ができるなら、あなたは「傷害を持つアメリカ人法（ADA）」〈訳注6〉によって保護される。もしあなたが差別を受けたと思うなら、訴える前に、雇用機会均等委員会（EEOC）か、あなたの州・郡・市の担当局に申し立てる必要がある。市と州の受付日をオンラインで調べること。もし疑問があればあなたの州の雇用問題専門弁護士に相談すること。

年齢を言い訳に使わないようにしよう！

私たちは、その仕事には「能力がありすぎる」とか、専門分野の学位は「少し威圧的だ」と言われることがよくある。非常に腹立たしい。特に高齢の求職者にとってはあって当たり前の経験を見せているだけであることを考えると、なおさら腹立たしい。なぜ、お金のために素晴らしい仕事をする人を雇うのが最善の経営判断ではないのか？　面接者が面倒臭がって人物全体を見ていないとしても、それはまだ良い方だ。とにかく、彼か彼女は偏見を抱いている。四十歳を超えているから見込みがないと決めつけるのは受け入れられない。技能、衣装ダンス、態度、すべてをアップデートしておく必要がある。体調が良いと、高齢の労働者は生産性と活動力に乏しいという誤解に対抗しやすくなる。

多くのウェブサイトや組織が、「アンコール・キャリア」を見つける人のために、特に非営利分野で見つける人のために作られている。

AARP（アメリカ退職者協会）と全米高齢者問題協議会のような組織には高齢労働者のトレーニング・プログラムがあり、ベビーブーマーが次の段階へ進む手伝いをしてくれる。あなたの履歴書に、Linkedin（リンクドイン、自己紹介サイト）のURLを入れるか、雇用者のツイッター上で出会った何かを加えてあなたがテクノロジー恐怖症でないことを示すこと。

ツイッターがどう機能するか分からない？　アカウントを開き――無料だ――誰かをフォローしよう。私は達人ではないのだが、ツイッターで私は主要な機会と繋がりができた。もしあなたがコンピューターとソフトウェアの技術に遅れているなら、学校に戻ろう。多くの機関がオンライン・コースを提供しているが、人に直に会う機会を逃さないこと。ネットワークは何歳になっても重要だ。ありえないような機会を進んで受け入れ、もしそれがあなたに合った領域に連れ戻してくれると思うなら、低い給料の地位も考えてみるように。パートタイムか短期間のコンサルティングの請負業務を考えてみること。こうした仕事は雇用に差別が少ない。ボランティア。これは技能を磨き、新しい繋がりを提供してくれる。

自分自身の偏見をチェックしよう！

もし、あなたよりはるかに若い人のためには働きたくないと思うなら、妥協する努力をしてみること――ボスが女性である場合が多くなったために男性がしなければならないことと同じだ(同じことが、父親のような歳の人を管理するのが楽でないと感じる若い人にも当てはまる)。年齢そのものだけでスーパーバイザーの資格を得られる人もいなければ、得られない人もいない。そしてあなたの孫ほど若い人があなたにたくさんのことを教えてくれるかもしれないのだ。

職場でエイジズムに遭遇したら大きな声で叫ぼう!

二〇一五年九月、アン・ハサウェイはエイジズムに異議を申し立てるハリウッドスター・リストに加わった。「私が二十代前半だったころ、五十代の女性のために書かれた役があって、私はその役をもらっていた」とハサウェイ。「今は、三十代前半で、私は『なぜあの二十四歳があの役をもらうの?』と言っている。私はかつてあの二十四歳だった。こんなことで気を悪くしてはならない。こんなものなのだ、世の中は」◉38

ハサウェイにはマギー・ジレンホールを見習ってほしかった。ジレンホールは五カ月前に、彼女が五十五歳の男性の恋人を演じるには三十七歳では歳をとりすぎていると言われたことに激怒——この怒りが拡散——した。欲望の対象として高齢すぎるのではなく、雇うには高齢すぎるのだ。

年齢差別は、私たちが声をあげて挑戦するまで、「世の中、こんなもの」のままだ。私たちは働く必要がある、私たちは働きたい、そしてそれは、国連の人権宣言に記述されているように、私たちの権利だ。

「すべての人に、働く権利、雇用を自由に選ぶ権利、公正で好ましい条件の仕事をする権利、失業から守られる権利がある」

エイジズムのために、雇用主は一貫して年齢を障害として使い、生産的な歳月がこれから先に数十年もある労働者を放り出す。

「この問題の修正が法律の改正と同じくらい簡単ならいいのだが」と、ニューズウィーク誌の寄稿編集者エリオット・

コーズは「高齢の労働者を解雇するのは意味がない訳」と題する記事に書いた。[39]「その代わり、私たちはもっとゾッとする仕事、私たちを変えるという仕事に向き合わなければならない」。

よく言った。「その代わり」は余計だが。どちらの仕事も高齢の労働者の前に立ちはだかる壁を取り払うためには必要なのだ。それが映画スターであろうとレストランの給仕係であろうと。

仕事の質と、仕事の配分の方法が大きく変化しはじめた。多くの労働者を必要とする職種——交通機関、小売業、建設業など——はオートメーション化の対象になりやすい。数百万人の人々が、自分の落ち度からではなく職を失う高齢者の列に加わっている。すでに人間の労働から生産されたものでないモノやサービスを買うおカネはどこから来るのか?

私たちは暗黒の未来を避ける方法、新しい銀行取引と交換システムを開発する方法、「スマートシティ」、持続可能な生態系、すべての人類のための解決策について考える必要がある。三世代目、四世代目が労働力に入ったとしても、この問題は一部しか解決しない。全員が総力を上げて取り組む必要のある問題なのだ。

〈訳注1〉 **グレート・リセッション**：米国のサブプライムローン問題に端を発し、二〇〇八年から二〇一〇年にかけて起きた世界的な大不況。一八七三年から一八九六年にかけて欧米諸国で生じた大不況は、英語ではLong Depression、一九二九年に始まり一九三〇年代後半まで続いた大恐慌はGreat Depressionと呼ばれる。

〈訳注2〉 **健常労働者効果**：労働者の全体的な死亡率が一般人よりも低くなる現象。重度の疾病や障害をもつ人は雇用されないから、その結果として偏りが現れる．これは職業病の研究においてはじめて観察された。

〈訳注3〉 **連邦貧困基準**（FPL：Federal Poverty Level）：アメリカ保健福祉省が、衣食住と交通費を基に毎年、割り出す最低限必要な年収。世帯の人数によって金額が異なる。メディケイド（低所得者医療保険）や生活保護、フード・スタンプ（食事補助）など公的サービス受給資格の基準には必ずFPLが用いられる。

〈訳注4〉**ボトックス治療**：ボツリヌス菌が作り出すタンパク質が、筋肉に分布している神経の働きをブロックすることを利用して筋肉の過度の緊張・つっぱりを和らげる治療法。ボツリヌス菌は低酸素の環境下で致死性の毒素を産生する細菌。

〈訳注5〉**仕事ができるで賞**：フレキシビリティを持たせた労働時間、リモートワーク、ジョブシェアリング、有給休暇、研修の継続、退職計画などを雇用者に提供することに秀でていた会社に与えられる賞。スローン財団が二〇〇五年に設立した。

〈訳注6〉**傷害を持つアメリカ人法**（ADA）：一九九〇年に制定された連邦法。アメリカ障害者法とも訳される。障害者の差別禁止、及び障害者が他者と同じくアメリカでの生活を営むことができる機会を保障する公民権法。

第7章 自立の罠 長寿はチームスポーツ

私の親友ヴァージニアには二人の娘がいる。兄弟姉妹もいて、気のおけない友達の大きなネットワークもある。BFF（永遠の大親友）であり、「優れた女性たちの家」の共同経営者である私も、もちろんいる。すべての男たちが死んだ後、私たちのうるさい好みと勝手な判断基準に合う人がいれば、その家で私たちは、選り抜きの女性集団と人生の最後を迎えるつもりでいる。

とはいえ、ヴァージニアは老いることで何が一番怖いのか？　「顎のたるみの他に？　一人でいることだと思う」が、答えだった。「どこかのアパートで、私一人で、猫とテレビだけを相手に生きていく……」。ヴァージニアは猫を飼っていない。Wi-Fiがあれば状況がよくなることをヴァージニアはわかっている。論理的でないこともわかっている。とはいえ、猫とテレビだけを相手に晩年を過ごすという暗いイメージが妖怪のように私たちの多くに付き纏って離れない。

孤立は安全ではない

ヴァージニアや私は洪水に襲われることのない「優れた女性たちの家」を選べるが、七十六歳のアブギ・ツエニスにその余裕はなかった。ニューヨーク市ブルックリン区のシープスヘッドベイ地区にあるツエニスの家は、二〇一二年十月、ハリケーン・サンディとともに押し寄せた一メートルの高潮と下水に壊された。認知症の夫を数年間介護した後、その年、ツエニスは未亡人になっていた。嵐が去って六週間が過ぎてもまだ冷たく暗い壊れた家の中にツエニスはいた。家の修理の費用を払う当てはなかった。これは、貧困、都市インフラの崩壊、気候変動の問題の話なのだが、社会的孤立の危険性の話でもある。

七十五歳以上のアメリカ人のおよそ三分の一は独りで暮らしている。[1] 七十五歳以上の女性のほぼ半分が独り暮らしだ。[2] この数字は二つの意味を持つ。一つは高齢者の自立を示すが、もう一つは脆さを表す。

独り暮らしの高齢者は、誰かと同居している高齢者と比べると、経済的に苦しく、いくぶん孤立を感じている。[3] 多くの研究で、社会的孤立は高い老人虐待の比率と関係することが指摘されている。エイジズムのために、成人用の社会サービスは財源が不足し、独り暮らしの高齢者に安全と暖房と食事が保証されておらず、誰かが定期的に訪問することもない。

二〇〇三年のヨーロッパの熱波で、フランスだけでも一万五〇〇〇人の死者が出たことを覚えているだろうか？[4] 死亡率が一番高かったのは高齢者だ。死亡した高齢者は、独り暮しで、フランスの聖なる八月のバケーションで街中が空っぽだった時、病院に行く必要もなく、エアコンのないアパートにいた人たちだ。肉親もいなかったために、引き取り手のない遺体がたくさんあった。

一九九五年のシカゴの熱波の犠牲者もほとんどが高齢者だった。自然災害と社会災害を区別しながら、社会学者のエリック・クリネンバーグは次のように書いている。

「数百人のシカゴ市民が一人で死んでいった。鍵のかかったドアの内側で、窓を締め切り、友達や家族、近所の人たちとの触れ合いもなく、公共機関からもコミュニティグループからも助けを受けることなく死んでいった[5]」

健康に役にたつ社会のネットワーク

研究者たちは、人生後期に病気がちになることと、疎外・孤立・孤独にはさまざまな相関関係があることを発見した。ローラ・カーステンセンが整形外科病棟で回復期に向かっていたとき、高齢の患者の介護レベルの低さを目の当たりにしたが、その他に彼女は何に気づいたか？　それは、膝の上に孫を乗せている女家長然とした患者の方が訪問者の少ない患者よりも順調に回復したことだった。

生きがいを感じる社会関係を定期的に持てている高齢者は最初から入院する可能性が低く、病院で死ぬ可能性も低い。マッカーサー財団のサクセスフルエイジング研究では、良好な身体的機能と精神的な支えの間には、強い相関関係があることを発見した。

シリコンバレーの起業家で八十代のデイブ・ディビソンは心臓発作の後、回復に向かう患者の支援ネットワークである心臓治療財団に参加し、「集まった人のうち心臓病で死ぬ人は一人もいなかった」と報告している。

心身相関(心と身体が密接に関連しあっていること)についての証拠は裏付けに乏しいが、直感的に納得できる。コミュニティとの関係を持つ高齢者は、外に出歩かない人に比べて認知障害が少ないとの調査結果も同様だ。孤立そのものが認知症のリスク要因であり、孤独だと感じることは健康にさらに有害かもしれない。それがうつ病のリスク要因であり、自分で自分をケアできなくなる可能性が高いからだ。

高齢者は、ステレオタイプが描くより社会活動は活発で、特に社会関係を広く定義した場合はそのことが強く言えるのだが、高齢になるにつれて交友関係は小さくなる。会社に毎日通わなくなるとネットワークは消えていく。子供を育てた家を引っ越し、近所の人たちやコミュニティから離れるかも知れない。昔からの友達が亡くなり、伴侶も兄弟姉妹も亡くなる。

「この歳で何がいやって、古い友達のレオナルドがいないことだ」と、ドキュメンタリー映画作家のジョージ・ストーニーは嘆いていた。

「友人のローラは車椅子を使うようになってしまったし、この三十年から四十年、私の連れ合いだったベティは、さっきも言ったように、一年前から僕がジョージかどうかさえはっきりしないのだ。ものすごく辛い」

ストーニーは、自分の仕事と社会生活が一緒であることに感謝していて、教えることで若い人たちに出会えたと喜んでいる。この十年間の映画制作パートナーとも出会えた。

交友関係は意識的に縮小されることもある。高齢者が自分の限られた時間を自分にとって大事な人とだけ過ごそうとするからだ。「残りの時間を上手に使うのは大事なことだよ」と、照明デザイナーのイメロ・フィオレンティーノは忠告してくれた。「今の時間しか私にはない。そのことを悲しんではいない」。フィオレンティーノは思いつきで人と一緒にランチをとることを止め、過去四十年間に知りあった人たちに連絡して、「これから多くの人と会わないことになるが、悲しまない。私は、人生の素晴らしさをもう一度体験することにした」と伝えた。こうしてフィオレンティーノは主要な関係の維持に集中した。

友情は、老いるに連れて改善する傾向があり、高齢者は、友達と家族との関係を若い人よりも楽しみ、負担の少ない関係を持っていると、多くの研究が指摘している。

上手に老いるために重要なことは、少数の人に多くの時間を費やすことだ、とディビソンは感じた。思い浮かんだ人物は、長い間の知りあいで、彼が愛した男性だった。その人物は妻をなくした後、アルツハイマー病と診断された。ディビソンはこの男性を頻々に訪れ、会話ができなくなるまで付き合った。テニスコートで交遊があったテニスの仲間の多くにも同じことをした。

「テニスはそんなにいいものでもないが、素晴らしい会話が交わせる」とディビソンは思い出しながら言った。友達が支援グループの機能を果たしたのだ。その仲間たちの死因は、心臓病でなければ、ディビソンが「他の老人疾患」と呼ぶものだったのだが、彼らは一人で死んだのではない。多分、彼らは長生きもしていただろう。

孤独は高齢者を不幸せにするだけでなく、病気や疾患にかかりやすくすることは、多くの調査で明らかになっている。

女性であることが役に立つ

付き合いの予定を立てるのが非常にうまかったので、ディビソンは高齢男性の中ではユニークな存在だった。私の父も付き合いの非常に良い人間で、母の死と八十四歳で彼自身が死ぬまでの九年間、土日を除くほとんど全ての日に、昼食と夕食に誰かとデートしていた(うわさ話になるのも役に立つ)。一方で、私のパートナーの父親は九十五歳まで、どこかで会わないかと受話器に手を伸ばして友達に声をかけることは決してなかった。幸運にも彼には人との付き合いを取り仕切ってくれる妻がいた。妻ルースのアイフォンの連絡先の数はだんだん少なくなっていったのだが。

ニューヨークタイムス紙「ニュー・オールド・エイジ」のブログでアン・C・ロークは、満足している寡婦と悲嘆に暮れた寡夫を比べて、次のように書いた。

「これを詩的にもたらされる正義、と呼ぶ人がいるかも知れないが、奇妙な幸運のいたずらで、老いがジェンダーの役割を転換させている。歳をとると、一生を通して変化と付き合う女子の同窓生ネットワーク、友達、家族の価値は上がるが、反対に、若い男性の世界での地位を確保する業界団体は、後半の人生の助けや癒しにはほとんど役に立たない」◉6

シニア離婚が増えたことで、独身の女性が増え、彼女たちの前夫は友達が少なくなり、家族とコミュニティとの付き合いも減った。高齢になると、会社やバーで数の上で絶対多数に慣れていた白人男性が初めて少数派の苦味を味わう（米国の人口に占める白人の数が少なくなっているので、こうしたことがさらに普通のことになってくる）。

シングルの高齢男性の自殺率を三倍も高めているのは孤独と社会的地位の喪失であることは疑いの余地がない。彼らは薬物を濫用しやすく、同じ環境に置かれた女性と比べて食べる量も少なく、うるさく言ってくれる妻もいないので、治療を受ける可能性も低い。彼らの子供世代の高い離婚率と低い出生率は、ベビーブーマーたちには孫が少なく、家族の人数は、最年長のアメリカ人の家族より少ないことになる。これは社会のつながりが彼らにとってはさらに重要だということだ。

そこで、今、パートナーのいる男性諸君、メモの用意を。あなたが今、社会のつながりから受けているケアと食料をすべてパートナーに渡すようなことは絶対にしないように。

国立歴史博物館の私の上司、カレンは、もうすぐ五十歳になることに少しも幸せを感じない夫、リチャードが私の話を聞いた方が良いと判断した。この二人は夕食の間中話し続けていたが、リチャードが一番強く感じていたことにカレンは少し驚いた。「僕は高齢者施設に入って暮らすよ」と彼が明るく言ったのだ。「夕焼けの向こうに一緒によろめきながら歩いて行こうっていうのはどうなったの?」彼女は少ししょげて訊いた。「ああ、それもまだやりたいよ」と請け負ってから彼は、「でも、もし君が先に死んだら、僕は高齢者施設に行けると思う」。

彼らは、妻の方が付き合いの予定を立てるカップルだ。リチャードが最も恐れているのはカレンが先に逝ってしまうことなのだと思う。とても幸せな結婚生活なのだが、裏を返すと、最後は独りになり、クラッカーに頼って生きていくことへの不安がある。リチャードは共通の選択肢を持つ必要はないとの結論に達したのだ。

周辺の事情を制御できると、その変化そのものが私たちを精神的、肉体的に活発にしてくれる。ほとんどの人は、後になれば、高齢者施設に入ったことを喜び、特に未亡人は孤独になるリスクのあったことを認め、入居で出来た新しい友情に感謝する。選択肢は多く、介護産業は急成長している。「介護付きの暮らし」には、家族で運営する小さな家から大きな施設まで、途方もなく変化に富んだ多くの施設がある。通常は、食事、交通手段、運動を提供し、お風呂に入る、衣服を着る、身繕いをする、といった日常活動を助けてくれるのがこれら施設の特徴だ。

介護施設は二十四時間熟練看護師による介護を提供する。入居者には多くの権利があり、連邦政府の諸規則によって守られている。介護施設を使用する人はこの二十年間で減少していて、八十五歳以上で使用する人も減少した。その主な原因は家庭とコミュニティの提供するサービスと在宅介護が増えたためだ。良い介護施設もあるし、ゾッとするような介護施設もある——こうした施設は利益目的のものが多い。監獄と同じように、成長産業なのだ。この種の施設のスタッフの賃金は低く、管理が行き届いていない。驚くことではないのだが、そうした施設の最も不幸な入居者は、訪れる人のない、見捨てられた人たちだ。これはエイジズム文化全体の社会的経済的優先事項の結末を表す問題である。

公共の高齢者施設には、六十五歳以上の比較的少ない人数（二・五％以下）のアメリカ人が入居していて、介護施設にはそのうちの一三〇万人が暮らしている。[7] しかし、この施設での暮らしを考えると不安になる。マイアミ・ジューイッシュ・ヘルスの巨大な施設は低級のディズニー・ワールド・ホテルのようで、コガモやモグラ、まがいもののチッペンデール様式［一八世紀中期のイギリスの家具様式の名前］の家具などすべてで、私は頭がおかしくなってしまいそうだ。深呼吸。心を開くこと。

この施設の精神病科主任マーク・アグロニン博士が、リノリウムの玄関ホールで芽生える友情や親しい関係の感動的な話をしてくれた。博士はあまり恐れず、想像力を持つことを勧める。「高齢者施設」での暮らしは悲惨だという偏見に満ちた思い込みが広く行き渡っていることに触れて、博士は書いている。

「ここでの問題は高齢にあるのではない。むしろ、それは、人間の人生には最後の瞬間までそれなりの生き方と意味がある、と思えない私たち自身の想像力と意欲に問題があるのだ」

そこに至ってみなければどんなものか分からないが、それは私たちが今、想像しているものとは違う可能性が高い。

家にいると孤立し、そして差別する

次は何が起こるのか、と戦後世代が目を凝らしている時、暮らしなれた場所で老いを迎える〈訳注1〉動きが本格化している。この運動——コミュニティによる高齢者介護の拡大を目標にした多くの政策や計画——によって、私たちの多くが望むように、自分の家で余生を送れるようになる。余裕のある人には、注文製作で、歩行者に優しい共同住宅と施設を共有するビレッジから、家事と在宅ケアや文化イベントと犬の散歩などなんでもできる「バーチャル」コミュニティまでの選択肢がある。近所に住む人たちが資金を共同出資するバーチャルコミュニティもある。

こうしたことは、障害者を迎えるように家を改装するとうまく行く。食事の宅配や他の社会福祉サービス、教会やモスクやお寺からの友達や隣人の宿泊、最新技術を可能にする医療提供の実践、必要な際の専門介護士、などをうまく取り入れることだ。資源の乏しい人は、友達、家族、教会やモスクや寺社などのネットワークに頼る傾向が強い。

もしあなたの最終目標が、できるだけ一人で、できるだけ長く自分の家で暮らすことなら、「何かが起こる」まで待っていないで、地域の支援プログラムには何があり、何が使えるかを調べ始めることだ。高齢者用にどんなコミュニティ計画があるのか？　公共交通機関はどうか？　援助が欲しい時に連絡して助けてくれる人は誰か？

何にもまして、暮らしなれた場所で老いを迎えるとは、コミュニティで老いることなのか？　社会のつながりは、健康や富よりも長生きに役に立つ。

私のパートナーの両親の送った人生は、自分のしたいように生きた例として注目に値するものだったのだが、彼らと同じ歳の仲間の最後の人が亡くなると、この自分のしたいようにという選択肢が彼らを完全に孤立させた。設備の利点を生かすことができ、新しい友達ができるうちに介護付きの暮らしを始めることを考えてみてはと、時折、私たちは助言したのだが、まったく耳を貸さなかった。関係者みんなにとって幸運なことに、彼らのアパートは歩行器に優しい作りで、最終的には車椅子にも優しく作られていたために、在宅介護士や食事の配送業者、そして私たちも訪問しやすかった。二〇一七年に、九十五歳と九十三歳で彼らは永眠した。死亡した日は八日違いだった。

私たちが考えることができないこと、または考えるのを拒否していることは、家から出ず、付き添いの助けを受けるだけで人生最後の日々を過ごす自分の姿だ。ラディカル・エイジ・ムーブメントのアリス・フィッシャーが書いているように、「暮らしなれた場所で老いを迎えられるのは、それができなくなるまでだ」。フィッシャーの父親は認知症で、車椅子を使い、緊急治療室への訪問は再三にわたったが、メディケイド〈訳注2〉から介護士に一日十二時間分が支払われ、フィッシャーの両親はロングアイランドのアパートに寝泊まりできていた――それは、ハリケーン・サンディで日常生活に欠かせないサービスすべてが危険にさらされ、なくなってしまうまでのことだった。幸運なことにカップルはニューヨーク、リバーデイルのヘブライ・ホームに部屋が見つかり、フィッシャーの母親は最後の十年の幸せな日々をそこで過ごした。

「母は素晴らしい友達ができ、さまざまな活動に参加し、金曜日の夜はシナゴーグに行き、買い物旅行にも行って、衣服や自分のルックスにも気を配るようになっていた」

フィッシャーの父親は、一日二十四時間週七日介護が必要な人用の施設の離れに住んでいた。フィッシャーと彼女の妹は、母親が九十一歳で鬱血性心不全で他界した夜、父親を一人にするのが怖かった。二人が困っているのを見た看護師が近寄ってきて、父親の近くにいる人たちを指差し、優しく言った。

「あなたたちがいなくなるのをあの人たちは待っているんですよ」

父親と同じ階の入居者たちが彼のそばに寄ってきて、姉妹がエレベーターを待っている間、それぞれにお悔やみの言葉を言っていた。

「看護師が、父親の周りを施設の仲間が取り囲むようにしているのが見えたので、『お父さんは一人じゃない』と妹に言った[8]」

非営利のヘブライ・ホームの評価は高い[9]。丁度、戦後世代が出産に関する文化を変えたように、この世代からの要求に応えて様式が変化しているのだ。老年病専門医のビル・トーマスが著書「Second Wind（第二の流れ）」で書いているように、「彼らがこの世に現れた時は、婦人科医が葉巻をクチャクチャかじりながら、なめし皮の拘束具を使って女性を縛り倒して赤ん坊を取り出していた。ベビーブーマーたちがそうしたことを終わらせた時には、自然分娩、ファミリー分娩センター、助産師、授乳相談などがあった[10]」。

トーマスは、介護施設エデン・オルタナティブ〈訳註3〉を創業し、長期介護の文化を変化させた。この施設には人間味が備わっている。私はトーマスの「チームスポーツ」という言葉をこの章のタイトルにした。エデン・オルタナティブでは、居住者にも職員にも同じ哲学で接し、職員に求められる居住者の扱い方が、組織の職員の扱い方にも適応されている。エデン・オルタナティブには、植物があり、動物や子供たちもいる素敵な共有スペースがある。そして個室がある。

五十五歳以上の人のためのコミュニティを探す高齢者は、同じ歴史的文化的な出来事を共有できる人たちと一緒にいることを希望する。彼らはウッドストック、スプートニク、ビートルズの熱狂的なファンを思い描いているのだ。これはそんなに難しいことでなく、心地良く、うまくいくことが多い。しかし年齢で区切ると私たちの世界は狭くなり、それがアメリカ合衆国の大きな問題の原因となっているのだ。六十歳以上の人に「重要なこと」は誰と話し合うのかを聞いてみた。三十六歳以下の人たちと答えたのは四分の一以下だった[11]。

私の息子のフィアンセ、アグニースツカはポーランドの田舎の祖母の家で夏を過ごした。墓地は教会の隣にあり、広場には街のみんなが集まっていた。十四歳でシカゴに移住した後、アグニースツカは新しい国を見回して不思議に思った。「老人はどこにいるのだろう?」。すべての年齢の人と接触すると、年齢の偏見が取り除かれ、老人にも若者にもプラスになる。

> **私には地域社会への恐れがあるが、それを乗り越えようと努力している。**

私たちは社会的存在であり、コミュニティに生きるように運命付けられている。私には地域社会への恐れがあるが、それを乗り越えようと努力している。「優れた女性たちの家」がどれほど楽園に似るのか分からないのだが、玄関ホールは小さな子供の足音の響きを歓迎すべきだし、もし、私が三輪車で股関節を骨折したとしても、それならそれでいい。一九六〇年代の多くの仲間がしているように、私は未来を見ようとしている。皆、「高齢者施設」での隔離を拒否し、違った形での共同生活を実験している。私はちゃんと閉まるドアが欲しいだけだ。

不況によって郊外への長時間のドライブの魅力が薄れ、自動車依存の生活様式につきものの孤独もそれを増長する。不景気が続いている間に、多くの世代と同じ場所で暮らす人が増えてきた。若者は大学を卒業すると家に戻り、祖父母が親にかわって子供の世話をするようになってきた。さまざまな場所で革新的な解決策が生まれている。

ミズーリ州カンザスシティのペンバートン・パーク〈訳注4〉は、二十五歳以下の孫を育てる祖父母のために特別に設計された最初の共同住宅だ。私たちは、こうした試みすべてから学び、時とともに生まれてくるニーズ、それに対する市場の反応、解決策の登場などを観察することができる。

何が助けを求めにくくするのか？

社会とのつながりが、幸せで健康な高齢者の生活にとって欠かせないものだというのに、なぜ、こんなに多くのアメリカ人高齢者が孤立し、孤独なのか？　これには、もちろん、交通手段の欠如から、若い友達ができづらい高齢者専用の住宅や施設、家族構造の変化まで、たくさんの要因があり、これらすべてが、エイジズム的な考え方とその実践で強化されている。しかし、一番重要な原因は文化にあって、それは非常に深くアメリカ的なものだ。

このアメリカでは、個人主義に勝る神話は存在しない。それは、成功と自立は切り離せず、他人に頼るのは、単に身体的弱さを表すだけでなく、性格の弱さの表れでもある、とする考え方だ。この神話は私たち、特に、人生のベン図〔複数の集合の関係や集合の範囲を視覚的に図式化したもの〕で重なるところが多くなる二つの円、すなわち、障害者と高齢者との役には立たない。尊厳と選択の自由はもちろん、今も、そしてこれからも、とても重要だ。しかし、私たちの老い方は、環境、個性、遺伝子など、あらゆる種類の変数からの影響を受け、そしてそれに、階級、ジェンダー、人種、運、グローバル経済の激しい変動——これらのコントロールの仕方は人によって異なる——が混ざり合う。

スーツケースを荷物棚に持ち上げられなくなったらどうするのか？　夜、運転できなくなったら、もしくは全く運転できなくなったらどうするのか？　指示を聞き取れなくなった時、地図が読めなくなった時、またはそれらが理解できなくなった時どうするのか？　一人で入浴できなくなるとか、ベッドから自力で起きられなくなったらどうするのか？

自立を理想化する文化がこうした不安を増幅し、私たちを困らせている構造への疑問（低い荷物棚はどこにあるのか？　どうしてバスがないのか？　なぜ大きな活字がないのか？　なぜ聞き取りサポートがないのか？　相談する人がなぜいないのか？　人生の最後のオムツは人生の始まりのオムツに比べてなぜ恥ずかしいのか？）を封じこめる。この文化は楽観主義を果てしなく求め、人生の試練を軽視し、必然的に失敗を恥とする。

> この文化は
> 楽観主義を果てしなく求め、
> 人生の試練を軽視し、
> 必然的に失敗を恥とする。

この自立神話は高くつく

この個人主義的倫理観は、小さな政府支持者の役に立つ。この人たちは、市民の奉仕によって社会が裕福になったことを都合よく無視する。この個人主義的倫理観が、共同体の価値を組織的に侵食し、米国政府の弱者に対する責任回避を認めてしまう。その影響は、福祉国家制度と生活保護制度の縮小に向かうこの数十年間の組織的な動きに表れている。ここ数年のうちに高齢市民の介護という巨大な難問に対処するには、まったく逆のことが求められているにもかかわらず、その正反対の動きが見られる。こうした問題を私たちだけで抱えている限り、晩年の様々な変化の対処が難しくなる要因を特定できたとしても何の意味もない。

　クラブトリー家の恐ろしい話を考えてみよう。

　ジム・クラブトリーの妻は、五十六歳で早期アルツハイマー病の症状が始まった。六年間はクラブトリーの両親が日中、義理の娘を看ることができていたのだが、八十四歳になった父親は認知症が進行し、八十歳の母親は重い関節炎を患っていた。二〇一三年五月、クラブトリーの父親は、息子の仕事中に二人の女性と自分自身を撃った。クラブトリーはNBCのマリア・シュライバーの質問に答えて、「アルツハイマー病患者の介護と高齢者介護という私の抱える問題を一度に解決してくれた」から、また、亡くなった三人は「皆、準備ができていた」から、これは父親からの偉大な贈物だったと答えた。[12]

　NBCは、介護はシビアな問題だ、とだけコメントした。この事件は私たちの社会について何を語っているか？

　別のシナリオを想像してみよう。適切で、支払い可能な医療があり、介護の補助、そして、ソーシャルワーカー、友達、近所の人たちからの助けなどがあったらどうだっただろうか？　こうした支援があれば、ジム・クラブトリーの家族は大いに助かり、この恐ろしい結末を迎えなくて済んだだろう。彼の母親の唯一の病気は関節炎だった。

　クラブトリー家の話は、健康な中流階級の人々にさえ、心中――または三人の殺人――が助けを求める代りの選択として倫理的に正しいことなのかについて疑問を感じさせるものだ。これは内面化されたエイジズムが死を招いた例だ。そして、これはアメリカ政府の二十一世紀財政緊縮計画には都合よく働いているのだ。

自立の理想化から「不老」神話が生まれる

老いるとは、見知らぬ人に重い扉を開けてもらうことから、誰かに住み込みで介護してもらうことまで、他人を頼ることだ。その代替策は老いを否定すること。「不老」社会の人々は人に頼ることがないから、必要な援助に資金を出さない。貧乏くじを引くのは誰か?

- **女性**

介護を共通の必要性ではなく個人の負担と見る社会は女性を不利な立場に置く。大多数の女性がこの不払い労働か低賃金労働を担っている。不公平だ。ひどく体力を消耗するし、女性の就職や社会生活が制限される。

- **富裕でない人**

使い走りから床ずれ予防までの全ての手伝いをしてくれる、資格を持った人を雇う桁外れの経費を払えない九十九%の私たち。

- **最終的にはすべての人**

裕福であると、高齢ゆえの弱さから羨ましくなるほど守られるのだが、それはある程度までであり、しばらくの間だけだ。どう老いるかは誰の責任でもない。私たち皆に助けが必要なのだ。責任が配分され、解決策を共有すると、全ての人が恩恵を受ける。

慢性疾患と身体障害のある人、または単に「ある年齢以上」の多くの人たちは、経済的支援を必要としているが、自ら進んで支援を求めない、という事実はあまり語られない。差別があってそうできないことと、身体の障害のために物理的にそうすることができないことがその理由なのだが、この二つとも彼らの責任ではない。彼らは自主性を否定され、その自主性が彼らに逆用されるのだ。身体の障害が目立たない人たちにとっては特にそうだ。数百万人のアメリカ人高齢者が、高い失業率、住宅費、企業年金の停止、肉体労働職への適正賃金の不払いなど、障害のほかの理由で財政的援助を必要としている。

ほとんどの人が揃って心配するのは、迷惑をかける――コミュニティに、医師に、家族に――ことだったとしてもさほど驚かない。迷惑とは、「小さな政府の政策内部に隠された爆弾を表す言葉だ」とマーガレット・ジュレットは「Agewise（年齢について）」の中で痛烈に言い放っている。[13] 政府助成の年金、医療、介護プランは確かに負担を軽くする。結局のところ、こうした公的助成の目的は、受取り手の自主性の支援にある。

自分で決定するという非現実的な理想にこだわると、何が良い死に方なのかがわからなくなる。治療の結果が良好でないと絶望し、死ぬことさえその人の能力を試す場にしてしまう。逆説的だが、老年病専門医のミュリエル・ジリックが「The Denial of Aging（老いの否定）」の中で指摘しているように、自分で決定することにこだわると、最終的には、延命のための無駄な治療か、短命のための自殺幇助要請に行き着く。

もう一つの逆説。最後の瞬間まで関わっていたいなら、主要な決定を誰に手伝ってもらうかを判断しておかなければならない。自主性には協力が必要なのだ。こうした関係性を築き、育んでおくことは、やみくもに自立を崇拝するより意味がある。

三つ目の、全体に関する逆説。大半の人にとって、死は今までに経験した事のない出来事の連鎖であり、それを整理・制御するのはうまくいったとしても、わかりにくさは避けられない。

自主性を保つには協力者が必要なのだ。

本当に自立している人はいない

人間は社会的動物である。私たちはまったく何もできない状態でこの世界にやってきた。十代の頃は、自分と同じ年頃の人だけが大切に思える。キャリアは自分の思った通りにはなかなか築けない。私たちの生きている世界は気の遠くなるほど複雑なあらゆる規模の共同作業で出来あがっている。そして人生の最後には、関係性より大切なものは何もなくなる。コンビニエンスストアでガムを買うことから、赤ん坊のおしめを替えることまで、人間の交流すべては相互依存関係を含む。その赤ん坊が成長し、ある日、私たちのおむつを替える人になるかも知れない。現代の産業社会では、しかし、この相互依存関係は誰かが怪我をするか病気になった時以外は認められていない。

通常、こうした任意の関係性の割合は徐々に小さくなっていく。もちろん、私たちは、何を着るか、何を食べるかを決めるといった小さな決定から、どこに住み、誰と住むかという大きな決定まで、できるだけ自分で行い、またできるだけ長くその決定を自分で下そうとする。しかし状況は変化する。そして、この変化を自分自身で対処できるとの思い込みを長く持てば持つほど、準備が遅れる。ほとんどの私たちは、「長生きし過ぎ」の恐ろしい話ほどに信じ込まされることはないのだが、最期の時より遥か以前にあらゆる種類の助けが必要になる。社会で一般的に思われているように、肉体的精神的敏捷性の衰えには羞恥と喪失感だけが伴うと思い込み、私たちはこの老いへの移行を哀れむべきものとして捉えている。私たちはこの移行を神秘化し、恐怖の対象にしているのだが、この思い込みは、病気になった人、再起不能の人、瀕死の人と時間を一緒に過ごすと消える。哀れみは、親切に見えるかもしれないが、言葉を幼児化し、人の口を封じ、人を遠ざけ、しばしば間違った方向に私たちを連れていく。

私の筋肉と関節の治療医は、家族ぐるみでつきあっている高齢の友人に結婚式で再会した時、気の毒で仕方がなかったという。現在八十代後半のその友人は地元のやり手で、熱心なゴルファーだったのだが、私の治療医のZ博士は彼が歩行器にうずくまっているのを見て落胆した。その気持ちを身振りで表し最悪の事態に備えて聞いた。「それで他には、サム、元気なのかね?」。高齢の友人は大きく笑って答えた。「歩くこと以外は何でも自分でできるよ!」。

著書「An Intimate Look at the End of Life（晩年への優しい眼差し）」の後書きで老年病専門医ルース・レイは、四十二歳の時、高齢者施設で八十二歳の男性へ恋をしたことについて書いている。その男性は、パーキンソン氏病で身体が動かなかった。身体的社会的制限を彼らは一緒に乗り越えるのだが、そうした制限にもかかわらず、彼のものは彼女が知っている中で「もっとも愛すべきものだった[14]」。

あなたが、人生の方向性を自分で決めていると思っているなら、「高齢はあなたにとっては侮辱だろう。あなたが選んだ方向ではないのだから」と、ジョン・ルランドは、「Happiness Is a Choice You Make : Lesson from a Year Among the Oldest Old（幸せはあなたが選ぶもの――超高齢者の一年から教訓）」の中で書いている。「しかし、人生は自分に降りかかる一連の出来事に応える即興演奏である――つまり、あるがままの世界に応じる――と捉えると、高齢が長編小説の新たな一章になる[15]」

私たちが自立の落とし穴から抜け出し、共同体にもっと価値を見いだし、色々な世代が相互に依存しあえるように、ものごとを考えられるようになれば、すべての年齢にやさしい社会に近づくことができる。身体障害者対応のスロープ、エレベーター、カーブカット［歩道と車道の段差を解消しスロープにすること］は、赤ん坊を抱えた両親、荷物をかかえた旅行者、傷を負った騎手、重い荷物を背負った買い物客など、身体障害者に限

私たちが自立の落とし穴から抜け出し、共同体にもっと価値を見いだし、ものごとを考えられるようになれば、すべての年齢にやさしい社会に近づくことができる。

らず多くの人たちを助けてきた。

上質な交通機関、良質な食料市場、良い職場環境があるところでは、人は健康になり、活動的になるという認識が進み、「年齢にやさしい都市」とコミュニティを作る運動は世界で勢いを増している。「年齢にやさしい都市」に指定されたニューヨークは、新しい住宅開発に低収入者向け住宅を加える必要がある。市がユニットの一〇%を高齢者に割り当てるよう要求し、すべての年齢の住民が一緒にいることのできる適切な公共の場が提供され、すべてにユニバーサルデザインを義務付けたらどうなるか？　年齢にやさしいコミュニティとは、単に車椅子にやさしく、歩行器にやさしいだけではない。それは、車輪付き担架にやさしく、スケートボードにやさしく、折り畳み式ベビーカーにやさしく、バスに乗る人にやさしく、配達員にやさしく、疲れた人にやさしいコミュニティだ。こうしたプログラムをそのままの呼び方で呼ぶことにしよう――すべての年齢にやさしいプログラム、と。助けが必要であることを認め、恥じることなく、感謝の気持ちを込めて、助けを求めよう。

【アクション】

女性を低く見て搾取する介護方法を批判し、変化を求めよう！

介護とは、人間であることがやさしく美しく豊かなことを証明する行為だ。この仕事の三分の一を女性が担っている。おそらく女性は子供と両親のケアをし、後半には両親と大きくなった子供と、子供の子供との間に挟まれてサンドイッチ状態になる――私はこの状態を「クラブサンドイッチ世代」と呼んでいる。理由は、長寿革命によって四世代同居も当たり前になっているからだ。この重要な仕事が評価され、適切な報酬を受け、自由意志で行われれば問題はないのだが、実際はそうはなっていない。この重要な仕事を無私無欲で行う人々へのリップサービスは山ほどあるが、介護という仕事のもたらす経済的、個人的、専門的結末から彼女たちを守ってくれるものは何もない。

在宅介護はアメリカで成長の最も速い職業だが、有色人種で貧しい女性が非常に多くこの仕事に従事し、そのうちの多くは不法滞在移民だ。在宅介護は、しかし、本質的に人種と階級のヒエラルキーを強化する。人類学者のエレーナ・ブーフが観察しているように、在宅介護労働者の労働に関心を持つ人はいないものとされていて、そのことによって、「高齢者の他者依存が覆い隠され、高齢者の自立心が維持されている」。また、雇い主の選択と決定が、「労働者の生活と家計を支える能力より優先される」[16]。仕事を通じて健康保険があるのは在宅介護労働者の三分の一だけで、ほとんどの人が何らかの公的支援を受けている。労働者の最低賃金と割増料金の支払いを保証する公正労働基準法(FLSA)は、在宅介護労働者には二〇一五年まで適用されなかった。これは人種差別的だった雇用関連諸法の負の遺産である。

私たちのほとんどは在宅介護を、パートタイムで無料で行っている。ヒスパニック系とアフリカ系のアメリカ人は、白人やアジア系のアメリカ人より介護に多くの時間を割き、大きな責任を担っている。これによるワークライフの犠牲は大きい。ニューヨークタイムス紙が二〇一七年に書いたように、「女性は低賃金と家族への責任のために、就職と離職——労働力から出たり入ったり——の繰り返しを男性より遥かに高い頻度で行わざるを得ない」。誰かのケアのために仕事から離れると、労働力への復帰は難しくなる。介護に必要なフレキシブルな労働時間の仕事は見つけにくい。これによって介護する人はパートタイムで低賃金な仕事、そして年金、病欠、医療など福祉手当のない仕事をするようになり、多くの人が最後には諦めてしまう。二〇〇〇年以降、包括的ファミリー支援政策のある先進国で働く女性とは対照的に、アメリカ人女性の就業率は減少した[17]。多くの人は他の人の介護をする間、自分の貯金や収入を使うので、自分たちの退職後の備えはさらに悪化する。

何が介護を負担に変えるのか？　支援を受けず独りでやっていることだ。ストレス、特にアルツハイマー病または慢性疾患の人を介護する場合のストレスは、健康と関係性を著しく傷つける。要求が過剰になると、介護人の——両親であれ、子供であれ、恋人であれ、大事な友達であれ——手に負えなくなる。つまり、私たちを維持し、役割を明確にする関係、愛する人を介護したくなる関係を保つことすら難しくなってくる。

現在のアメリカの制度は、数百万人の私たちがそうしているように、家族が、やさしく快く、介護を引き受けるのが当たり前のこととして運用されている。介護がだんだん個人に託されるにつれ、負担が増えてきそうだ。こうしたことが、今、はやりの、暮らしなれた場所で老いを迎える運動の中で展開している。多くのプログラムは革新的で立派なのだが、当初の意図に反する結果になりそうだ。「私的な」介護パートナー——つまり家族——の責任が増える。通常それは女性がになう。なぜなら女性がこうした任務——病気の子供と家にいるとか、両親を医者の予約に車で連れていくとか——に用意ができているからだ。家族の稼ぎ手はフルタイムで働き、それは通常、男性。理由は女性への賃金が低いから！

セクシズムは一目瞭然。制度は至るところで女性を飛び超えて男性に特権を与える。エイジズムは明らかだ。非常に高齢の人と、非常に若い人が最も介護を必要としているにもかかわらず、エイジズム文化はケアの必要な人を低くみる。エイジズムとセクシズムが合流し、時を経るにつれて、女性の被害が増える。私たちの数はさらに増え、さらに長く生き、健康が損なわれ、お金がなくなるので、もっと介護が必要になる。[18]

この問題について声をあげよう！

繋がりを作ろう！

人間は同類を優先させる存在で、違いを超えて通じ合うのは簡単ではない。階級を超えると特に難しい。私の友達にはすべての年齢の人がいるが、ほとんどみんな白人だ。社会的な輪は年齢とともに狭くなる。友達と親友を超えて広がるネットワークを作り、それを維持するのは大切なことだ。テレビプロデューサーのルース・フレンドリーが充分気付いていたように、これには事前の計画が必要だ。

「基礎を作っておかなきゃならない。あなたが好きなグループで、自分の能力が使えるグループに入っていることだ。八十歳になってからではできなくなるから」

世界と関係し、繋がり続ける、多くのやり方——労働者として、配偶者として、ボランティアとして、または介護人として——を探すこと。たとえあなたが内向的であったとしても(多分、内向的であったら特に必要かもしれない)。手を伸ばして探すのは、ストレッチをしているのに似ている。YMCA、シニアセンター、スーパーマーケットの掲示板などが可能性をたくさん提供している。ジムに通ってみてはどうか。授業を受けてみてはどうか。

私の友達、イザベルの「集まってニットをするグループ」のメンバーには高齢のアフリカ系アメリカ人女性や紫色の髪のゴスティーンズ(ヘビメタとパンクが融合したスタイル)も入っていて、手工芸好きのあらゆるタイプの人たちがバスやベンチで彼女に話しかけてくる。クラブやチームは同じ興味を持っている人と出会える場所だ。その興味は人生の後半に出てきたものかも知れないし、やっとやってみる時間が持てたものかも知れない。

「あなたを夢中にさせるものを見つけよう」、この無神経な表現に私はいつも腹が立つ。生きるために夢中で働いている人はどうなのか、もしくはスクラップブックを作っても、野良猫を助けても、自分が見つからない人はどうなのか？　これについて私が出会った中では裁判所通訳のサム・アデロの意見が一番良かった。誰にも何かしら詳しく知っているものがあるから、「そのノウハウを使って、助けが必要な人を助けよう」と、アデロは言う。孫でも、近所の人でも、インターネットでの知り合いでもいいのだ。大切なことは、助け合う中でそれぞれが価値を見出すことだ。

環境保護活動家のケイト・ジダールがプランクトンの調査計画を始めた時、かつて授業に通った大学院の教授を訪問し、方法論についてアドバイスを求めた。二人が会った時、教授は、韓国の大学から誘われているビデオチャットでの科学の授業にどう準備すればいいのかまったく分からないでいた。ケイトはコンピューターの達人だ。彼らは互いに訓練し合うことに合意し、友情が復活した。

人が、知り合いの最年長者以外の人からアドバイスを受け始めたのは二〇世紀に入ってからのことだ。高齢者は知識と伝統の貯蔵庫として――高齢者がこの役割に値し、彼らがそれを選ぶ限りにおいて――若い人たちにとっての模範でありアドバイザーである。私たちが若者と一緒にいる機会をみつけて彼らに訊こうとすれば、若者にも高齢者に教えることがたくさんある。

人生に意味を与えるのは、結局のところ、関係性なのだ。歳をとるとともに、私たちが人を愛さなくなることなどはない。愛するものが少なくなったり、深く愛さなくなったり、良い愛し方をしなくなったりすることなどはない。それは確かだ。私たちは人との交際がいらなくなるほど成長することはないので、人との関係は常に私たちを支えている。

インターネットを使おう!

いまではニュースや情報を得るにはインターネットは欠かせない。友達や家族との連絡、新しい友達づくり、またあらゆるタイプのコミュニティづくりなどは、インターネットを外して考えることはできない。

Facebook のようなSNS〔ソーシャル・ネットワーキング・サイト〕は興味や活動を共有する人たちとの繋がりを助ける。それは選ぶか選ばないかの二者択一ではない。Facebook などのSNSを使っている人はオフラインでの活動も活発だ。Youtube のような安価なビデオテクノロジーは、人々が自分の話を伝え、それに対するフィードバックが孫以外の人からも受けとれる新しい方法だ。

私の父はバックミンスター・フラー〔宇宙船地球号の概念を提案した米人思想家、発明家〕と一緒に働いたことがあり、フラーのアコライト〔キリスト教の祭壇奉仕者〕としての仕事の足跡をオンラインで辿って楽しんでいた。この作業に父は深く関わり、この優れた発明家の話をしにサイトを訪れるオタク系の人々の数が多くはないが安定したものになっていった。

私のパートナーの母であり本屋を営むルースは、タブレットで顧客向けにSkypeで商品を見せ、彼女なりの九十代への準備をしていた。ルースの熱心なワーズ・ウィズ・フレンド［複数のプレイヤーの参加で行うクロスワードパズル式のビデオゲーム］への参加意欲に私は抵抗していたのだが、私の助けなしにルースは、いつでも六ゲームから八ゲームするようになっていた。結婚七十年の記念日にこれまで目にした中でもっとも優れた発明は何かと訊かれた時のルースの答えは、「私のアイフォン」だった。

新しいテクノロジー言語を覚えるのは難しい。特に高齢のユーザーを念頭にデザインされている機器はほとんどなく、誰も変化の速度に追いついていけないからだ。Snapchatという写真を介してチャットできるアプリが登場した時、息子のクラスの友達がダウンロードの必要はないと言ったのを聞いて安心した。彼は二十代だからこのアプリを使っているのだと、私はすぐにエイジズム的結論に飛びついた。

年齢格差が現れる速度は信じられないほど速い。数歳違いの兄弟姉妹がSNSやプラットフォームの好みが違うのは珍しいことではない。同様に孫のコミュニケーションの仕方は孫の両親を当惑させる。合理的であればどんな方法でも使って、真ん中の立ち位置を見つけ、新しい関係を作り、古い関係を維持するのは私たちの一人ひとりがやらねばならない事なのだ。

七十五歳以上ではインターネットを使う人の数はぐんと減る。高齢なアメリカ人のデジタル王国への移住は彼らの子供や孫たちのように速くはない。階級が大きく関係する。富裕で高い教育を受けている層は、デジタルツールとデジタルサービスの使用率が最も高く、高齢で裕福でない層は使用率が低い。彼らの多くは健康に問題があるか障害を抱えている。しかし、二〇一八年までには、六十五歳以上のアメリカ人の三分の二がインターネットを使用するようになっていて、十四%に過ぎなかった二〇〇〇年を超え、その割合は増え続けている。[19] こうした傾向にもかかわらず、愚かで、年齢差別主義《エイジズム》的で、性差別主義《セクシズム》的なミーム〈訳注5〉が、高齢者、特に女性は新奇のテクノロジーを使えないし、使わないとしつこく主張する。「おばあさんに説明するように私にも説明してください」

とか、「私の祖母でも分かるくらい簡単よ」と言うのを聞くのはもう疲れた。

ハーヴェイ・マッド大学の数学教授レイチェル・レビーはGranma Got STEM（ばあばにはSTEMがある）〔STEMは科学・テクノロジー・工学・数学の教育用の頭字語〕というブログを立ち上げた。[20] このサイトはテクノロジー好きの高齢女性についての話や思い出を共有している。このブログはすばらしい。

私たちは簡単に自分自身の最悪の敵になる。ネットワーク社会での操作の方法を学ぶには歳をとりすぎているとか、ただ面倒くさいなどと、高齢者が思い込むのは自分の心の中にあるエイジズムがそうさせているのだ。私の母は、長年、何百通もの長い楽しいレターをタイプしていたが、eメールのコツが掴めないと言っていた。

ピア・ルイスは「Living Portraits（生きた肖像画）」というラジオ番組を持っていて、Skypeなどでゲストを参加させている。「私と同じ歳、五十を過ぎた人たちは、テクノロジーについていかなければならないと強く思っているのだが、『私には必要ない』という反応にしょっちゅう出くわす。フーッ、これ、どう思います？」と、彼女が書いていた。私のQ&Aブログ「よっ、それってエイジズム？」でこう答えた。

全ての参加者に言えることだから、あなたの意見はエイジズムではない。それはあなたの権利であって、多分、技術的な必要性なのだろう。だが、五十五歳以上にもニューメディアに詳しい人が多くいる。五十五歳以上をテクノロジー恐怖症とか自分のやり方に固執するとかと固定観念で見るのはエイジズムだ。問題を広く捉えると、新しいテクノロジーに追いつくことは、地域と世代を超えたつながりを作る――常に良いことだ。私の同世代たちがメールを使わないのにはイライラするが、「声が聞きたい」と言って孫にメールしたがらない八十代の友達には同情する。彼女には何遍も電話してあげて欲しいし、誰かがメールやSNSの使い方を教えてあげれば、「その必要はない」とは言わないだろう。

私は私自身のテクノロジー恐怖症と闘っている。コンピューターで何か解決しなければならないことが起こった時、私のIQが三十ポイント落ちるのを認めたくない。誰か助けてくれる若い人がいつもそばにいてくれないかと二重のエイジズム的衝動に最初は駆られる。しかし努力する。それは私の社会生活と職業に欠かせないものだからで、このますますネット化する社会の観客席に追い出されたくないからだ。こうしたことは一方通行である必要はない。編集者のナンシー・ペスケは、時間がなくて習得できない一定のスキルを、十代の若者とその親友の助けに頼ることが増えてきて、「彼らは私よりずっと映像への反応が速い」と書いている。

「でも、私はテクノロジーと情報を使って、大局的なものの見方を彼らに教えている。私が教えなければ彼らは何年も学ぶことがないようなものだ。だからお相子だと思う」

オンラインで集まるのにFaceTime以上のものはないが、skypeなどのオンラインの通話アプリも、移動が難しかったり、旅費が高くつく時には、遠方の友達や家族の様子を知る素晴らしい方法だ。重要なことは既存の関係を維持し、新しい関係を進んで取り入れること——特に多くの世代にわたって——そして積極的に彼らを誘うことだ。

あらゆる年齢の友達を持とう！

アメリカでは、家族以外の人間関係とは年齢が近い人との関係であることが多い。コーネル大学の老年学者カール・ピルメアの世代横断的友情に関する学術論文の中で行われた比較によると、アメリカ人は年齢差上下十歳以内の友達の数よりも人種の異なる友達の数の方が多い。六十歳以上では、「重要な事柄」を三十六歳以下の人と話す人は四分の一以下だ。親戚を除くと数字は六％まで下がる。[21] これは大問題だ。職業病なのか、年齢差は真っ先に私の目に飛び込んでくる。他の違いは、耳に入った途端に消えてしまうのだが。

いわゆる世代間ギャップのある人同士で生まれた友情が、他の関係で生まれた友情と同じでない訳はない。

年齢で投票動向が予測できないように、年齢だけで共通の価値と共通の興味を見つけることはできない。ジェンダー、人種、収入、資産の方がはるかに大きく影響する。子供と一緒に働くこと、クジラの保護、ピアノの演奏が幾つになっても魅力を失わないように、NASCAR［アメリカ最大のモータースポーツ統括団体］、人類学、ポーカー、タンゴなどを愛するたち人は、生涯にわたって愛するものに興味を持ち続けられるので老けることがない。何がしたいのかを考えてみると良い。絵を描くこと、料理すること、コンサートに行くことなどを。そして世代の違った集団を見つけて一緒にやってみることだ。

年齢差のある関係性を持つには少し努力がいるかもしれない。身体能力の違いやコミュニケーションの取り方の違いは実際にあるのだが、限界を超えるのは私たちが思うほど難しいことではない。この努力をすると、展望がひらけ、ステレオタイプ——例えば、高齢者の生活は面白くないとか、子供たちは絶望的に利己主義だとか——を払拭することができる。

どんな年齢の友達も人生を豊かにしてくれるが、若い人たちは肉体的に活発だ——これはボーナス。高齢者は人生経験があるのでキャリアや恋愛にアドバイスできる。一方、若い人たちは人気のある文化や新しいデジタル領域の情報を与えられる。つきあうと興味と共感が生まれる。高齢の友達を持つと、子供たちがいつかは自分たちも老いるのだということを想像できるようになる。高齢者がかつてはサーファー、ヒッチハイカーであったことと、現在、何かを計画し、愛し、夢を追いかけている人であることとを結びつけることができるようになってくる。

あなたの子供（または誰かの子供）から好かれるようにしよう！

二十世紀に入ってだいぶ経ってからも、人間は最後の子供が家を離れてからあまり時間が経たないうちに死んでいた（一九〇〇年、アメリカの平均寿命は四十七歳だった）。今は空前の移行の渦中で、両親は大人となった子供と過ごす時間が、両親が子供としての彼らの子供と過ごした時間の倍になりそうだ。

長生きと少子化によって伝統的な「家系図」の形が変わり、時間軸が縦に伸び、各世代に少数の人がいる形、社会学者が「ビーンポール(マメなどのつる植物の支柱)型家族」と呼ぶ形になった。兄弟姉妹、叔母、従兄弟の数は少ないが、同じ時代に複数の世代と血縁関係を持って生きることになる。共有する歴史と世代を跨いだ関係が多くなり、疲労困憊するが、ワクワクする。

助けは、精神的なものであろうと具体的なものであろうと、助ける側にも助けられる側にも得になる。助けには、子供の世話をすることから、店まで車で送り届ける、車を貸す、アドバイスをする、親身になって耳を貸すなど、沢山ある。孫たちとつながりがあることは素晴らしいことだ。これは、子供たちにとっても良いことで、彼らをエイジズムから遠ざけることにもなる。

こうした関係性は、家族が一つ屋根の下に暮らし、祖父母が家庭生活の監視役を務め、尊敬を受ける伝統的な文化では自然に生まれる。エイジズム文化でこの関係性が生まれ、維持されるのは難しいが、この関係性は価値観の形成に役立ち、関心の領域を大きく広げる。医学の道への触媒になるかもしれない。老年専門医になる動機の説明に、マウントサイナイ医科大学のロザンヌ・ライプツィヒ博士は、「皆、一人のおばあさんのために仕事を始めるのですよ」と言った。本書を捧げるロバート・バトラー博士は祖父母に育てられた。

私は私の子供たちに好意を持たれていた方がいいと思っている。特に彼らが祖父母になるのを見られるくらい長生きする事になるのならなおさらだ。

私は、ピルメア博士から得た教訓を強く意識している。それはコーネル・レガシー・プロジェクトのために博士がインタビューした人の中で一番不幸な人は、子供から永久に遠ざけられている人たちだった、ということだ。祖父母の権利はあまり十分に定義されない。あなたの子供が無料のベビーシッターを必要としていなくても、連絡を絶やさないことだ。余裕がないなら、家族でお金を出し合ったらどうか。子供のスケジュールと優先事項は尊重すること。

誰にも家族がある訳ではない。まして健全な家族となると一層難しい。多くの人が、生物学的関係や婚姻関係ではない関係で「最適な家族」を見つけている。映画作家のジョージ・ストーニーもその一人。彼は中年になった時、自分の家族とは別の家族に「一種の養子」にされた。その別の家族の孫の一人がウェスト・ヴィレッジのストーニーのアパートにストーニーと一緒に住み、ストーニーもその別の家族の場所に自由に出入りしている。こうした関係には幸運を必要とするし、先見の明と想像力が要る。

私は最後まで自分で自分のお尻が拭けることを願っているが、シャベルで掘ったり、モノを運んだりするのには助けが必要になるだろう。声をかけたら多くの人が応えてくれる人間になっていたい。前夫の子供、里子、名付け子、友達の子供、隣の子、または廊下の奥に見える子供――彼らは皆、興味と愛着を共有する限りは候補者だ。世代間の友情が数十年経って実を結び、しかもまったく予想もしない形で実を結ぶことになるかも知れない。

表現しよう!

外に出かけることは身体にも脳にも良いことなのだが、動きたくない気持ちも強く、遠くまで出かける時には特に自分の怠惰さを年齢で正当化してしまう。

メトロポリタン・オペラの同時放送〈訳注6〉を聴いている時を別にすると、私のパートナーのボブと私は出かけた会場で一番高齢なカップルであることがよくあり、そんな場面に続けて出くわすようになって何十年も経つ。いい気分はしないのだが、目立つからというだけで家にいたいとは思わない。私はこれを積極的行動と捉えていて、年齢隔離の進むこの社会に必要なことだと思っている。

数年前、エレクトリック・ズーという巨大な野外DJフェスティバルでボブと私は十分に人目を引いていた。一緒に行った友達は三十代半ばか後半だったのだが、その場の平均年齢は二十代を超えていなかった。光るネオンを身につけたクラブの子供たちは私たちにまったく関心を示さなかった。しかし、驚いてもう一度見にくる人もいれば、私たちと写真を撮らせてくれと数人から頼まれもした。少しゾッとはしたが友好的でみんな善意からだった。古い音楽が流れる時は私たちがダンスフロアに飛び出してくる、と期待している若者たちからは満面の微笑みかハイタッチを受けた。

私たちはエレクトリック・ダンス・ミュージック好きなので珍しい立場にあるのだが、もっと多くの人が冒険をし、同じ年代が集まるところだけに出かけるといったことをしなくなれば、私たちはもっと多くの仲間を見つけることができるだろう。私はダンスが上手くないので、馬鹿みたいに見えるのではないかと心配なのだが、あなたはダンスで時間を無駄にした、とわざわざお墓にまで文句を言いに来る人などはいないだろう。もし家に閉じこもっていたら、周りの子供たちが自分の親は何をしているのかと考えることもなかっただろうし、楽しい時間を見逃していただろう。

私たちは二十代後半の友達が二人できた。本当の友達だ。「私たちは本当の友達よ」と、私の講演の後に私のところに来て言った女性がいた。この女性は、自分の娘を通して出会った二十代の男性のことを話していた。彼もMUSEというイングリッシュ・ロックが好きだった。この女性は青春をワイルドに謳歌する機会を逃したと感じていた。五十代になってロックミュージックを発見し、熱心にコンサートに通うようになったのだが、いつも一人だった。彼女は勇気を出して、彼と楽しむことにしたのだ——エイジズム色の薄い社会だったら勇気を出す必要もなかっただろう。この幸せなグルーピーがローザ・パークス［米国の公民権運動活動家、一九一三年－二〇〇五年］のようになることはないだろうが、こうして差別をなくす動きは始まるのだと思う。

問題を最も多く抱えている人たち——この場合、高齢者——が進んで外に出かける。彼らは従来の習慣に従わないことにしたのだ。心の広い人たちが彼らを受け入れ、徐々に社会変化が起こる。ダンスフロアとロックコンサートは社会のある層を表す例で溢れている。お店の中で白髪頭はあなた一人かもしれないが、トレンディーなレストランに行ってみるのはどうか？　高齢旅行者はホテルに泊まるとされているが、Ａｉｒｂｎｂに変えてみてはどうか？　若者を魅了する近所を探検してみるのはどうか？　もちろん、何らかの見込みがある場合に限るが。

要は、人に言われたからというのではなく、自分の求めるものに素直になって行動し、そして自分を少しテストしてみることだ。現状に挑戦し、私たちの世界を狭めることのないよう、そして、多くの年齢の人が一緒になるよう、自分のできることをやってみることだ。

フィリップ・ロスの小説「The Dying Animal（瀕死の動物）」は六十代の教授のかつての生徒との情事を描いている。相手は二十代だ。「若さからは程遠く……」と彼は書き、「自分自身の限界に対して、彼女にある無限の未来からの重圧を普段感じるよりも強く感じる……ゲームの間、毎秒ごとに感じる。しかし、少なくとも第三者ではない」。その通り。生徒と寝るのは許さないが、いちかばちかやってみることは勧める。最低限、教訓が得られて、楽しいかも知れない。

難しいのはリスクを伴うこと。嫌味ったらしい人もいる。二月の寒い夜にクラブの外にいた警備員がその一人だった。その場で私たちは四十歳の誕生日を祝うたくさんの友達と一緒に震えていた。「元気出せよ、じっちゃま」とこの警備員は私のパートナーに言った。ボブは彼に近寄って言った。

「僕のことを『じっちゃま』と呼ぶのが可愛いと思っているのかもしれないが、僕は年齢で注目されたくない。特にこの状況では。Ｎ［黒人蔑称ニガーの頭文字］で呼ばれているように感じる」

警備員は考えてから、うなずいて、「わかった」と言った。「ところで私には孫がいる」と、ボブ。「お祖父さんであることは私の誇りだよ」。

みんな何かを学んだ。

結婚式は、北アメリカ文化で全ての年齢の人がダンスフロアーに集う数少ない機会の一つで、それが楽しい理由だ。なぜ、高齢者がスペースを譲るべきなのか？　または、身体障害者がそうすべきなのか？

「ダンスは人々の楽しみと自由の表現で、立っている人だけのものであってはいけないし、若く、痩せて、人気のある人、または、すべての動きができる人だけのものであってはならない」と、身体障害者の権利を求める活動家シミ・リントンは彼女のドキュメンタリー映画「Invitation to Dance（ダンスへの誘い）」で言っている。この映画の公開記念パーティのダンスフロアには車椅子が溢れていた。

ラテンアメリカでは、老婆が路上で腕に抱いた赤ん坊を誰かにみせている光景をよく目にする。ブエノスアイレスではミロンガ［アルゼンチン、ウルグアイ、ブラジル南部の音楽］で全ての年齢の人が一緒になって、タンゴを習い、教え合っている。北アメリカでは文化に求めるものは異なるが、だからといってこれに挑戦しない理由はない――ダンスフロアでなければ日常生活で。

私の歯医者の受付嬢は五十代だが、同じビルの女性からその女性の三十歳の誕生日に招待された。受付嬢は歳の差を考え、最後になって尻込みした。招待した女性から「来てほしかった」と言われた時、びっくりして反省し恥じいった。

若い友達と一緒にいると若く感じることもあり、老いを感じることもある。若い人たちにとっても複雑だ。彼らの考えていることはわかる。

「アシュトンと同じように良い歳の取り方ができますように」。そして、「私は絶対にああはならないように」。どちらも正しい。誕生日パーティへの出席は重要なことだ。それは一人でいると生活が惨めになるからだけでなく、世代間で技能や話題を交換するのはいろいろな面で意味があるからだ。台所から会議室まで、言語学習からスポーツを極めることまで、芸術から天文学まで。例を挙げればキリがない。そうすることは当たり前のことなのだ。

アメリカではエイジズムがこの当たり前の事を破壊し、若者と高齢者に貧困をもたらしている。スラム化されているからか、家から出られないからか、また、自分の選択からか、いやいやからか、それがどんな理由からであろうが、人の姿が見えなくなると、見えなくなった人たちの抱える問題もいっしょに見えなくなる。

アイデンティティと能力を切り離そう!

恥をかかないですみ、助けが適切で無償であったとしても、自分へのコントロールを手放すことは大変難しい。特に八十代、九十代になると、無理もないのだが、自分のことが自分でできなくなると施設に追いやられるのではないかと不安になる。問題の多いこの移行過程に、対立する感情――罪の意識と感謝の気持ち、尊厳と恥辱(特に排泄に関わることに関して)、諦めと責任――が湧いてくる。

老いが私たちの動きを鈍くする。ほかのみんなが、仕事や通勤や介護責任をうまくやりくりしながら、急いでいるように感じる。責任を放棄し、子供が強く勧める暮らし方が何であれ、安全でいられる、という考えに同意すると楽になる。両親の車の鍵を取り上げて、責任を持つことでも楽になる。こうした力関係の変化については最初に正直に話しておくほうが良い。どんなにやりにくくても、この種の会話はアイデンティティと自尊心の維持に重要だし、罪の意識と恨みを和らげるためにも欠かせない。訓練を受けた仲介者に助けてもらってもよい。愛するもの同士であれ、家族の間であれ、介護パートナーと患者の間であれ、相互に依存し合うことで関係性が維持できる。女性は、自分の責任でない変化を受け入れることになれているので、こうした移行をうまくこなせるかも知れない。

瓶の蓋を開けられない時、私は恥ずかしがらずに玄関のドアを開けて近所を歩いている人に助けを求めることにしている。大柄な若者でも全然、開けられないこともよくある(こうした生活の中の腹立たしい問題を解消するために存在するユニバーサルデザインの必要性をここでは省略する)。「Well Aging(上手に老いる)」の著者ジョージ・バイヤンは、肺気腫が進行し、買い物、公共交通機関の利用、階段の登り降り、自分のベッドメイクも出来ない状態になった七十八歳の女性のことを書いている。自主的な活動が永遠にできなくなっていくことにこの女性はどう対処したか? 彼女は縮小する機能を一つひとつ確認し、嘆く必要があったという。「そうすると楽になった」。

否定するのではなく認めることが重要だ。近視であれ、夜の運転であれ、すでに衰えてしまったことをじっくり考えてみよう。こうした喪失を受け入れるのは、助けを求め、助けを受け入れる必要があることを認めることだ。最初はなかなかできないが、だんだんできるようになる。こうすると、状況をコントロールすることから状況をうまく対処することへ、または、介護者など実際にコントロールしている人をうまく扱うことへ移行できるようになる。大事なのは、外部世界との関係と、内部世界の自意識との関係を作り変えることだ。

数年前、深刻な腎臓炎で緊急病室に運び込まれた時、私の衰弱した姿を子供たちに見せてはならない、との思いが頭をよぎった。「私ったら何を言っているんだろう？」が次に来た。子供たちは大人になっている。私は彼らを必要としている。この時、子供たちは病院にいる私を初めてみたのだが、これが最後ではなさそうだ。その時、私たちみんなは、やがて訪れる役割の逆転を話し始めた。ほとんどの人はできるだけ助けを求めず、断固として抵抗することでアイデンティティを維持しようとする。この戦略は理解できるが、近視眼的で限界があり精神的にひどく疲れる。

できるだけ助けを求めず、断固として抵抗することでアイデンティティを維持しようとするのは、理解できるが、近視眼的で限界があり精神的にひどく消耗する。

自立にこだわると、高齢者と「完全でない」人を社会がどう見ているかを捉え直せなくなる。身体的能力が減少すると、それに続いて自尊心が衰えることはよくあることだ。病気か怪我で、かつては哀れむか恐れていたカテゴリーに私たちが入れられる時、この哀れみと恐れの感情を自分に向けるか、もしくは、それを否定してこの難しい自己評価に抵抗する。これは人間の本能だ。

遠くまでは歩けなくなったボブの九十四歳の叔父エディは、歩ける距離が短くなっても、歩行器の使用を拒否した（車椅子のことは忘れていた）。自分自身で動くことと、姿勢を保つことは、叔父のアイデンティティにとって重要だったのだ。こうした考え方を変える唯一の方法は、身体に障害を持って生まれた人たちが早い時期に習い始めるように、エゴを身体から切り離すことだ。ずんぐりした十代の若者であろうと、足を引きずる九十代の老人であろうと、同じだ。その際の課題は、私たちは美しく、能力があり、十分に生きている、と認識し続けることであり、他の人もこの点で私たちに敬意を払うべきだ、と主張し続けることだ。

「Life Gets Better : The Unexpected Pleasure of Growing Older（人生はよくなる――予期せぬ老いの楽しみ）」の中で、ウェンディ・ラストバーダーは、助けがいると認めることの必要性について雄弁に語っている。

「晩年の勇気とは、何かを手放すことと大いに関係する。（中略）特に病気で必要にさらされると、私たちは評価が気になってくるかもしれない[23]」

限界に直面すると柔軟性と即興性が必要になる。最初、妥協は受け入れられないと思うかもしれないが、セルフケアと助けを求めるバランスをどう取るか、そして、どう威厳を持って受け入れるかがわかってくると、予期せぬ効果が現れる。

ラストバーダーは、七十一歳の時に中心視力が低下し、治療不能――私の最悪の悪夢（分かった、最悪から二番目だ。電子書籍リーダーには明るい画面と大きな文字があるのは承知している）――と告げられた一人の熱心な読者のことを書いている。この女性は長い間、激しく嘆いた後、「本を諦めるパーティー」を開いた。その席で、三人の友達から本の音読をしに訪れたいとの申し出を受けて驚いた。彼女は一回に三冊を聞くペースを保ち、この会合を楽しんでいる。同じように重要なことだが、三人の読み手もこれを楽しんでいる。「読者と聴者、与える人と受け取る人、この区分けがはっきりしなくなる」。こうした関係の組み替えは、押し戻したり、手放したりするダンスの技に近い。他の人が入ると、そのプロセスは豊かな協調の場となっていく。

最初は屈辱的に思えるかも知れないが、些細な行動が日常的活動へのコントロールの感覚を取り戻すことがある。非常に限られた状況ですら大いに効果を発揮する。一九七六年の画期的な研究で、心理学者のエレン・ランガーはニューイングランドにある高齢者施設の二つのグループに室内用鉢植え植物を与えた。一つのグループは鉢植えの世話を託され、このグループの行動は日課表に記録された。もう一つのグループは職員が鉢植えの世話をすると告げられ、日課表への記入は必要とされなかった。十八カ月後、最初のグループの生存者は二番目のグループの二倍だった。

また、高齢者施設の入居者は、ただ勧められてジグソーパズルをするのではなく、助けを受けてパズルをすると、それをより難しいものと捉えて、うまくパズルを解けなかった。その人の能力が疑問視されると、人は頼りがちになり、学習性無気力〈訳注7〉が育まれ、少しずつアイデンティティと自主性が侵食されていくのだ。

助けを申し出るのに、高齢者が若い人よりも能力が低いから助けたいというのは、目標がどんなに素晴らしくてもエイジズムだ。まずは聞くこと。申し出を受けるのか断るのか、どちらにしろ、答えやすいように聞くことだ。依存性は必ずしも無力を意味していない。それは本当の無能とは違うものであって、年齢学者のマーガレット・クルックシャンクが「老恥」と呼ぶ心理を和らげる特質である。学習性無気力は実際、死に至るが、選択をするということは極めて重要なことなのだ。

アトゥール・ガワンデ博士はこのことを、私たちが自分自身の話の作者であり続け、その話に私たちの性格と強いニーズが反映されているという観点から説明している。彼の貴重な著書『死すべき定め――死にゆく人に何ができるか(Being Motal : Illness, Medicine and what matters in the End)』(みすず書房、二〇一六年)には、瀕死の人は、「世界の中に自分が生きている物語を、できる限り作り続けること――自分自身の優先事項に従って選択し他者との関係を維持すること――の許しだけを求める。現代社会で私たちは、体の衰えと依存性で自主性はなくなるものだ、と思い込むようになった[◉25]」とある。

私たちはこれを変えることができる。丁度、年齢を、老・若の二分法として見るより、スペクトル(分布)として見る方が良いように、自主性についても同じことが言える。実際、人間の交流が、リスクと代価をともなう、複雑で微妙に違う二方向の相互作用である時、それを二分法の二項対立(依存・独立、与える者・受け取る者、受動的・能動的）として見るのは、無数の人間交流を一方向の相互作用に単純化してしまうことになる。私たちはこのことを忘れている。

私の出席した会議のスピーカーが聴衆に聞いた。「助けが欲しい人はいますか？」数人の手が上がった。「誰かを助けたい人はいますか？」会場は挙手で溢れた。状況をコントロールできないとは、自分ではどうしようもないということではない。自主性は他者との関係でのみ存在する。

デンマークの老年学者ヤン・バルスの描く逆説では、自主性を得るために誰か他の人の力を受け入れることは可能であり、必要ですらある、となる。例えば、身体の不自由な人を約束の場所まで誰かに運転してもらうとしよう。[26] 運転している人が、身体に障害のある人の要請で車に乗せてサービスを行っているのなら、誰が自主的だと言えるか？　このような状況は複雑で折り合いがつけにくく、熟練した専門家の間でも高いレベルの相互信頼とコミュニケーションを必要とする。他の人に誰かの代理で決定をさせる時、ことは更に複雑になる。

このような相互作用は、自立という概念が必ず個人を超えて広がることを示している。依存性と自立は相容れないものではないのだ。

現在の介護制度は人生の最後に私たちを雇用主か消費者のどちらかに変えてしまう。従来からの考え方に根ざした態度や施設には良い選択肢がない。自立の落とし穴から抜け出すには、ニーズ、能力、相互利害、友情、そしてあらゆる種類の物々交換を基に、形式ばらない関係性のネットワークを築き、再設定し、評価していく必要がある。

助けを求め、「適度な喜び」に出会おう！

バルスが示すように、自尊心は壊れやすく、お互いの支え合いをあてにしている。つまりそれは、周りの人たちに認められないと挫けてしまうのだ。後ろへ退いたり前に進んだりの揺れがスクエアダンス〔四組のカップルが一セットになって、「コーラーの指示に従って踊るダンス」より多く、どこで入れ替わるかを言ってくれるコーラーもいない。この相互の支え合いには筋書きがなく複雑で、知らないもの同士では特に面倒だ。とはいえ、そこには喜びがある。

住人の平均年齢が二十三歳くらいのブルックリン界隈に移り住んだ二〇〇五年に、私は、地下鉄の階段を子供のように急いで登れなくなった時はここを引っ越そうと自分に言い聞かせていた（私はレイではない、覚えていますか？ステージ2期間中だったか、または「ほら、私ってすごいでしょう！」時代か、どちらか）。その時から、私は流行に敏感そうな人が向こうからやってきたら、何もせずにそのまま通り過ぎてしまうか、彼らに声をかけて鞄を持ってくれと手伝いを頼むこと、そして、それが私たち双方にとって良いことだと気づいていたのだ。

つい最近、これを実践することになった。その日、私は仕事の帰り、飛行場に向かってスーツケースをハンドバッグとコンピューターバッグと一緒に引き摺っていた。背中はすでに悲鳴をあげていた。いったい何を待っていたのか？地下鉄駅に辿り着いた時、親切そうな男性に階段を降りるので荷物を運ぶのを手伝って欲しいと頼んだ。駅には階段が離れた位置に三箇所あった。三箇所とも私は勇気を奮い起こして頼んだ。毎回、にっこり笑う本物の笑顔に迎えられた。

このことをFacebookに投稿した。

「見知らぬ人に助けを求めることは荷物を運ぶより難しかったが、実際、自信が持てた。助けてくれた人も気分がよかったと思う」

私は、すでにキャスター付きバッグ、人間工学の小型バッグ、靴底の滑り止め、カラビナ［登山用のD字型金具］を持ってこの事態に備えていることを明らかにした。するとこのスレッドは、与える人・受ける人の二項対立を、複雑な双方向のやりとりに替えることについての面白い論争の場となっていった。

「食料品を袋に詰めてくれた人が車まで手伝おうかと聞いてきたら、恥ずかしがらずに、はい、と言えることに最近まで気づかなかった」とテリー・フィンがコメントした。彼女は俳優。私が出会う前に彼女は私の元夫とデートしていた(かなり前のことだ)。Facebookで素敵な友情に再び火がついた。

「鍵を探す、どデカい財布の置き場所を探す、ショッピングカートがうまく動かせない、とかスーパーでもたもたするのは、バカみたいなだけでなくものすごくダサい(西ロサンジェルスでは犯罪だ)。加えて、子供たちは五分で店から出られると喜んでいる」

次にコメントしてきたのは、シカゴのビデオプロデューサーで活動家のベスティ・マーテンス。

「助けを求めるのは、幾つになっても難しい。今も闘っているのだけれど、これで私は元気が出ると思っている。最初は誰かを杖でつまずかせてしまうけれど」

誰かをつまずかせるのは彼女の冗談だが、杖は事実。最近、彼女は腰の手術をした。

テリーからもう少し。

「今日、私のアパートに越してきた新しい住人を歩いて通りすぎた時、もう一つ『手放す』ことができた。トラックから出したコーヒーテーブルを玄関ドアから部屋の中に懸命に入れようとするのを見ながら、私は手伝えない、と気づいた。肉体には自信があったから、ベビーカーを引いた母親が地下鉄の階段を降りるのを助け、重い荷物と格闘している人を見ると助けるのはいつも私が一番だったのだが、今は、ドアを押えるか、ただ道を空ける以上のことはできない。もし超人的強さがあったとしても、白髪の女性が使われなかった脚本の箱を持って廊下をハーハーと息を切らしながら運んでいるのを見るのは誰にとっても楽しくないだろう」

「私もいつも私自身を肉体的に強いと思ってきた」と私は認め、「思い込みを取り消す時に感じる一種の不快な感情は好きだ」と付け加えた。超人的強さの「白髪の女性」というイメージには引きつけられた。アイデンティティの変化を匂わせる受け入れ難い言葉が出て来るまでだったけれども。

「分かった、分かった。下がっていてくれ、素人さん」と、作家で大学時代からの友達のフレッチャー・バートンが加わってきた。

「アシュトンは知っているのだが、私は治療不能の進行性筋肉疾患を患っていて（私はジェリー・ルイス〈訳注8〉の子供だ）、助けがいつ必要なのかは心得ている。証明しろって？　分かった。私を助け終わると、私にありがとうという人がよくいる。信じられないだろう。分かっている。特に私の無愛想な態度を考えるとね。しかし、応用ポジティブ心理学〈訳注9〉の発明者マーティン・セリグマンがこうしたことについて彼の本「Flourish（華麗な身振り）」の中で書いている。特にブリッジ仲間を車に乗せたり、降ろしたりした後、驚くことに、人間の深いつながりを感じるというのだ。もう一人のポジティブ心理学者バーバラ・フレドリクソンは「Love 2.0（ラブ2・0）」を書き、そうした束の間の接触が確かな愛の話に発展するとも言っている。誰もが障害を持つべきだ！　分かっているよ、それが幸せの必要条件ではないのは分かっているが、これから老いる予定のある人はこうした本は読んでおくべきだ。ここまで進んでいるのだ。人生は驚きでいっぱいだよ」

次に写真家のサリ・グッドフレンドがこうコメントした。

「これは、話題のFacebookのコメントスレッド中、いちばん面白くて、いちばん洞察力があるスレッドだ。最近、背中に怪我をした。私もいつもテリーのようで、思い切って助けようと小柄な人間ならではの力を発揮している。しかし、人は助けるのが好きだということに私は気が付いた。問題はチャンスを与えるかどうかだ」

フレッチャーが再び加わり、「私のメッセージをはっきりさせるために戻ってきた……結論は、障害者を助けるのは気分が良いということじゃあない。そうかも知れないが、そうではなくて、助ける側の人も感謝してしまうような助けを求め、それを受け入れ、感謝するやり方があるということなのだ。本当に魔法のようで、たぶん、とても珍しいことだから、練習する必要がある。もちろん助ける側の人すべてに当てはまる訳ではない。しかし、覚えておく価値はある。私たちはもっと人に頼む機会が増えてくる。恐れ

助けを求めると、元気が出る

るのでなく、むしろ時々その恐れに打ち勝つことができるって考えるのは楽しいことじゃないか」。なんと完璧な言い方であることか！　フレッチャーは今、電動車椅子かスクーターを使って動き回っている。残る私たちの中にもやがてそうする事になる人もいるだろう。

見知らぬ人同士のダンスの場合は違っている。もっと単純でもっと複雑だ。だから、なお一層感動的であって、私たちに共通の人間性があること、そして、一人でやっていける人は誰もいないという事実を思い知らされる。

さらに素晴らしい逆説は、何かを人に頼むと自信が持てるようになることだ。社会学者のマイカ・ローは「Aging Our Way（私流の老い方）」の中で何度もこのプロセスに触れている。この本は、ローが、三〇人の「最年長の人たち（この場合、八十五歳から百二歳）」が、増え続ける暮らしの困難にいかに自立して立ち向かうかを研究した五年間を記録したものだ。

多くの人は、必要に応じて、報酬を払ってアシスタントを雇ったり、解雇したりしながら自分自身をケアすることはどうにかできる。友達や近所の人にとっての大切な手伝いもできる。ほとんどの人が大半の時間を一人で過ごすか、または、友達のネットワーク、親戚、アシスタントに連絡して、買い物、移動、家や自分自身のケアへの手伝いを頼み、誰かに一緒にいてもらっている。「彼らの話の中から、たぶんもっとも本質的で皮肉な教訓は、助けを求めると、自主的になり、コントロール――それが高齢者の基準であるかぎり――ができるようになるということだ」、とローは書いている。◉27

この八十代と九十代の人たちは、自分ですることをせずに、家族と友達に助けを求めたから、セイフティーネットが作れて、日常生活をコントロールでき、QOL［生活の質］を改善できた。助けを求めることで、状況をコントロールでき、ヘルパーたちには彼らが寛大で重要だと思わせることができた。感覚的にこれは驚くことではない。こう自覚することで私たちが選んだことを伝えることができ、常識と共同体的価値で、見当違いの誇りと困惑を乗り越えられる、と考えてみよう。

私たち一人一人にとって、条件と力関係は変化する。私には練習する時間がある。目標は品位を持って助け、品位を持ってそれに応えること。品位とは何か？　受け入れやすさ、困難に直面した時の威厳、恨みなしの感謝。傷つきやすさ、心の広さと超越的な心さえも。私たちは見ればそれが分かり、そして元気がでる。

人は助けることが好きだ。そしてそれは助けを受け取る側にも元気を与えるものであるべきだ。特に、見知らぬ人同士で、助けが無料で提供されている時には。地下鉄で誰かが席を譲ろうとした時、次の駅で降りるのでなければ、それを微笑んで受ける。それは贈り物であり、礼儀なのだ。非エイジズム社会なら当たり前のことだ。

助けを必要とするのは、人生のはじめの時期と同じように人生の最後の段階でも、恥ずかしくない、と捉えることが大事だ。他の文化では、揺り籠から墓場まで他人の助けに頼り、それを隠すことなく認めている。マギー・クーンは、グレイパンサーを創設し、世代間での解決を重視する洞察力のある活動家だが、彼女はこのことを「相互依存は生活の真実だ」と、言っている。最高の表現ではないか。[28]

クーンにはよく分かっていたように、一人で何でもできる、という神話は、それによって大きな利害をえる人たちが奨励する考え方だ。

グレイパンサーは「私たちが生きる現代社会の不公平、差別、抑圧を消滅させる本源的な社会変革」を求めた。高齢になって、若い人たちの真似をし、若い人たちのように動くことが「サクセスフル（大成功）」で、それができない人には背を向ける社会には、ゆっくり動く人たちやまったく動けない人たちのための場所はない。[29]

老いと障害という二重のスティグマを取り除くには、制度の変革と個人の変革が必要だ。

公民権運動と障害者権利運動が求める平等な扱い、平等な使用権、平等な機会の中に私たちが取るべき道が示されている。

〈訳注1〉 **暮らし慣れた場所で老いを迎える**（Aging in place）：高齢者の晩年の過ごし方としてほとんどの先進国が最近、採用している考え方。「エイジング・イン・プレイス」とカタカナで呼ぶ向きもある

〈訳注2〉 **メディケイド**：アメリカ合衆国連邦政府による低所得者向けの医療保険制度。一九六五年の社会保障法改正により、高齢者向け医療保険制度のメディケアとともに創設された。六五歳未満の低所得者と六五歳以上でメディケア給付金を使いきった人々を対象とする。

〈訳注3〉 **エデン・オルタナティブ**：ケアを介護人と被介護人の共同パートナーシップと捉えて運営する介護施設 https://www.edenalt.org/

〈訳注4〉 **ペンバートン・パーク**：http://www.hakc.org/planning_development/recent_projects/pemberton_park_for_grandfamilies.aspx

〈訳注5〉 **ミーム**：模倣によって人から人へと伝達し、増殖していく文化情報

〈訳注6〉 **オペラの同時放送**：アメリカの地方都市では地元の劇場でメトロポリタン・オペラの公演を同時放送で上映するところがある。

〈訳注7〉 **学習性無気力**：米国の心理学者マーティン・セリグマンが一九六六年に発表した概念で、抵抗することも回避することも困難なストレスに長期間さらされ続けると、そうした不快な状況下から逃れようとする自発的な行動すら起こさなくなる状態のこと。

〈訳注8〉 **ジェリー・ルイス**：米国の喜劇人。筋ジストロフィー患者支援のためにテレソンチャリティ基金「レイバー・デイ・テレソン」を創設し、日本の二十四時間テレビ「愛は地球を救う」のモデルになった

〈訳注9〉 **応用ポジティブ心理学**：実践で有効なポジティブ心理学（「何が人生を最も価値あるものにするか」について、科学的に研究する学問）の知見を蓄積した分野。

第8章
晩年
雄牛が違って見える

老いは、人生そのものであり、人生をひどく面白くする。死は、すべての生物の終焉だけに起こる一つの生物学的プロセスである。これは死を目撃したことがある人なら誰でも証言できる。しかし、エイジズム社会ではこの二つをごちゃまぜにする。

本屋の棚に「老いと死」と書かれたコーナーがあるのはこのためで、「老年・終末期治療」の大学院学位が得られるのもこのためだ。老いと死を一緒に扱うこの習慣は極めて人間的だ。つまり、老人=高齢者は、実際、人間の死すべき運命を私たちに思い出させる存在であり、いわば死の督促状の役割を果たしているのだ。

人生の真ん中を過ぎたことに気づいて驚き、とっくに過ぎていても驚く。こうした反応をする人は老いを否定している人だ。大学の三十七回目の同窓会から帰ってきた私の友達のスーザンは、「死への大きな曲がり角に立ち、ずいぶんと先に進んでしまったことに気がついて唖然とした」と書いていた。

子供の頃、私は死ぬのが怖かった。中年になって、死との距離が狭まってくると、死神の叩くドアの音からの圧力が強くなった。そんな時、人が高齢になればなるほど死が怖くなくなることを知ってすごくうれしくなった。私は怖くない、とは言えないのだが、見通しは悪くないと感じている。そう言えるのは、一つには私たちの抱く不安と選択肢に対して文化の果たす役割を見抜いているからだ。

人間は死を恐れる。どの社会も、そして誰もが死を受け入れるのに悪戦苦闘する。だから宗教があり、モーツアルトのレクイエムがある。一方で、死への恐れは文化と大きく関わる。高齢者の扱われ方は社会によって相当異なる。儒教道徳の孝の伝統のある東アジアの文化や、多くの世代が近くに集まって暮らす地中海文化では、高齢者は尊敬を受ける――グローバル資本主義経済が伝統的な信仰と構造を侵食していない限りにおいてだが。よく言われるように船が沈みかけているなら、これらの社会の人たちは、赤ん坊ではなく両親の方に手を差し伸べるかもしれない。過去には価値があり、説得力がある。子供は増やせる。

問題は、ある倫理が別の倫理より良いということではなく、倫理が文化に規定されていることにある。若さに取り憑かれた社会では、人は老いを避け難い死と結びつける。私たちは老いを恐怖心のスクリーンを通して見ている。私たちは高齢者が謳歌するQOL(生活の質)を、しばしばその価値さえ甚だしく過小評価する。

四つの大学病院で行った一四三八人の八十歳以上の重症患者の研究を見てみよう。研究者は患者に、重症のままでもう一年生きていたいか、それとも寿命を縮めてでも素晴らしい健康状態で生きていたいか、どちらを選ぶかを訊いた。同時に患者の代理人である意思決定者――子供であることが多い――に患者がどう答えると思うかを訊いた。代理人を驚かしたのは、ほとんどの高齢者が良い健康状態と交換するのは一カ月以下と答え、四十%の人は時を手放す気が全くなかったことだった。一年後のインタビューでは、健康状態と時を交換することにさらに消極的になっていた。[1]

別の研究では、認知力が損なわれていない八十歳以上の四百九十八人が入院直後に自己申告したQOL(生活の質」を、健康状態の四分野——身体能力、食べる・風呂に入るといった日常生活上の行動能力、心理的苦痛、痛み——で測定した。結果は非常に変化に富んでいた。身体能力が高くてQOLが悪い人がいる一方で、強い痛みのある人の五十一％は、身体能力が低いがQOLは良い、またはより良いと答えた。◉2

研究者の出した結論とは？　健康だけを基準にして高齢者のQOLを推測するのは間違いである。高齢者にとって何が重要か、それは何故か、についても一般化するのは間違いである、であった。

雄牛が違って見える

哲学者ウィリアム・ジェイムス（一八四二年－一九一〇年）は、他人が経験していることが分かるという錯覚を「心理学者の誤謬」と呼んだ。ボルチモアのジョン・ホプキンス大学病院で行われた終末期についての講演の中で、トマス・フィニュカイン博士が語ったこの問題の捉え方に私は感動した。彼はメキシコの諺「リングに上がると雄牛が違って見える」を信念としていた。闘牛士のものの見方は観客とは違う。

雄牛が違って見える。

フィニュカインの背後には、分娩中の女性を表すグラフ、X軸はセンチメートルを表す数字が横に広がり、Y軸は麻酔を求める度合いを表していた。線は斜めに伸びていた。女性たちははじめ自然分娩をする気でいたのだが、分娩が進むに連れてだんだん気が変わった。医師による別のデータ。四肢麻痺になった事故の直後、患者は生きていたくないと言う。一年が過ぎると六十％の人がQOLを、良い、もしくは、素晴らしいとの評価をくだす。

フィニュカイン博士が語った他の二つの話も私の心に残った。一つは、認知症にかかった極端に道徳心の高い女性の話だ。認知症によってこの女性の礼節さは全て奪われた。彼女は下品な冗談を言い、スカートを捲り上げ、自分の孫たちにいちゃついた。もし正気だったら、女性は間違いなくこの腹立たしい化身であり続けることより死を選んでいただろう。同時に彼女が楽しそうだったことも疑うことはできず、善意の友達や家族が彼女の老いの進行を受け入れやすくなったことも確かだった。

もう一つ。男は酒を飲んだ。その男は運転した。彼は妻に、もしも体が動かなくなったら迷わず生命維持装置を外してくれと言っていた。彼は車をぶつけ、頭部打撲による脳に大きな障害を負った。リハビリの一年がすぎても全身麻痺が続き、知覚できず、瞬くことしかできなくなった。妻は医師に律儀に夫の望みを繰り返し伝えた。そして医療倫理チームが彼のベッドの横に座った。貴方は自分が誰か分かりますか? はい。どこにいましたか? はい。何が起こったのですか? はい。死にたいですか? 返事なし。

生命力は強い。雄牛が違って見える。

歩行器に覆いかぶさるように前かがみになっている高齢女性の姿を見て私は呟いていたものだ。「お願い、あんな風になったら私を殺して楽にさせて!」と。今、私は当時と同じくらい心を込めて「雄牛が違って見える、雄牛が違って見える」と呟いている。人の頭の中を横切っているものが分かると思うなんて、なんと図々しかったのだろうと、今、思う。かの歩行器の女性が私より惨めだなんて思うことなどもってのほかだ。誰も同情されたくないから、同情の対象を変えるのだ。人でなくモノに。

友達の父親は、七十六歳の時の心臓発作で左半身が完全に麻痺した。この男性はその後の十七年間を、車椅子を使って介護施設で過ごした。ある日、いつも訪ねてくる娘が帰ろうとした時に、彼は娘に言った。「今日は完璧な一日だった、と言っておきたい」と。最近の娘からの父親への贈り物は父親が頼んだベルリッツの教科書で、彼は医者と一緒にスペイン語を勉強していた。

このプロジェクトを始める前、私は、重篤な身体障害者の暮らしには何の魅力もなく、友達の父親は死んだ方が幸せだと思っていただろう。諺にもあるように、「百歳まで生きたいと思う人は非常に少ない——ほとんどの人は九十代後半だ」。

晩年の本当の難しさを隠しても誰のためにもならないが、束縛の強い生活では生きる価値がないと思い込んでも誰のためにもならない。高齢者や身体障害者と接触するとそれぞれの環境に、物理的にも心理的にも違いがあり、またそれぞれの適応の仕方に大きな違いがあることがわかってくる。こうした出会いは私たちに考えを改めさせ、それまでの思い込みに疑問を抱くようになり、そして、彼らに今後一切、近づかないようにしようと誓うか、または、必死に見習おうとすることになる。教訓は実利的か、本源的なものだ。マーク・アグロニン博士が幾分大袈裟に表現したように、「高齢の個人と正面から向き合うと、永遠の奈落の底を一瞬覗かされ、生と死についての答えのない問いの引き金を引かされる。この問いには、恐怖と絶望と戸惑いが伴う」[3]。

同じ状況下で自分が感じたり、思ったりすることを基準にして、ことにあたるのは理にかなっている。しかし、それは主観の投影であって、感情移入とは違う。感情移入とは誰か他の人の視点から世界を見ようとすることだ。私たちはしばしば間違った推測をする。私たちは、肉体の衰えに怯み、自分の人生と照らして、高齢者の生活の質を大きく過小評価しがちだ。失われたものしか見ようとしないからだ。その高齢者に重度の障害があり「高齢者施設」に暮らしている場合は特にそうなる。どちらか一方である場合も変わらない。私たちは人生の最終章の美しさと親密さを見落とし、特定の部分に集中するがゆえに、強く味わうことのできる高齢者の喜びを見落としている。

年齢とともに死への恐怖は消える

非常に高齢の人は死ぬことに不安を感じないという事実を初めて知った時、私は疑わしいと思った。その後、私がインタビューした人たちから、それが本当だということを知らされた。その一人、八十二歳のアンソニー・ミュッチはボーイング社の故障検査員だった。

「おー、その問題を取り上げてくれて嬉しいよ」と彼は言い、セントルイスにある小綺麗な牧場スタイルの彼の家で急に立ち上がった。そして写真を手にして朝食コーナーに戻ってきた。「これが彼の棺桶、そして私の棺桶がこれ」と、ミュッチの妻ローズが説明してくれた。「十年前に選んだ」。彼らは死を怖がっていなかったのか？　「全然」とミュッチ。

「私が今までやっていないことでやりたいことがこの地球上でたった一つある。孫のアダムが医大を卒業するのを見ることだ」

マンハッタンのアッパー・イースト・サイドでランチを取りながら、著名な老年病専門医ロバート・バトラーに、八十歳代に入る老化過程で驚くことが何かあったかと訊ねた。「一つだけある。それが驚きだったかどうかははっきりしないのだが、死ぬことに対する居心地の悪さが減ったことだ」とバトラーは答えた。

「死は中年の時に意識し始めた。ショーペンハウアーは、人間は中年になると、誕生からあちら側に向かって考えるのではなく、死からこちら側に向かって考え始める、と言ったそうだ。とても鋭い観察だと思う」

九十歳で、ニューヨーカー誌の作家ロジャー・アンジェルは疑問に思った。

「なぜ私はもうすぐやってくる彼奴、死、について考えないのだろうか？　三十歳や四十歳の時には彼奴のことをよく考えていたと思う、見知らぬ人としてだが。そのころ死は私を恐れさせた。たくさんのことに関わっていたからだ……急いで会いたいとは思わないが、今では彼奴のことを知りすぎているように感じる[4]」

これもついでながら老年病専門医たちに聞いたことだが、非常に高齢の人は死にたいとは思っていない。特に痛みの中で死にたいとは思わないのだが、死を恐れてはいない。

「私たちは自分の恐怖心を老人に投影している……。介護施設で仕事をしていた五十年間の間で、患者の誰かが死ぬのが怖いと言っているのを聞いたことがない」と、アメリカ合衆国最大の介護施設で働くアグロニン博士が言った。彼の患者の平均年齢は九十歳。

「死を受け入れている時もあれば、期待している時もある。しかしほとんどの人にとってそれは大きな不安ではない。人生は死の陰で続いているのだ[5]」

人間の生活全般に関する高齢者からのアドバイスをまとめた、カール・ピルメアのレガシー・プロジェクト〈訳注1〉

へ参加した人たちが、「あんなに心配する必要はなかったんだ[6]」と、何度も何度も繰り返し言っていた。人生は短いと彼らは言った。

そう、今、そう言ってみて。もっと旅をして。あまり心配しないで。彼らに他に若い人へのアドバイスはなかったか？

「死ぬことを気にするのをやめなさい。私たちが気にしていないのだから」

最終的に私は一枚の科学文書の中にそれを見つけた（だから本当に違いない）。曰く、「年若い成人は年老いた成人より死に対する恐れが強い[7]」。多くの人が言っていることなので安心したが、理由を知るまで本当には信じていなかった。

限界ある未来からの贈り物

残りの時間があまりないと気づいても不安にならなくなる。人はそうなると時間を賢く使う。二〇一二年コロンビア・ジャーナリズム・スクールのセミナーでスタンフォード長寿センターのローラ・カーステンセンがこの点を痛感させてくれた。

カーステンセンの行った調査では、人は目標を時間的な前後関係で設定し、それらの予定は死の捉え方によって変化する。死までの時間が短いと思う人は、通常、感情と満足感を重視し、情報収集と視野を広げることにあまり努力しない。例えば、カーステンセンはこう冗談を言う。

「私の知っている人でカクテルパーティが好きな人は誰もいないのだが、若い人たちは、将来、役に立つ人に会えるかもしれないからとカクテルパーティに出かけて行く」

高齢者は、既存の関係を優先し、どうすれば満足するかが分かっている活動に多くの時間を割く。末期疾患の若い患者は、高齢者が見るように社会を見る（小さく親密なサークルを優先する）ようだ。高齢者は、余命を伸ばす奇跡の薬を差し出されたら、健康で若い人がする選択と似た選択をする。社会的なリスクを取って長期の挑戦

を選ぶのだ。◉8

こうした調査結果は離脱理論〈訳注2〉の信憑性を失わせる。離脱理論では、高齢者は生まれながらに備わった死への準備のため、社会から自然に後退するものとしている。実際にはそうではなく、高齢者は重要な関係性を深化させ、やりがいがあると分かっている活動に集中する。カーステンセンがセミナーで話したように、「生物学的に老いと関係する変化は、一方向だけに作用し、体験に基づいているものだと考えていたのだが、その多くは思ったより遥かに外部からの影響を受けやすいものだということがわかった」。

「Long for this World : The Strange Science of Immortality（現世への渇望　奇妙な不死の科学）」の著者ジョナサン・ワイナーはこのセミナーでカーステンセンに質問し、彼が子供の時に飼っていたインコの話をした。指で籠を持ち上げると、鳥は籠の高さに気づいてうずくまった。

「ある年齢の私たちはみんな自分たちがなにか心理学的にうずくまりだしていると感じるようだ」と指摘した後、彼は言った。

「貴方は、この籠、私たちの上にある空間が、変化したことに気づけと言っている。今までのようにうずくまらなくてもいいのだと」

これは生物学だ、とカーステンセンは静かに反論した。鳥も人間も、行動の制約を変えられるのに限りがある時、通常と異なる振る舞いをする。「うずくまる」のは、人間すべてが受け入れている制約に積極的に適応しようとする振る舞いだと、カーステンセンは信じる。

「私たちは（時間がなくなると）徹底的に準備し集中する必要がある。それが誰かが最良の仕事をする時であり、最良の関係を持つ時だ。高齢者が若い人と同じようなのはいいことではないし、その逆も同様だ」

最後まで予測できないとはいえ、「幸せな高齢の秘密」は、人生の可能性には限りがあることを認めることにある。言い換えると、死が近づいていると気づくと、その事実そのものについての不安から私たちは解放される。

これは逆説ではない。理解するのが非常に難しいので逆説に見えるだけだ。

それと関連するのだが、同じように直感でわからない概念は、長い未来は抑圧的だという考え方。若い時には、先に何があるかが気になり、それに対して最善の準備をしているかどうか不安になる。時間が経ち、私たちの取る方向性が見えて来ると、そうした不安は消える。

「ある意味で——私はこれを、歳をとることの明るい兆しとして捉える——私たちは、歳をとるにつれ、未来の負担から解放されるのだ」と、カーステンセンはNPRのインタビューで語っていた。[9]

時とともに目標がいかに変化するかについて話していた時に、若者が長い期間をかけて準備をするのに対し、高齢者は瞬間を享受すると指摘して、彼女は言った。

「ほとんど毎回、話の後に私のところに若者が聞きにくる。『どうしたら速く歳をとれるか？　どうしたらそうした状態になれるのか？』と」（私のお勧めは、訓練中の老人になることだ）。

永遠と不老は関連する概念で、終わりなき夏と果てしない未来を約束するかのように私たちを誘惑する。永遠の若さの呪いを語る古い神話を思い出させるので、これも罠だ。人生で何を一番高く評価するかとの問いに、ドイツの作家トーマス・マンは答えている。

「一過性だ。だが、一過性——命の傷みやすさ——とはひどく寂しいことではないのか？　いや違う！　それは存在の魂そのものだ。一過性は人生に価値と、尊厳と、興味を与える……永遠——時が決して終わらないと言う意味において、決して始まらない——は停滞する無だ。まったく興味をそそられない」。[10]国と文化を超え、賢人たちが言っているように、終わりなきものには現在もない。

子供は今を生きる。子供はその他のことをする認識能力をもたないからだ。高齢者も今を生きる。高齢者には時間がなくなっているからだ。高齢者は時間を無駄にするのを嫌い、現在に生きることに幸せを感じる。画家のマルシア・ムースが言ったように、「九十歳に近づくと、ある時点で終わりがあると気がつくのです。それだけですよ。毎日が目いっぱい生きたい時になるんです」。
病院の日と葬式――死の督促状――で高齢者のカレンダーはいっぱいになる。高齢者にとって否定はすでに選択肢ではない。このことがどれほど高齢者の幸福感を強調していることか。人生は短く、そして、一度その事実を生きると、なお一層人生は楽しくなる。

子供は今を生きる。その他のことをする認識能力をもたないからだ。高齢者も今を生きる。残る時間が少なくなっているからだ。

生きがいとは何か

そして価値ある人生とは何か？　楽しく充実した生き方をするには、空間的にも時間的にも大きく生きる必要はない。この考え方が、人口の高齢化と人生の終末期をテーマとする対話に取り上げられることはほとんどなく、そこには恐怖と無知ばかりが蔓延している。大胆にも近くにいた高齢者――しかも病気の高齢者だ――について語る言葉使いはあからさまに敵意を含んでいる。歳とった身体も若い身体と同じように、臓器移植、化学医療、透析療法などの高度な治療法の恩恵を受ける。話は「高額」治療の数々に集中する。二〇一五年の全米経済研究所の研究で、「米国の増加傾向にある高価な医療費を突き上げているのは人が亡くなる前に受ける医療費ではないようだ」との結論が出ているにもかかわらずこのありさまだ。[11] 六十五歳以上のアメリカ人の晩年の医療費はアメリカの医療費全体の七％でしかない。

高齢な患者の健康問題は、誤って治療不可と診断されることが多いこと、加齢によるものとして片付けられること、往々にして全く病気として気づかれないことなどの事実のために不十分な治療が話題にされることなくまかり通っている。性差別《セクシズム》によって治療が十分にされていないこともほとんど語られることはない。女性は男性に比べると貧しいことが多く、医療機関に基準以下の治療の受診を強要されることが多い。有色人種の人の状況をさらに厳しくする人種差別《レイシズム》も然り。さらに、障害者差別《エイブリズム》も同様だ。私たちは、障害のある人たちの生活の質を過小評価し、目を逸らして知らないことにしている。当然のことながら、階級は全てに悪い影響を与える。精神的には支障のない末期症状の患者が、どう死ぬかを自分自身で決定することについてはほとんどの人が同意する。この問題は多くの名前で呼ばれる。安楽死、自殺幇助、死ぬ権利、尊厳死などで、多くのもっともな理由によって、この問題についての文化戦争が加熱している。

二〇一〇年、自分の小説の公開とピッタリとタイミングを合わせて、イギリスの不良少年作家マーティン・アミスは、街角に自分で安楽死できる「安楽死ブース」を提案してトップニュースになった。アミスは、「軽薄」というより「風刺」の意味だ、とあまり説得力のないコメントをしているが、「認知症の高齢者たちが、恐ろしい移民の侵入のように、レストラン、カフェ、店などから悪臭を放つことになる」との予言には、誰もが気分が悪くなる何かがある。[12]

ジョージ・オーウェル風に聞こえはしないか? 中年の人でさえ、人の負担になると心配し、長生きしすぎの代わりは自殺しかないのか、と問う声がいたるところで聞こえてくる。この終末期の負担に対しての懲罰的解決策は、社会的弱者の健康と福祉対策に対する政治のやる気のなさの裏返しだ。「長く生きすぎる」の本当の意味は、「経費がかかりすぎる」なのだ。[13]

しかし、非営利団体のアライアンス・フォー・エイジング・リサーチ(Alliance for Aging Research、老化研究連盟)によると、高い医療費が発生するのは、六十五歳以上のアメリカ人の毎日の死亡者数、四八〇〇人のうちの三%だけだ(従って、この人たちにかかる費用が、晩年のアメリカ人高齢者にかかると言われている米国医療費総額の七%の中に入る)。たった三%だ。そしてこれは、もし、アメリカ医療の運営方針が、費用がいくらかかっても人を生かすというものではなく、また、人に安らかな死を迎えさせるのが下手でなかったら、もっと低くなる――緩和ケアとホスピス計画が歓迎される理由だ。

エイジズム文化は死を拒否する高齢者の数の増加を問題として取りあげる。この増加は、エイジズム文化にとっては困ったことだからだ。今や、医療の本質的変化が主要な問題となっているにも関わらず、これが現状だ。昔は、重病の人は早く死んだ。現代の薬と治療は闘病を長引かせ、必然的に最期の時を延期させる。例えば抗生物質以前、肺炎は「年寄りの友人」と呼ばれていた。患者が眠っているうちに穏やかに死ぬことが多かったからだ。

今は、多くのハイテク治療介入が、高い利益を産み、また、法で定められていることが多いことから、積極的な治療介入が初期設定されている。癌患者の平均余命は伸び、心臓病や高血圧症のような慢性疾患の療法は以前より向上している。こうした進歩や治療が疾患と死の境を曖昧にし、より一層緊張した意思決定が必要となる。

患者の望みがはっきりしている場合もある。私のパートナーの母親のルースの場合もそうだった。九十二歳で肺炎で入院した時、彼女が最初にしたことはDNRの取り消しだった（DNRは、「Do not resuscitate［生き返らせないでください］」の略語で、人の心臓と呼吸の両方か、いずれか一方が止まっている場合、医療チームへのCPR［心肺停止の蘇生救急］を与えないようにする法的指示）。

病気が重く、患者が自分で話ができない場合はさらに複雑になる。私の祖母が九十一歳近くになって肺炎で倒れた時がそうだった。祖母の子供たちが祖母の何年にもわたる掛かり付け医と相談した後、抗生物質を差し控えることに医師が同意した。祖母は家で穏やかに死んだ。ついでに言えば、ルースは二年後に死んだ。倫理的仲介者、または総意が不在の場合、ことはさらに複雑になる。患者の利害の他に誰の利害が働くのか？　そして当人が必要とするなら誰が当人の仲介者になるのか？　自殺幇助と安楽死は、思いやりの言い回しで覆い隠されてはいるが、高齢者、病人、身体障害者、そして経済的に生産性がない人たちに対する差別の一形態であると捉えるのは、特に飛躍しすぎてはいない。

最終的には、ソーシャルワーカーのエリザベス・シュニーウィンドの書く、「もし、人が生産的になる希望がなく、社会がそれを無視するときに自殺するのが理にかなうというのなら、なぜ同じことが、重篤な病人や、発育障害のある人、または変形疾患［脳や脊髄にある神経細胞の中で、ある特定の神経細胞群が徐々に障害を受け脱落してしまう病気］のある人に言えないのか？」[14]との問いに行き着く。苦しむ人にはこの権利があるべきだ。しかし、この議論の裏側の論理――役に立たない人間はいなくなるべき――は許されるものでない。シュニーウィンドのこの問いは、障害を持った人たちを駆り立て、素晴らしい名称「ノット・デッド・イエット（Not Dead Yet［まだ死んでいない］）」を持つ団体の設立につながった。これは草の根の団体で、「その命に価値がないと見られている、いわゆる『慈悲殺』の対象者」の保護を求めている。回想録「My body Politic（私のからだの政治学）」でシミ・リントンは一九九七年の最高裁判所前のデモの参加メンバーについて次のように述べている。

「デモ参加者たちは、私の命は生きる価値がある、と叫んでいた。失禁、人工呼吸器依存、二十四時間付き添い介護、痛み、麻痺、盲目など、悲劇的で耐え難いと言われている疾患によって人は死にたくなるのではない。むしろ、制度や、他の人の負担になっていることへの罪悪感、一人で衰弱することへの恐怖、貧困、不適切な医療――こうしたことすべてが、憂鬱と絶望感につながっていくのだ[15]」

普遍的な保険医療［たとえば日本の国民健康保険制度など。米国にはない］の経費に不平を述べたてる政治家が、税金で賄われる保険を大いに利用している。長年の医療保険改革論者のテッド・ケネディ上院議員も脳腫瘍と診断された時にこれを利用した。しかし経済的リスクが雇用主や政府から個人に回されることが多くなると、病人と身体障害者には「正しいことをしろ」圧力が強くかけられるようになる。何歳でも、どんな環境でも、人間には生きる権利がある。この権利をそこに住む住民が防衛しなければならないような社会は想像することさえ恐ろしい。

こうした権利が当然のものではなくなってしまうのか？　私たちは病人と弱者への立証責任の押し付けを許すのか？

それ自身の没落の対処に忙しい過酷な資本主義文化にあっては、私たちが生きる権利を望むのは無理だと言うのか？

苦しむ人は自らの命を断つ権利を持つべきだ。しかし、この議論の裏側の論理――役に立たない人間はいなくなるべき――は許されるものでない。

これは最も有毒なエイジズムであり、エイブリズムだ。

「若者は死を拒否するベビーブーマーのための支払いに疲れているかも知れない」と、詩人エド・ミークは予測し、それをボストングローブ・マガジン誌に載せた。[16] これに対し、「もう若くないというだけで、有効な治療は拒否すべきなのか？　他に『死を拒否する』を意味する何があるのか？」と、文化評論家のマーガレット・ジュレットは編集者への手紙の中で厳しく応じた。[17]

権限と義務の間の滑りやすい坂道へ警告を発して、ジュレットはこの議論のキーワードを「死ぬ権利」ではなくて、「死ぬ義務」とした。[18] 肉体的衰えに嫌悪感を持つ社会では、この権利と義務の境界線は恐ろしいスピードで不鮮明になる。

なぜ私たちは、晩年に近づく人間に費やすお金を、生まれたばかりの小さな早産児に費やす数百万ドルより倫理的に問題があると捉えるのか？　なぜ、安楽死がこの想像上の資金不足に対する「解決策」として常に提案されるのか？　この誤った二分法が医療問題の周りに常に出現する。なぜ、子供たちにお金が必要な時に、もうすぐ死ぬ老いた人間（この部分は誰も大きな声を出しては言わないが）のためにそれを使うのか、と。

「同様の公開討論が、人種や性別を主題にして開かれることを想像できるか？」と、ローラ・カーステンセンは彼女の著作「A Long Bright Future（長く明るい未来）」で問いかけている。例えば、少女ではなく少年にワクチンを打つことに同意するとか、または、同性愛の人でなく異性愛の人にワクチンを打つことを同意するとか。あり得ない。

「しかし、私たちは年齢についてはこうした会話を自由にしている」[19]

複雑だ

私の母は、死ぬ権利を擁護する初めての全米組織へムロック・ソサエティー（後に、「晩年の選択を広げる」活動をする組織「パッション&チョイス」と合併した）の創立メンバーだった。長年、うつ病と診断されていた私の母は、実際に自殺した数少ないメンバーの一人だ。母は自分が自殺しようとしていることを秘密にしなかった。七十四歳での死を聞いた母の仲間から最初に訊かれたのは「自分一人で自殺したのか？」だった。私は母の決定を完全に受け入れてはいなかったが、母の決心を尊重し、母の明瞭さに感謝している。

私にとって幸いなことに、私はうつ病に苦しんだことがなく、子供たちには母の例に倣うことはないと約束している。自殺は悲惨な遺産だ。それでも、私も、死ぬ状況を運よく自分でコントロールできることを願っている。私たちの世代がこうした状況を変え、人間が人間的な環境で死ねるようになる時が訪れると、私は信じている。

非常に高齢の人は死を恐れないかも知れないが、死の予兆がものすごい痛みを伴う場合は恐怖を感じる。長い間、高価な医療器に繋がれる最後は望むものではないし、身の引き方は楽であるべきだ。しかしながら、良い死に方ができたとしても、それは最後の日々、数週間、数カ月をより良く過ごすことには替えられない。個人レベルでは、このことは「死ぬ義務」へ抵抗することを意味し、政治レベルでは、大規模な社会変化へ影響を与えることを意味する。『死すべき定め』（みすず書房、二〇一六年刊）の中でアトゥール・ガワンデ博士は書いている。

「私たちの失敗は、安全と長寿以外に病人と老人に優先事項があると思えないことだ。これは最も残酷な失敗だ。彼らの優先事項は、まず、人生に意味を持ち続けるために重要な自分の物語を自分で作る機会を持つこと。また、人生の最終章の可能性が変えられるように、私たちの制度、文化、会話を作り変える機会を持つことなのだ」◉50

理想的には、それが、私たちが今、話していること、このいちばん重要なことについての会話が続けられることだ。

最後に何を望むかを話し合っておくこと

私の医師は私の生前遺言のコピーと医療委任状を持っている。私の子供たちはそのファイルがどこにあり、私が何を望んでいるかを知っている。次に、「窓際のベッドに寝かせて」と鎖骨に沿って刺青を彫った。木はあってもいいが、私は空を見る必要がある。しかし、そうなってほしくない。家で死にたい。家では、アシュトンチームが病院チームにコントロール権を譲り渡さなくて済む。

私のパートナーのボブの母親はこうした話し合いを全くしていなかった。それは、彼女に死んで欲しいと私たちが思っていると彼女が思っていたからで、また、彼女は自分自身、老いと死を執拗に否定していたからだ。彼女と彼女の夫が最後に入院したとしたら、彼らはあらゆる手術を望んだと思うし、もしそうなれば、彼らの息子もそれを望むだろう。ボブの判断基準は、意味のある会話ができなくなるまでは頑張っていたい、だ。その後、彼は会話の定義を広げ、笑い、足でコツコツと音を立てる、鼻を引きつらせるなど、あらゆるコミュニケーション動作を含めることにした。

ボブは、息子マーフィーを自分の医療代理人に選んだ。彼が面白いことを言わなくなったら私が生命維持のコンセントを抜いてしまうとボブが思ったからだ。私自身の代理人は私の妹だ。時が来た時に彼女は簡単に抜くことができるからで、それは私が望むことだ。

しかし、どうだろうか？　雄牛が違って見える。私たちが死ぬことは予見できなさそうだし、私の年齢と健康状態は、私が最後に望むこととは意外に関係がないことを学んできた――そして私の価値にも関係がないことも。一つ、確かなこと。私たちの望むこと、恐れていること、そして優先することを、愛する人たちと話しておくこと。これは大切だ。理想は、彼らが行動を起こさなければならなくなる前の段階で話ができるのが良い。また、待たないことだ。必ず起こることなのだが、誰も、いつ「何かが起こる」かは考えていない。

非営利団体のカンバーセーション・プロジェクトは、カンバーセーション(会話)を開始するためのガイドブックで賢く気の利いた提案をしている。そのガイドブックが指摘するように、話を始めるのは集中治療室でなく、キッチンのテーブルが良い。自分で選ぶ機会を与えられずに死ぬ人がいないように、また、介護に当たる人が不確実性と罪の意識に悩まなくてすむようにするためだ。会話は非常に重要だ。なぜなら、もし神経質になりすぎて晩年の優先事項についての話をしておかなければ、私たちは医療機関に多くを期待できなくなるからだ。

晩年の希望を話し合う価値は、倫理学者で活動家で医師のガワンデのような人のおかげで可視化された。ガワンデは次の五つの質問を終末医療のルーティンの一部にして医者を訓練している。

- 今、自分はどのような状態だと思っているか？　そしてどうなると思っているか？
- 何が怖いか？　希望は何か？
- いちばん大切な目標は何か、いちばん大切な優先事項は何か？
- どのような妥協をするつもりがあるか、受け入れられない結果とは何か？

そしてその後で、

- あなたにとって良い一日とはどんな一日か？[21]

それでもまだ、実に複雑だ

私の遺言と医療委任状を印刷して、同じファイルに入れたのだが、この書類がきちんと保管されているかどうかについては、もう自信がない。

退職した英国人の教授ブルック・ホプキンスは最近、遺言の中身を改訂して、重篤な病気や怪我をした場合、「臨終の過程を不自然に延長する」ことを拒否した。文章は、彼の妻ペギー・バッティンに宛てて書かれているように見えた。ペギー・バッティンは安楽死の擁護者として世界中から尊敬を集め、死に方について七冊もの著書を発表している。二〇〇八年、ホプキンスはバイク事故で首の骨を折り、バッティンが病院に到着する頃までには生命維持装置をつけられ、肩から下が麻痺していた。

雄牛が違って見えた。生きる価値があった。恒常的な痛み、感染、ぶり返しが起こる度に、ホプキンスは延命機器と治療を選び続けた。時にはバッティン自身が彼のために決定を下さなければならなかったが、その度にことはさらに複雑になった。

「身体的にやつれ切った夫のそばにいて、彼女は現実が高遠な理想を打ち負かすのを目の当たりにした――そして、人の終末がいかに乱雑で、粗野で、混乱したものであるかを知った」と、ロビン・ヘニッグ（科学ライター）がニューヨークタイムス紙の「感動した人」の中で書いていた。[22]

さらに身近なところでは、友達の八十三歳になる母親は、自分の心臓が機能しなくなれば極端な治療は一切望まないとはっきりと言っていた。実際、心臓が機能しなくなった時、彼女の感覚は違った。三重のバイパス手術に身体が耐えられなかったので、リスクの非常に高い七時間にわたる手術の間に外科医が二個のステント［人体の血管、気管、食道などの狭窄部を内部から広げる冠状の医療機器］を取り付けた――どう見ても思い切った手段だった。二週間後、彼女は看護師二人を解雇し、彼女の弦楽四重奏団に戻ってバイオリンを演奏した。その後の一年半を活動的に過ごしたある日の午後、彼女は四重奏団の演奏の後、死んだ。

二〇〇七年、ペギー・バッティンが行った研究は、自殺幇助が合法とされているオレゴン州とオランダの人々が、自ら命を断つことを選ぶよう強要されているかどうかを実験的に調べる初めての試みだった。バッティンと彼女の同僚は、自殺幇助を利用する人は、社会的弱者と思われている人たちより比較的暮し向きが良く、教養の高い人たちであることを発見して安堵した。バッティンがさらに気づいたことは、「彼らの死への圧力は、死んで欲しいと思っている貪欲な親戚か、または経費を抑えようとする州からではなくて、生きていて欲しいと願っている伴侶かパートナーから掛かっていることだ。これらの愛する人たちの存在そのものが真の自主性の価値を下げている」。「正しい」ことをするのは、最善の意図をもった人たちでも同意できないことがある。

バイク事故から四年後の二〇一二年十二月、ホプキンスは、彼と彼の妻が一緒に発信するブログ[23]で次のように書いていた。

「私は私の災難を私の一部、私がこれからなろうとしている私の一部にしようとしたのです。そして、私が失ったものではなく、いかに多くを得たかを覚えておこうとしたのです」

夫妻は、「この話に終わりはありません。そして悲劇である必要もないのです。今でもこれは愛の話です。その愛が試されているのだとしても」。一年半が経って、ホプキンスは全ての医療機器——人工呼吸器、横隔膜ペースメーカー、酸素吸入、心臓ペースメーカー、栄養チューブ——を外すように頼み、ホスピスケアに託すように頼んだ。ホスピスケアの担当者は、ホプキンスを受け入れた後、いつ人工呼吸器を外したいかと聞いた。「今日」とホプキンスは答えた。数時間後、教授は自宅で静かに息を引き取った。

献身的なチームと一緒に、ホプキンスは自分の望み——自分の死をコントロールする——を叶えることができた。ホプキンスを支える人たちは本人の望みと本人の感じる恐怖に注意することができ、それについて話をする機会が最大限可能な状況で存在した。彼の死が、彼と彼の愛する人にとって何を意味するか、についての話である。

さらなる治療をして欲しいか欲しくないかについて、死の床にある高齢者の意思を無視するのは高齢者虐待の一形態だ。この観点から、末期患者の権利の画期的な勝利として、非営利団体コンパッション&チョイスは、二〇〇一年に判決を勝ち取った。中皮腫で苦痛とともに瀕死の状態にある八十五歳のウィリアム・バーグマンに対し、医師たちが鎮痛剤のさらなる処方を拒否したことに対してだ。コンパッション&チョイスはもう一つのケースを取り上げている。「蘇生させるな（DNR）」との九十二歳のマジョリィ・マングアルカの意思に反して、彼女はEMIチームから心肺蘇生の処置（CPR）を受け、病院で五日後に死んだケース。この件は現在まで決着がついていない。

医療産業界は、利益重視で、法律により医療介入が設定されていることが多く、その力は甚大だ。それが理由で、私の同僚は、彼女の九十四歳の母親がアルツハイマー病とその関連疾患で死を迎えていた時、彼女の妹と一緒に病室にいることにした。

「私たちは母の生命兆候が弱まるのをモニターで見ていた。母は最後の時に差し掛かっていた。すると、病院スタッフがX線装置を運んで来るのが見えた！　私たちは彼の頭を食いちぎりそうになった。可哀想に、彼は指示に従っていただけなのだ。それから医師が入って来て言うのだ。『何かがお母さんの呼吸を乱しています。私たちが見てきましょうか？』」

ブルック・ホプキンスと私の母は極端な例だ。QOL［生活の質］がどんなに下がっているように見えたとしても、私たちが死を選ぶことはほとんどない。私たちの多くは、ホプキンスのように突然ではなく、少しずつ障害者になっていく。最終的には、思っているより大変なことではないのかもしれない。

テレビプロデューサーのルース・フレンドリーの最初の夫は軽食用のテーブルで話をしている間に死んだ。二番目の夫は数度の発作の後にゆっくりと死んでいった。私は常々訊きたいと思っていたことをフレンドリーに聞いた。突然死からの衝撃は他の死に方から受ける衝撃よりも強いか？　または他より耐えられるものなのか？　フレンドリーは考えてから答えた。

「どっちもひどい」

雄牛が違って見えるかどうかは別の問題なのだ。何歳であっても、医療処置の判断基準は、生命倫理学者のエリシア・アッカーマンを引用すると、「生きていたいという欲求、医学的必要性、その処置が功を奏するチャンス」があることだ。◉24 その通り。

先入観を点検し、不確実性を受け入れること

マーク・アグロニン博士は、彼が精神保健部長を務める高齢者施設で新規入居者をチェックしている時、フロリダの太陽の光でシルエットを描く女性の姿を見つけた。車椅子に静かに座る九十三歳の女性だった。博士は自己紹介をし、入居の理由を聞き、七十三歳の夫が最近亡くなったことを知った。夫を亡くしたこの女性の胸中を思い、博士は車椅子にかがみ込み、お悔やみを言って、長年の結婚生活の後の今の未亡人生活をどのように過ごしているかを尋ねた。少し間があって、彼女が答えた。「天国よ！」

この女性は粗雑で口汚く罵る男に何十年も耐え、今は解放されて幸せだったのだ。愕然としたアグロニン博士は、他人の経験が分かると思いこむ典型的な過ちを犯していたことに気が付いた。なり立てほやほやの未亡人は、残された五年間をフルに高齢者施設の活動と友達関係に打ち込んだ。

私たちは老齢を喪失のレンズを通して見ている。外部からは、年を取るに従って人が失うものが、得ているものよりもはっきり見える。喪失は現実であり、苦痛を伴う。しかし、内部の経験は違う。先入観を捨てるには、心の広さと想像力を必要とする。眺めが変わるのだ。

ピート・タウンゼントの場合を見てみよう。ザ・フーのリードギタリストは二十歳の時、「あいつらの目つき　ものすごく冷めたい　歳とる前に死んでしまいたい」と、不滅の歌詞［一九六五年の「マイ・ジェネレーション」］を書いた。一九四五年生まれのタウンゼントは現在、ブログサイトを持っていて、この歌とは違った歌を歌っている。二〇一二年八月の投稿では、作曲すること、ショーのプロデュース、旅行、二歳の孫とハーモニカを吹くことに触れている。「初めて使う楽器だった。とても簡単だ。呼吸するだけでいいのだ」と、タウンゼント。「この楽器をもう数年このまま持っていたい。生きているって良いことだ[原注26]」

死と死ぬことをクローゼットから持ち出せ

死についての話がほとんどされない理由の一つに、昨今のアメリカ人は死んだ人を見ることがほとんどなくなったことがある。かつては家族の生活に欠かせないものだったのだが、死体は夜中に素早く高齢者施設から運び出される。まるで死者が消えてしまったかのようだ。こうして、人間の死すべき運命と面と向かい合わないですんでいるのだが、それにはそれなりのつけが回ってくる。

私たちは老齢を喪失のレンズを通して外部から見ている。喪失は現実であり、苦痛を伴う。しかし、老齢者の内部の経験は同じではない。

「老人と病人を差別すると、資本主義は無限に拡大するという根拠のない幻想と同じように、若さと健康は永遠であるとの幻想を持つようになる。そこでは、高齢は、ジャンクフードを食べるかミニバンを買うといった悪い暮らしを選ぶことと同じであり、教育があって流行に敏感なら避けられるものであるかのようだ」と、ティム・クレイダー〔エッセイスト、漫画家〕は「あなたは死ぬのだ」と題する叡智に富んだエッセイで書いていた。[原注27]

形勢が変わるかもしれない。国中に突然、「デス・サロン」と「デス・カフェ」が姿を見せ始めた。人々が死神に関する生物学的、心理学的、人類学的全体像を求めて集まっている。これは死の浄化傾向——一八〇〇年代に死は、病院へ外部委託され始め、死の付随的儀式は病院の休憩室から葬儀室へと移って行った——に反発する動きだ。この動きはいける!

カイトリン・ドウティのユーチューブ「Ask A Mortician(葬儀屋に聞け)」をチェックしてみること。二〇一五年、ドウティはロサンゼルスに葬儀場をオープンし、この非常に私的な任務を見知らぬ人に任せるのでなく、死者を洗い、服を着せ、一緒に座っていられるように環境を整えて、家族葬を支援している。「お葬式で自撮り(Selfies at Funeral)」と題するブログさえある。これは若者の死と死ぬことへの一つの関わり方であり、考え方によっては最悪のアイデアかもしれない。

他には死のドゥーラの登場がある。別名、デス・ミッドワイフ(死の助産師)としても知られているドゥーラとは、ギリシア語で「奉仕する女性」を意味する。子供の出産を連想するのが普通だが、この世との往来を助けるドゥーラになる訓練を受ける人が増えている。仕事は定期的なお見舞いから書類整理と医師とのコミュニケーションの手伝い、家族や友達の手伝いである。これらのドゥーラたちが熟知しているように、死は非常に意味ある経験であり、特にそれが生活の一部である人にとっては意味深い。私のブログのコメンテーターはホスピスで短期間のボランティア活動を勧めている。

「こうすることで私たちみんなが死がどのようなものかを自分の目で見ることができ、死ぬ人を恐れることがなくなり、その瞬間の他の人のニーズへ共感が生まれ、自覚ができ、死んで行く他の人の顔の中に自分自身を認識することができるようになる」と書いている。

「それから多分、社会として、私たちは自然の移行としての死の取り扱い方が分かるようになる」。これは私たちにとって良いことだ。ホスピス職員とか自殺などの電話相談に応じる専門の相談員のように、死が普通の生活の一部である環境で、死に対して親密に、そして長く触れている人の方が、死への不安が少ない。

メキシコの文化では死者の日を祝う。四千年も昔に遡る儀式だ。死への恐怖ではなく輪廻と祝福に基づいて、生きているものと、すでに見送った愛する人たちとをこの祭りは結びつける。

もう一つ重要なことは、人生最後の儀式と伝統を新しく作り上げて、世代間を結びつけ、コミュニティを育てることだ。ボブと私はベトナム旅行から帰ってきた。ベトナムでは多くの家に先祖を祀る小さな祭壇がある。それは家族の祭壇なのだが、この考え方に私の子供たちは飛びつかないし、私たちも自分たちのものをまだ作ってはいない。私は告別式によく出席するので、私の一番好きなことを心の中でメモしている。（自分自身へのメモだ。ゆっくり話す。スライドショーを堪能する時間を与える。邪心があっても隠さない）。

以前より長い一生は、私たちの知っていること、私たちが価値を見出したものを、後から来る人へどう伝えるかについて深く考える時間をくれる。物語があるとモノが意味を持つ。私たちはこの肖像画にまつわる話をしたか？ ジェロ型［波のついた山型のゼリー型］についての話をしたか？ なぜ私たちがそれを使い続けたのか、なぜ彼らが欲しがるのかがわかるように伝えたか？ 私たち自身の話をしたか？ 私たちがいなくなった時に、きっと他の人の役に立つように、私たちはどの経験を一番伝えたいのだろうか？

〈訳注1〉 **レガシー・プロジェクト**：ヘーゼル・E・コーネル大学社会学・老年学教授 カール・ピルメアが二〇〇五年から開始した、アメリカ人高齢者2000人から仕事・結婚など人間の生活全般に関するアドバイスを聞き出したプロジェクト。結果は二冊の本にまとめられた。

〈訳注2〉

離脱理論：「老化とは、人びとと社会体系の他の成因とのあいだの相互作用が減少していく、段階的で不可避的な撤退と離脱の過程であるとし、加齢に伴う引退は避けられず、それは社会システムを維持していくためにも必要であり個人の適応にとっても好ましい」とする考え方。老化の捉え方には他に、「壮年期の社会活動の水準を維持することが、幸福に老いるための必要条件であるとする」活動理論、「中年期までに形成してきた行動パターンや生活、パーソナリティの継続性を保ちつつ、変化に対処していくことが老年期における望ましい適応の様式である」とする継続理論がある。

第9章 年齢占拠！エイジズムを超えて

数年前、「エイジングパーティ！」と件名をつけたメールが届いた。それはこう始まっていた。

「私は高齢化《エイジング》中です。四月二十九日に三十四歳を祝います。この日を空けておいてください。ぜひ、あなたとお会いしたい。一緒に祝い、ハグし、乾杯したい。あなたがエイジングがお好きなら、エイジングパーティにぜひおいでください！」

このバースデーガールにエイジングパーティを思い立ったのは私の影響があるかどうかをたずね、もしそうなら、このメールを、名前を付けてか、または、付けないでウェブサイトに載せてもいいかと訊いた。「もちろん、あなたの影響でーす！」との返事。「もちろん名前を太字でつけて掲載してくださーい！」。それでは、誕生日おめでとう、マーシャ・フェイグイノヴァ、楽しい年齢占拠を！

年齢を占拠するとは高い年齢のことではない。それは私たちが生まれた時から始まる変化の過程を私たちが誕生した日に確認し、受け入れることを意味する。エイジング＝高齢化＝歳をとるとは、生きることであり、誕生日に毎回その幸せな事実を祝うのだ。

なぜマーシャのようなエイジングパーティがとっぴに見えるのか？　それは通常の考え方では、三十代の彼女は「高齢」には若すぎて、誕生日で幸せな気持ちになるには高齢すぎ——早っ！——ているからだ。なぜ、私たちは二十八歳ごろまでの誕生日を心から祝い、それから先の誕生日は、そう、七十五歳までだんだん不安を募らせながらやり過ごし、その後また祝いのために風船を取り出して埃を払うのか？

それは、私たちが文化から心理操作を受けているからだ。私たちの文化は、高齢者の地位をバースデーカードの漫画によく登場するグロテスクな姿の老人に貶めている。こうしたカードが商品として生産されるのはエイジズムが社会に浸透しているからであり、それが売れるのは、エイジズムが人の心に入り込んでいるからだ。

「最悪！」と言う表現が日常的に使われるようになる随分前に、私は十三歳が最悪だったことを決して忘れないようにしようと自分に誓っていた（新しい学校、意地悪な少女たち、ニキビ、直毛にならない髪、超バカさ加減）。この誓いを守り、物事は幸いにも好転し続けた。次はどうなるか？　一寸先は闇なのだが、分かっていることが一つだけある。それは、長く生きれば生きるほど、私たち一人ひとりは大きく違ってくる。そして私たちの生活は窮屈で耐え難い大衆文化の台本からますますはずれていく。このことを私たちは本能的に知っている。体験から教訓を学んでいる。私たちが怖がり慣れている変化が、違った形で現れる、もしくは、全く現れない。

長く生きれば生きるほど、私たち一人ひとりは大きく違ってくる。そして私たちの生活は窮屈で耐え難い大衆文化の台本からますますはずれていく。

この軋みをどうこじ開けるか？　台本と現実のこのずれ、認知的不協和［人が自身の認知とは別の矛盾する認知を抱えた状態、またそのときに覚える不快感を表す社会心理学用語］のこの痛みをどう対処するのか？　わずかな自覚を意識的な思考に変える？　この少しばかりの自覚を、私たちの老いを型に嵌めようとする社会経済的諸制度全体の理解へと広げる？　それらの意味を拒否して私たち独自のものを作り上げる？　そして最後に、それらを文化全般に当てはめてみる?

長生きをめぐる全ての会話を——弱みを好機に、依存を相互依存に、重荷を贈り物に——変えていくことだ。そしてそれに伴う私たちの内面を変えるのだ。それは、エイジズム的ステレオタイプすべてを、それぞれの正確な表現に置き替えて初めて可能となる。それは、すべての年齢の人々の大規模な意識変化があって初めて可能となる。

個人的なことは政治的である

私の前著「Cutting Loose：Why Woman Who End Their Marriage Do So Well(はめを外す——結婚を終わらせる女性はなぜうまくいっているのか?)」は、男性と女性の扱いが非常に異なる社会において、なぜ平等な結婚が難しいのか、がテーマだった(ヒント=家父長制)。この本の執筆には数年にわたるフェミニズムと女性の権利の歴史を集中的に学習する必要があり、私自身の結婚関連のもつれを解く必要もあったことは言うまでもない。恐る恐るではあるが本を書くことが私の意識を向上させたと自覚したのは出版して数年が経ってからだった。

「意識の向上」という表現は女性解放運動から生まれ、「個人的なことは政治的である」という表現も同様に女性解放運動から生まれた。二つの表現とも、フェミニスト、キャロル・ハニッシュが一九六九年に集団に関する諸問題の理解に役立つ意識の向上について書いたエッセイの中にあった。

「女性、(そして)黒人が……自分たちの嘆かわしい状況に対して自分を責めるのをやめたらどうなるかと想像してみてほしい」と、ハニッシュは問いかけた。

「それは、黒人解放運動が今、彼らなりのやり方でやっていることとです。私たちは私たちなりにやっていきましょう。私たちは私たちを責めるのをやめたばかりです。人生で初めて私たちのために考えている、と思いたい気分です」[1]

フェミニズムが新しい捉え方を女性たちに教えるまで、多くの女性が二流の地位にいることを自分たちのせいにしていた。それが変わるには、世界中で数え切れない意識向上集会を開き、運動そのものが変化する必要があった。女性解放運動は、女性に立ち塞がる障害は「すべて人の頭の中」にあるのではなく、職場の凝り固まった制度、つまり、家父長制度、セクシズム、資本主義からの結果なのだ、という事実を人々に気づかせた。それは私の意識を向上させ、平等な結婚がむずかしいのは、妻が軟弱だからでも、夫が威張っているからでもなく、セクシズム(性差別)社会が男と女の身体と経験に異なった価値をつけるからだ、ということを私に理解させてくれた。これと同じ凝り固まった差別体系に私たちはみんな苦しんでいる。

歳をとることに対する私の不安もまた、その大部分が私の生きている社会からの作用なのだということに、このプロジェクトを始めるまで気づかなかった(今回は少し早かったが)。

ゲイの男たちの生活を辛くしているのは男を愛するからではない。同性愛恐怖症が辛くしているのだ。
有色人種の生活を辛くしているのは肌の色ではない。人種差別《レイシズム》だ。
女性の生活を辛くしているのは女陰ではない。女性差別《セクシズム》だ。
そして年齢差別《エイジズム》が、時の経過よりも遥かに重くのしかかり、老いを必要以上に辛いものにしているのだ。

女性はいまだ多くの場所で差別に直面しているが、#MeTooのような力強い運動がセクシズムの持つ多くの顔に対する意識を高め、それらに立ち向かう必要性を自覚させた。一方で、エイジズムになると、それがどう見えるのか、どう聞こえるのか、またはどういう意味を持つのかさえほとんどの人にはっきりしていない。

だから私はQ&Aブログサイト「よっ、これってエイジズム?」を立ち上げた。(あの素晴らしい「よっ、これってレイシズム?」に倣った)。そしてそこにはロンダのような人からメッセージが掲載されるようになった。

「私が体験したこと、不快になったことの多くをこのサイトで読んでいます。こうしたことを家族に話した時の家族の態度は私が歳について感じすぎだ、でした。実際にはその時、私はエイジズムに晒されていたのです」

なすべきは、個人的な経験の持つ政治的文脈を気づかせることだ。「よっ」は、ロンダの受けている差別は、彼女自身のせいではなく、彼女の不安定な状況や彼女の歳のせいでもないのだということをロンダに気づかせることができた。いったん私たちの意識が向上すると、私たちは自分を責めるのをやめ、自分の話の主導権を握り、エイジズム的考え方とその原則を批判し、変化に向かって動き出せるようになる。変化は覚醒を必要とする。これをマインドセット療法として考えてみるとよい。

みんなエイジスト

「偏見は、通常、人が思っているよりも、無意識に生まれ、不明瞭で曖昧なものだ」と、ステレオタイプ研究のプリンストン大学心理学教授スーザン・フィスケは言う。[2]

社会から軽んじられている集団に対して、ほとんど誰もが意識もせずに偏見を持っている。それはその人たちをよく知ろうとその人たちに合わせている時でさえそうだ。これは嫌悪、または毛嫌いを示す態度だけに限らない。無能だとか、脆弱だとの思い込みから人を庇ったり守ったりする態度にも現れる。これもまた偏見である。

高齢者に対しては、ほとんど私たちすべてが偏見を持っている。高齢者自身もその例外ではない。エイジズムは生活の中に織り込まれ、それがメディアと大衆文化によって至るところで強められ、異議の申し立てはなきに等しい。エイジズムに屈していない人などいるのだろうか？

「私たちはなぜエイジズムを止められないのか？」と、倫理学者で老年学者のハリー・R・ムーディは問いかけ、「答えるために、まず鏡を見ることから始めよう。そしてあなたの周りを見てみよう」と言う。二十代、三十代に「皺予防」のためにボトックスを考えてみたことはないか？(流行っているのだ)あなたの不安から誰が利益を得るかを考えてみよう。

「皺船」はもう港を出てしまったから遠慮する？　あなたが自己嫌悪に陥っている間に誰が得をするかを考えてみよう。無意識の連想は、偏見を反映しているのか、それとも、不注意に吸い込んでしまった文化の信号を反映しているのか？　大した問題ではない。どちらにしろ、それは私たちの態度に現れる。幸いなことに、私たちはこれを変えることが出来る。しかしその変わる過程では真剣な内省をし、熟考しなければならない。学んだことを捨て去るのは学ぶことよりむずかしい。特に価値に関する場合は格別むずかしい。最初が肝心で、自分自身の偏見を認めない限り何も始まらない。

学んだことを捨て去るのは学ぶことよりむずかしい。最初が肝心で、自分自身の偏見を認めない限り何も始まらない。

次の段階は、私たち自身の行動と信念からエイジズム的要素が徐々に減っていくようにすることだ。

自分の歳を偽っていたり、自分の顔を整形していたりすれば、共犯だ。会合で、年齢差以外の興味はないとか、彼らは私たちと話さないと思い込んで、同じ歳の人のそば以外に行こうとしないなら、共犯だ。レジ前で足止めを食っている「小柄なばあさん」について小声でぶつぶつ言っていたら、共犯だ。しょうがないのだ——私たちは皆、年齢差別主義者《エイジスト》だ——が、そろそろ潮時だ。

次の段階は前の段階より厳しい。他の人のエイジスト的な振る舞いや態度を指摘すること。親切に、そしてじょうずに他の人を教育すると、池のさざ波が外に広がるように変化が起きる。沈黙することは容認することだ。これにも結果がともなう。

二〇一三年に行われた研究では、もし偏見に直面して、それに反対しなければ、偏見はさらに強くなることが明らかになった。内なる葛藤を解決する方法として行動と信念を一致させようとし、態度がより偏見の強いものになるのだ[◉3]。

自身の偏見を認めるのは楽なことではなく、私の場合、定期的に思い知らされているので、これは進行中の課題だ。

努力すれば報われる——すぎたことは仕方がない。年齢を恥じないようにしはじめた人から、気持ちが楽になり、力が湧いてきたという声が定期的に聞こえてくる。この道を進んで行くと――社会的烙印《スティグマ》を受け入れることから、それを不正として捉え、集団的行動を通して変えられることに気づくまで――心理学者ダグ・マックアダムが「認知論的解放」と名付けたものを経験する。それは素晴らしい感覚であり、これが運動形成の基軸になる。

私の古いオフィスに一人だけ、私より年上の人がいて、この女性は私の言うことを信じ、信じることを喜んでいる。以前、彼女は、三十歳をすぎたことが如何に辛いかを嘆く女性を怒鳴りつけそうになった、と私に言ったことがあった。私は彼女の話を静かに聞いてから、二十九歳を喜ばせる力が、彼女に訪れる七十歳を不安にさせるのだ、と説明した。私たちは皆、仲間であって敵ではない。彼女は理解した。

運動は全体で一つにまとまるべきなのだが、そうなるためにはさらに数百万回の会話が必要だろう。しかし、それはすでに始まっている。異なる世代同士が交流する世界は実に良い世界だ。この世界に私たちは皆一緒にいる。

意識の向上は家庭で始まる

可哀想な私の子供たち。コンピューター科学者である息子のマーフィーは数学のリサーチと重要な書類の多くがオンライン・アーカイブに上がっていないと話していた。「問題は、書類の多くが今や高齢の人たちが作ったものなのだ」と、マーフィー。あらら。問題は年齢ではなく技術音痴だ。私はマーフィーを嗜めた。

高齢の科学者は確かに自分たちの仕事を競ってオンラインにアップすることはないようだが、それを年齢だけを基準に推測するのは間違いだ。私の息子はたぶん私を蹴飛ばしたくなっただろうが、理解した。彼は考え方を変えた。

ここに私の娘のパートナー、ミュージシャンでヨガを教えているエミリーからのメールがある。

「水曜日の夜、私のバンドのギグがあって、夜とても遅くに帰宅しました。三時間の睡眠をとって、早い時間のヨガクラスに出たのですが、自分に活を入れなければなりませんでした。大丈夫！　やれる。適当にやればできる。たった一時間半のクラスだ。レッスン室に入った時、高齢の男の人がいることに気づきました。咄嗟に私は思ったのです。最高！　ちょうどいい。お年寄りは身体を曲げられない。注意しなきゃならないのは、膝頭を打ちつけないよう、臀部を傷つけないようにすること。わじく！［わじくは「私の人生糞食らえ」の省略形］この男の人はたぶん七十代真ん中か後半。私の教えた生徒の中で一番年上だったことは確かです。太陽礼拝の冒頭を始めてすぐに、私が愚かなエイジストだったことに気づき、恥ずかしくなりました。その男の人は部屋の中で一番美しい動きをしていて、ほぼ間違いなく私が教えた生徒のうちで最高の生徒の一人です。この人の強さ、柔軟性、タイミング、美しい呼吸ばかりでなく、勇気がすごい。私が前腕立ち［前腕だけで体全体を支える逆転バランスの姿勢］を教えようとした時、やってみようとしたのは彼だけでした。身体全体を立たせることはできなかったのですが、少なくともトライしてみました。他の五人の生徒たちは私がお手本を見せた後は子供のポーズを取って休んでいるだけでした。その人たちはみんな彼より若い、四十代でしょう。あっ！　私は今、アシュトンの言っていることを証明したと感じたので、あなたにこのことを伝えたいと思いました」

同じ週に家に帰って、私のもう一人の息子のフィアンセ、科学の先生のアグニエスカから質問された。

「エイジズムは芸術の世界にも存在するのですか？　ペンと、絵具と、黒いノートと、テープレコーダー、撮影班と一緒に高齢者施設に行ったとしたらどうなるでしょうか？　高齢者はすでに成長を終えていて、今やゆっくりと退化が進んでいるのだと考えがちです。でも、老いを、新しい経験につなげ、知性を新たに深めるのに必要な旅だ、と見ることが可能でしょう。こう書いている時に考えるのはジョージア・オキーフ［二十世紀のアメリカを代表する女性画家。一八八七年—一九八六年］と草間弥生です」

最後に彼女は「訓練中のあなたの高齢者仲間より」（ここが気に入っている）と結んでいた。

訓練中に生まれる高齢者もいる。作られるのではない、生まれるのだ。アグニエスカもそのうちの一人。

アグニエスカは幼少期にポーランドの山あいの村で週末と夏を祖父母と過ごした。彼女は常に高齢者に惹きつけられていた。社会正義に鋭い感覚を持ち、私が働きかけなくてもこうした意識を持つに至っていただろう。間髪を入れず刺激された残りの我が家のメンバーとたくさんの友達が、彼女とともに訓練中の高齢者に仲間入りした。彼らは私にわきまえて欲しいと思っているかもしれないが、私はアグニエスカたちが自分に起こる変化を喜んでいると信じたい。

何か見たら、何か言うこと

流れに任せる方が楽なのは確かだが、無駄に時間を過さずに先入観と対決する方法はいくつかある。数年前の夏のこと、ダンス用には新しいブラウスが必要だと心に決め、お気に入りの店に向かった。店員に私の目的を説明すると、店員の答えは、「当然、袖付きですよね？」だった。「いや、ひと汗かくつもりなの」と答え、イライラして後退《あとずさ》りし、店を出てしまった。

他にどうすればよかったのか？　「どうしてそう考えるの？」と訊き、私の腕はもうミシェル・オバマのようにすらりとのびた腕ではない、と穏やかな調子で言えばよかったのか。店員は怯えただろう。彼女は危機から救われ、何かを学んだかもしれない。しかし、そのままにしておく方が楽だったし、この場合、私は機会を逸したのだ。

同僚のルイスからのeメールの一節が気にかかった時、しっかり仕事をしなければいけないと思った。気にかかった一節は、集合写真や思い出深い音楽を紹介して回し合う同級生宛てのメモにあった。それは、集まって楽しみ、アルコールを大量消費するボート旅行について書かれていた。

「DKE［男子学生の社交クラブ］でのジンとかジュースのようでないが、我ら六十歳プラスの連中でも面白いと思えるくらい楽しい」、と。

「六十歳プラスの連中に関して」と私はルイスに書いた。「人種や性について根拠のない嫌味は言えないことを忘れないでください。年齢も例外ではありません。これで演説は終わりです——」。

彼は反論してきた。「私たちの歳で、身体的能力と精神的能力の両方か、または一方に、何らかの異変か衰えを気づかない人を私は知りません。ユーモアを加えると真実を認識する痛みが和らぎます。従って、私のした六十歳プラスコメント・冗談・その他は人種差別主義とかセクシストと同じ類のものではまったくありません。そうしたことは若い人たちがやっていて、彼らはそれを年寄りの雇用や正当性を否定するときに使っています」。

ルイスの防衛策は古典的だった。君はユーモアのセンスをなくした、と言っている。エイジズムは冗談の中に常にある。ポリティカル・コレクトネスの砦にさえ存在する。NPR［ナショナル・パブリック・ラジオ］に耳を済ましてみるといい。ひどく可笑しくはある。そこにある冗談は、セックスに興味がなく、身体が弱く、精神的に障害がある、という高齢者のステレオタイプが基にある。しかし、人をからかっているうちはどうにかなるが、差別になるとそれでは済まない。これらのコメントのどこが差別的か？　それは、若い人に同じ欠陥があっても私たちは馬鹿にしないという事実だ。

私も反論する。

「身体能力は確かに衰えます。とはいっても、私の脳は今のところ確かな位置にあります。あなたのコメントは内面化されたエイジズムに根差しています。六十歳プラスの連中が仕事仲間の若者よりも面白くないとの思い込みです。そしてさらに疑わしいステレオタイプを基盤にしています。六十歳プラスの連中はあれこれの点すべてにおいて似通っているとするステレオタイプです」

違反した人が何歳であるかも問題ではない。エイジズムは年齢スペクトラムの両端にいる人々から力を奪っていく。そして、そう、その真ん中にたくさんの人がいるのだ。だから、高齢化は汚い言葉だと感じている人たちにとっては、マーシャのエイジングパーティが非常識に見えるのだ。今年は彼女の夫からメールが届いた。彼はびっくりパーティを計画していた。

「マーシャが三十五歳若くなります」とメールは始まっていた。拍手。深呼吸して返信した。

「私が冗談を言っていると思うでしょうが、去年、マーシャは彼女の誕生日にエイジングパーティという素晴らしい名前を与えました。行き過ぎは望んでいません。彼女は三十五歳若くなったのではなく、三十五歳高齢になったのです。マーシャはとても上手に一歳、高齢になった。ですから、この素敵なイベントを、否定好きの可愛子ちゃんぶったエイジズム言語で表現しない方がいいと思います」

「子供っぽさは私の存在理由です。とは言え、ご指摘は確かに了解いたしました」、とゾアが優雅に返信してきた。「あなたとのダンスを楽しみにしています」。私も。

ルイスと私は今も友達で、彼の物の見方は少し変わった。私の講演に参加した映画作家がこう言った。「結論は、未来についての公式見解をどれほど自分が受け入れているかを知ることだ」。

一人の画家は、「自分自身のエイジスト的思考と、自分で自分の名誉を傷つけていたことを認めなければならなくて落ち着かなくなったが、その後、最終的には、私自身の中と他人の中にエイジズムを見つけることに燃えている」。彼女は次のステップに進む用意があると宣言した。この女性は目撃者として存在することを重んじるクエイカー教の伝統に従っている。不正が行われる現場にいるものは過ちを指摘する。目撃し、声を上げろ。物事は小さく始まる。成功から始まった大衆運動はない。

始め方

- あなたがエイジストでない証拠を見つけるのではなく、いかにあなたがエイジストであるかを見つけること。あなたが気づかない限り、偏見に異議申し立てはできない。誰もがどこかで偏見をもっている。
- エイジズムであるかないかが定かでないなら、その状況にかなり年上の人か、かなり若い人がいたら、その同じ言葉かイメージが、適切であるかどうかを考えてみること。例えば、情熱的に絡み合っているカップルが、いつ、「熱い」から「かわいい」に格下げされるのか？　一方で、あなたの歯科医が「あなたの歳にしては」虫歯が多いと言ったら、それはたぶん歯間ブラシを薦めようとしているだけのことだ。

・高齢者自身はエイジストではないと思い込んではいけない。多くの人たちは考えられもしないくらい、二流の地位を「しょうがない」と受け入れている。

・高齢者を、同じ歳の他の人と「違っている」――より健康、より強い、よりお洒落――と言ってほめるな。「あなたが七十五歳だなんて信じられない」は、七十五歳が特定の様相を呈するという意味だ。彼女は彼女の年齢の他の人を犠牲にしてしか称賛を受け入れることが出来ない。それは、その特性または能力が例外でなくなった時、ほめなくなるということだ。代わりに、彼女のハンドバッグか筋トレ器具をほめなさい。

・老いを、小綺麗にしすぎるか、美化する見方に注意すること。セックスレスという表現、ポーチブランコで穏やかに笑いながら黄金期を楽しむ高齢者、または、ダンス大会で両股を百八十度開く高齢者、または、賢い年寄りを演じる高齢者など。うわべのごまかしは不安を隠すだけだ。晩年の理想化は、本当の挑戦と対決の必要性に気づいた人にとっては邪魔でしかない。

・あなたよりかなり若いか、かなり年上の人と話し、その人たちの話を注意深く聞くこと。すぐに思い当たる人がいなければ、探すこと。

・日常の当たり前の活動を表現する時、「まだ」という言葉を使わないこと。その活動がその人を特別にしてしまうからだ。高齢者は、「まだ」車の運転をしている、まだスポーツジムやオフィスに通っている、まだ旅行している、まだセックスしている、のではない。高齢者はほかの数限りない多くの人々のように、ただそれをしているに過ぎない。これは止めるのが難しい習慣だが、止めること。

・次に、重度の身体障害者を目にした時、「私がああなったら、頭に枕を押し付けて（殺して）」と考えたら、雄牛が違って見える、ことを思い出すこと。

・次に誰かに「おいくつですか？」と訊かれたら、本当の事を言うこと。そして、なぜ知りたいのか、または数字を知ってどう感じが変わったか、訊ねること。そしてそれはまた、なぜそう感じるのかも。子供に歳を訊く時は、まず自分が何歳か先に言うこと。

- 年齢にしては格好いい、と人に言う代わりに、格好いい、と言うこと。「年齢にしては格好いい」と言われたら、ありがとうと言いたい衝動を抑えること。「あなたもあなたの年齢にしては格好いい」と明るく返すこと。
- 「元気でピンピンしている」、「気難しい」、「思いやりがある」のような、若い人にはあまり使わない形容詞を高齢者にも使わないこと。「活動的」、「自説を曲げない」、「親切な」を使うように。子供たちは「小さい」、「かわいい」、「子供っぽい」。が、彼らの祖父母は「小さく」、「かわいく」、「子供っぽく」はないのだ。色彩やコミュニティは明るく、人は精力的で忘れ難い。
- 「心は若い」とか、「若々しい」とか、「あなたの年齢にしては若い」といったような若者中心的な表現を避けること。その代わり、「よくはしゃぐ」とか、「エネルギーに満ち溢れている」とか「カリスマ的」とか「情熱的」といった特定の用語——年齢から独立した特性を表す言葉——を使うこと。
- 誰かが「年配である」と自分自身を表現しているのを聞いたことがあるか？　この言葉は避けるべき。「年配の人たち」も「初老の人たち」も避けて。これは虚弱を意味し、全く見当違いな時に、高齢者をまとめて均一のカテゴリーで扱うという意味合いを含んでいる。
- 話題が特定の人の祖母のことでなければ「おばあさんのような」と表現するのは禁止。それは女性を生殖機能のみに貶めてしまい、子供のいない人を排除し、性的特徴がないことにしてしまう。
- 高齢の人の顔と身体に美しさを見つけ出そう。そこに美しさはある。
- 歳をとり過ぎているから——または若すぎるから——話に加われない人、もしくは、責任がとれない人がいる、と思わないこと。
- まず能力はあると思うこと。能力がないと決めつけないこと。若者に話すときと同じように高齢者にも話すように。適切と思われれば手を貸すのも良いが、しつこくならないように。

- 一つの集団の中の誰もが同じ年齢である時には、それを気づけるように自分を訓練し、正当な理由がなければ、そのことをはっきりと口に出して言うこと。
- 服装、態度、または外出するのが年齢に相応しくないのではないかと思う機会があれば、その疑問を問い直してみること。大人にとって、歳相応といったものは存在しない。
- 年齢に対する偏見についての意識を向上させるグループを始めるか、そうしたグループに参加すること。個人の意識を向上させ、一人ひとり自分の力で、無意識の偏見を解き、社会変化を呼びかける経験を積んでいくことができるようになる。無料の冊子——「Who Me, Ageist ?（えっ、私がエイジストだって?）」「How to start consciousness raising Group（意識改革グループの始めた方）」をthischairrocks. com／resourcesからダウンロード可能。他の反エイジズム資料リストもある。
- この話題が高齢者だけに関係するものだと思わないこと。エイジズムはすべての人に影響する。

反撃に備える

社会の変化は人々を不安にする。不快感や対立を避けるために私たちは自分を守ろうとする。年齢差別者《エイジスト》的行動と非難されたときの典型的な反応を、活動家のキャシー・スポールがリスト化している。◉4

- **地球規模の考え方に逃げる**

例えば「『峠を越えた』系のバースデイカードは誰だって買っているよ」というように、「誰でもやっている」から大丈夫という反論。たぶんそうなのだが、バースデイカードのいかがわしさは消えない。

- **理屈づける**

「ちょっとふざけただけだよ。誰かを傷つけるつもりなんかなかった」。そうかもしれないが、否定的に話すのはそれなりの影響を及ぼす。つもりは意味がない。

●最小限に評価する

「年齢差別は、人種差別や地球温暖化、リンパ腫ほど悪くない。何を大騒ぎしているの?」。会話を逸らしているだけ。

●責める

「毎日面倒みなきゃならなかったとしたら、君だって気難しいジジイとかババアとか呼んでしまうよ」。この年齢差別的態度はその態度の責任を他者に転嫁している。高齢者に転嫁する場合が多い。

こうした的外れな反撃によって現状が維持されている。これらに立ち向かう時の目標は、それぞれの論点に「勝つ」ことではない。理由は、対立姿勢が明らかになると相手は防衛態勢を強化させるからだ。そうではなく、新しい展望を与えて相手がじっくりと考えるように仕向けること。反エイジズムの座談会に出ている時に、会議中に問題ある言葉、「灰色の津波」を誰かが使うのを聞いて私は非難した。この表現は高齢人口の増加を自然災害になぞらえている。もちろん私は名前を挙げなかったが、一人の女性が私のところに来て、「私はこの言葉が好きですよ。これは相手を見下してはいませんよ。私は使っていきますよ」と宣言した。それなら、それでいいでしょう! しかし、たぶん、次の機会に彼女はこの言葉を使う前に少し考えるはずだ。

守りに入ると、会話がとげとげしくなり、これまで出会ったことのない態度と向き合う事になる。論点の背後にある意図を理解することや、その意図を捨てさせること、メッセージそのものに集中することが難しくなるかもしれない。あなたについて何と言っているか、またほかの人について何と言っているかを、注意深く、そして親身になって聞くこと。

もしあなたがエイジズム的コメントを受ける側にいたらどうだろう？　そうしたコメントは不適切であるばかりでなく、まったく奇怪かもしれない。例えば、「いまだに君がピンピンしているなんて嬉しいよ」。

私が洋服店の店員と話していた時のようにすぐに怒ったり、言葉が出なくなったり、とても信じられなくて、「何ですって？」と返すこと以上はできなくなるかもしれない。何にでも使える返答はこうだ。「それ、どういう意味ですか？」、または、「なぜ、そう言うのですか？」。

どちらの側にも立たないように、積極的にも皮肉っぽくもならずに質問するのだ。あなたは、怒りっぽいとか、偏屈といったレッテルを貼られたくないはず、ですよね？　そうであれば、よく聞いてあげること。そうすると、なぜコメントが受け入れ難いものか説明をしなくても良くなる。相手が理解してくれるのだ。彼らは突然落ち着かなくなった理由を考えなければならなくなる（あなたではなく）。この瞬間を私たちは覚えているものだ。

一人の友達が交差点で杖をついている老婦人に近づいて、「お手伝いしましょうか？」と大きな声で訊いた。お返しに彼女が受け取ったのは怒りだった。それは手伝いの申し出に対してではなく、老婦人が聞き取りづらいだろうと思い込んだことに対しての怒りだった。彼女はこの時学んだ教訓はその時の恥ずかしさと共に決して忘れることはない。苛立たずに、老婦人が優しく「なぜそんなに大きな声で話すのですか？」と訊いたとしよう。若い方の女性は心を痛めることなく教訓を学び取っただろう。そして彼女の親切な申し出も受け入れられていたかもしれない。

要点は人を狼狽させるのではなく、人に少しの間、考えさせること。それはどんな講演会よりも教育効果があり、両者の歳がいくつであっても、両方とも公平なやりとりから恩恵を受けることになる。

もしあなたがエイジズム的コメントを受ける側にいるのなら、「それ、どういう意味ですか？」と訊くこと。そして相手の言うことに耳を傾けること。

すべての年齢に優しい世界に向けて

私たちの心の中のエイジズムを取り去ることと、訓練中の高齢者になることは、それだけで重要な仕事だ。エイジズムへの抵抗をより広い文化革命の一環として見られるようになれば、その価値は指数関数的に増大する。これには抵抗が予想される。抜本的なパラダイムシフトは、既存のプロフェッショナル——それが鞄作りの領域であろうと印刷の領域であろうと——の役割、収入、アイデンティティーを脅かす。

電灯が世界に登場した時、P&G〈訳注1〉の素晴らしい化学者の価値は地に堕ちた。彼らは蝋燭製造業者であって照明の専門家ではなかったからだ。老化対策関連の世界にいる多くの人がこの変化に抵抗してくるだろう。彼らは専門的にも個人的にも、意識的であろうとなかろうと、衰弱型の老化に投資しているからだ。

AARP（全米退職者協会）が彼らのハッシュタグ、#DisruptAging initiative［ポジティブな老化の考え方のために］を通じてエイジズムに立ち向かい始めたのは素晴らしいことだ。これが全面展開すると、八十代と九十代の人たちを年の若い高齢者たちとともにAARPの公式メンバーとして認め、障害者の権利を前面に押し出し、すべての——サクセスフルエイジングだけでない——高齢化を受け入れる事になる。この動きは今日の文化状況においては大きな賭けだが、変化は進行中だ。

私たちはどのような変化が見たいのか？　厳密な区分けとは、それがなんであれ——若者と中年と老年、家と学校と職場、就労と退職——人工的であるだけでなく、ますます時代遅れになっていく。この区分けは、百年に近い長い年月を一つの人生として作り上げ、その特典を活かしていくという膨大にして欠くことのできない任務とは正反対のものだ。私たちはこうした分類を、それぞれ孤立したものとし

エイジズムへの抵抗はより広い意味での文化革命の一環である。

て受け取るのではなく、それらが生活の複雑さをそのまますべて反映し、混ざり合い、散らかり、融け合い、部分同士が対応し合うものとして捉えていく必要がある。そうすることで、より健康な年月を最大限利用し、ケアが必要な人をケアし、四世代が一緒に暮らす生活の負担と恩恵を共有できるようになっていくのだ。

仕事を始めるのが遅く、五十代と六十代の後半で能力のピークを迎えたとしたら、もっと長く勉強できて、何が得意かを知ることができ、子供が小さいうちは子供と一緒に家にいる時間が持てるだろう。労働の現場から徐々に退職へと移行することができるとすると、学んだことを伝えながら、退職への計画が立てられる。退職後の時間も私たちが楽しむには十分にある。一緒に暮らし、学び、働くと、世代間の友情と結びつきが強まり、全ての人を訓練中の高齢者に変えていける。

「人生百年時代」の社会契約は、世代間でのあらゆる種類の関係や譲り合いを可能にするものになるだろう。財政上の顕著な実例としては社会保障制度〈訳注2〉がある。この不変的で安定した収入が数百万人のアメリカ人を、特に高齢者と障害をもった人々を貧困から救い、その過程で、そうした人々の家族の生活を助けてきた。「人生百年時代」の社会では、年齢差別でなく年齢の平等を選び、住居は手の届く価格の複数世代向け住居になり、公共交通機関はすべての人が適切に利用でき、さらにすべてが障害を持つアメリカ人法(ADA)を遵守するものとなるだろう。その社会では、家族——生物学で定義する家族ではなく長期の相互関係によって定義される家族——に適切な報酬で介護補助金が渡され、労働者は敬意を持って扱われる。それは、高齢者公正法〈訳注3〉と雇用における年齢差別禁止法〈訳注4〉を実施するものであるだろう。

すべての年齢に優しい世界に向かって他に何が出来るか?

- 高齢者が、市民として、社会的、経済的な貢献が出来る機会を増やすこと——図書館、学校、市民センター、美術館から、農産物直売所、スポーツイベント、コミュニティー庭園まで——そして、そうした活動が展開するにつれて生まれる新しい役割を支援すること。単に出かける場所だけではなく、道順を示すこと。ビンゴゲームだけでなく、学習する機会と信頼と場所を提供して、想像して作り上げる活動を支援すること。

- 高齢者への訓練を続けて高齢者が長い期間、働くことができるようにし、働く時間はフレキシブルで、高齢者に利用可能なものを増やし、パートタイムでの雇用が可能になるようにすること。
- 老化の生物学的リサーチに投資すること。老化で私たちの身体の組織と細胞に何が起こるのか？　何故、それが起こるのか？　これらの変化に、どのような遺伝子的、物理的、環境的要素が含まれているのか？　私たちはこれら基本的な質問への答えをほとんど知らない。
- 身体的、心理的、社会的機能の研究と薬品治療の臨床試験の被験者に、特に除外する理由がなければ、高齢者を含めること。
- 高齢患者の検査（老人虐待、アルコール・薬物使用、性的健康状態、介護者からのストレスを含む）用の臨床ガイドラインを用意し、高齢者の心臓病患者には証拠に基づいた治療が適用されるよう求めること。
- 老年病専門医への保険償還を改善し、老年病医学の訓練と資格を希望する医師と准看護師、準医師資格者を奨励し資金を提供すること。
- 健康促進キャンペーンに高齢者を入れること。身体的健康と精神的健康は両方とも何歳であっても改善するというのがその理由。
- 長寿のもたらす社会への影響——第四世代をいかに公共生活と私生活に組み入れるか、高齢者に社会貢献が続けられるようにするにはどうしたら良いか、また彼らが続けられなくなった時どのようなケアをするか、テクノロジーの役割とは何か、結婚と家族構成の考え方にどのような影響があるのか——に関する調査に資金を提供すること。
- 高齢者が教育を受けやすくすること。利用しやすい場所、フレキシブルなスケジュール、全教科項目の受講可能性、奨学金制度、クラブ活動への参加、など。

- エイジズムを小学校教育課程で紹介する。子供たちが他の偏見を教えられる時にエイジズムを学習することができるようにする。
- 連邦政府のもっとも包括的な老人虐待対策である高齢者公正法に資金を提供すること。高齢者公正法は二〇一〇年に成立したが、これまでの政府支出額はわずか四〇〇万ドルである。
- ストレスが多く、消耗度が激しく、しかも重要な介護パートナーの仕事を支援すること。四〇〇〇万人以上のアメリカ人が無報酬で介護を行っている。彼らには、社会保障も有給休暇もなく、訓練や家族カウンセリング、休憩などの利用も限られている。五〇〇万人近い祖父母が孫のプライマリーケアを行っているが、彼らはこの種の唯一の連邦政府の制度である全国家族介護者支援プログラムから一〇%の資金しか受けていない。[5] 有給労働を辞めて他の人のケア(何歳の人でも)に当たる人は社会保障を受け続けるべきだ。
- 有給労働を辞めた後の高齢アメリカ人の所得保障がなされること。
- 総合的な官民パートナーシップを発展させ、多くの高齢者が最終的には必要になる長期介護を何らかの形で提供すること。これについては、ほとんどの人が必要を認めたがらないために、長期介護への資金が存在しない。
- 医療制度を整備して、老年病治療が改善され、長期介護への公的保険が提供されるようにすること。
- 誕生、成人、結婚、死亡などの人生の節目を通過する、非宗教的でスピリチュアルな新しい儀式を創ること。
- 老化に関連するあらゆる案件に共通の問題としてエイジズムが存在することを認め、反エイジズムを優先すること。

これは膨大な要求だ。しかし、専門家たちが、二〇一五年に発表した報告書「Gauging Aging(老化測定)」の中に、アメリカの高齢化関連諸組織（ＡＡＲＰ、アメリカ老化研究連盟、アメリカ老年医学会、老年問題協会、アメリカ老人学会、全国老化評議会、全米ヒスパニック老化評議会）のリーダーたちが、これらの目標は達成可能だとの考えを持っていることが引用されている。彼らは、高齢化社会は社会保障やメディケアのような公的資金に負担がかかるが、「我々は高齢人口を支えるに十分に裕福だ」[6]と主張している。重要なことは、公共支出をより効率的なものにし、優先順位を編成し直すことである。

リストは延々と続くだろう。何千という優れた人たち——医療と健康と労働力に関する政策、都市計画、教育、経済、法律、デザイン、人文科学の専門家たち——がこれら問題の解決策を真剣に考えている。

今こそ専門分野間で積極的に協力し、これらの計画の支援策を見つけ出す時だ。エイジズムと真正面から向き合うことはこうした事すべてにとって重要であり、エイジズムは複合的に権利を擁護できる対象である。年齢差別を永続させ、年齢差別から利益を得ている社会が変化しなければ、以前より長くなった一生を十分に生きることなどできない。

アクションへの私の呼びかけは、心の中のエイジズムと向き合う最初の基本的な段階に集中しているが、これは最初の段階に過ぎない。資本主義制度内のエイジズムの機能についての説明は政治経済学者に任せるが、年齢に基づく差別主義をひっくり返すには社会構造の根本的な変化が必要であることは明らかだ。私たちは、生産性について、これまでよりも公平で広い評価方法を見つけ、高齢者が続けて社会に貢献できる方法を考案し、その実現を支援していかなければならない。そして、人間の価値は、資本主義の測定基準による成功とは切り離して考えていくべきだ。

この社会変化を起こすには、私たちが人種差別、性差別、身障者差別、そして同性愛恐怖症との闘いに参加する必要がある。詩人のオードリー・ロード［「ブラック、レズビアン、母、闘士、詩人」と自称し、人種、性別、階級、性的指向などをもとにした差別、抑圧と闘った。一九三四年 - 一九九二年］が言ったように、「争点が一つだけの闘いというものは存在しない。それは、私たちの生活の争点が一つだけでないからだ」。

おなじように、他の社会正義のために闘う活動家は、いかにエイジズムが彼らの活動を妨げているかを考慮し、意識の向上を図り、エイジズムに反対した方がいい。それが政治活動であれ、市民農園のためであれ、もっとも大切な目標のためにすべての年齢の人が一緒に闘えば、私たちの努力は効果を発揮する。そればかりでなく、自分たちより年上や年下の友達や同志を得ることによって、私たちはエイジズムを有機的に打ち壊すことができる。

レイシズムとセクシズムのこびりついた諸制度に挑む、現在進行中の運動のように、エイジズムを乗り越えるには、「現状」を変える決意をしたすべての年齢の人々を必要とする。医療と住まいについてだけでなく、いつ、そしてなぜ、人を大事にしなくなるのかについて、いかに気まずくとも評価を見直し、いかに難しくとも話し合いをし、真正面からの対立をも厭わずに挑むことだ。それが必要なのは、私たちが老いるからなのではなく、私たちがエイジズム社会で老いるからなのだ。この世界を、人生の全ての段階に意味と目的を見つけられる場としたいなら、これは絶対に必要な闘いである。

風景を変えることは、現行制度に挑むことだ。現行制度は、人を人間としての全面的な価値で評価せず、従来型の経済的生産性の観点から評価している。問題は、人を使い捨てにしてよい年齢や人生の段階というものがあるかどうかだ。そんなものはないと思う人は、私が美徳信奉者と呼ぶ政治家たちにあの質問をするべきだ。美徳信奉者は、個人的善意と物質的幸運を同一視し、貧困を道徳の失敗から生じるものとして捉え、貧しさに、「値する」貧しさと「値しない」貧しさがあると区別する人たちだ。

問うべき質問はこうだ。

なぜ、私たちの社会は、その構成メンバー全員の価値を認めないのか?

なぜ、老年病学の専門家部隊を教育して、高齢者ができるだけ健康でいられる社会にできないのか?

なぜ社会は、家庭、近所、友達が協力して、みんなが安全で世界と関わろうとすることを支援しないのか？「町の誰も甘いロールケーキを焼くことができない、私のようには」と、歌うベシイ・スミスのレコードとの啓示的な出会いが脚本家オーガスト・ウィルソン〔米人脚本家、一九四五年－二〇〇五年〕にブルースを教えた。彼はそれを、「非常に価値ある先祖の文化と仕事の代表者であるという私の意識の誕生、洗礼、復活」と表現した。[7]二十歳の彼は、コミュニティの高齢者を疲れ果てた役立たずとしてではなく、生きた歴史の貴重な源として見始めた。ウィルソンはピッツバーグの葉巻店やビリヤード場を訪ねてまわり、野球や街の政治、彼らが若かった頃の暮らしの話に耳を澄ました——それが豊かな集団の歴史の一部であることに気づいた。それは、「私の耳を、心を、この世界を受け入れるために私が持っていた分析的ツールのすべてを一新した」。[8]

誰でもウィルソンのような世界に出入りすることができる。そうした世界に住むことにしよう。すべての年齢の、そしてさまざまな職業・地位から、訓練中の高齢者として、問題を私たち自身の手にとって対処し、すべての年齢にやさしい社会を築いていこう。そこでは車椅子が、ベビーカーと同じように歓迎されるだろう。その社会の構成員は年齢の違いを認め、尊重し、違いを超えて繋がり、お互いの力の競い合いを拒否するだろう。

年齢にあわせた戦略を調査し、何が必要か、何が欲しいかに耳を傾けるようにしよう。晩年への準備が個人の努力であるとともに集団の努力でもある社会に向かって働こう。想像力を使おう！

それだけの価値がある

「声が震えても、心を語れ」と、グレイパンサーの創設者マギー・クーンは言った。クーンは高齢者がセックスレスで再起不能であると言われることに疑問を感じ、晩年を「解放と自主性の時」[9]と呼んだ。そして、高齢の市民が社会のお目付役、弁護士、教育者、未来学者としての重要な役割を担うと想像することに何の問題も感じなかった。デンマークの哲学者、セーレン・キルケゴールが観察していたように、過去の理解者としての役割は言うまでもない。

「人生は後ろ向きにしか理解できないが、人間は前を向いてしか生きられない」

年齢は万人にあるから、人種やジェンダーとは異なる。このことがエイジズムを、レイシズム、セクシズム、エイブリズムから引き離し、逆説的だが大きな意義を見えにくくする。急進的な運動のメンバーは一般的に自分自身を主流の対極に定義するのだが、歳はすべての人がとる。

すべての年齢の人たちよ、心を一つにしよう！

すべての年齢の人たちよ、心を一つにしよう！　偏見の他に私たちが失うものは何もないのだ。

人生の三分の二が衰えの時期だと意識し始めると、早くも、心と身体がフレイルと衰えという社会の期待に応え始める。こうした認識は、年齢と老いに対する態度に陰に陽に現れる。それは、異なる年齢の人同士の反応の仕方——反応の有無——にも深く影響し、若者の将来の描き方も左右する。全ての訓練中の高齢者には長生きに対する個人的、文化的態度を変える役割がある。さらに先に進めて、高齢化を経済的利害と自己啓発に対する恐怖と捉える一般的な見方を暴きだす人もいる。

年齢の誇り

杖、歩行器、弱さを連想させるものはなんでもひたすら避ける「当面のところは健常者」（身体に障害のある人には私たちがこう見える）と違って、身体に障害を持つ人の権利を求める活動家は、「私には障害があります、私のうちなる声を聞いてください」と叫ぶ。社会における地位はアイデンティティには欠かせない、と主張することによって、彼らはスティグマを取り除く。過去四十年間、「身体に障害を持つことは恥ずかしいことでもなく、悲劇でもない。障害者であることを最も辛くするのは、社会の神話、恐怖、固定観念だ」[10]との前提に立ち、運動を築いてきた。この力強い声明に書かれた「身体に障害を持つ」と「障害者」を、「歳をとる〈老いる〉」と「高齢者〈老人〉」に置き換えることができる。特に長くなった人生は明らかに贈り物以外の何者でもないのだから。

現在、数百万人のアメリカ人が、障害者であることにますます誇りを持っている。知性と肉体の完璧さを崇める社会の驚くべき変化である。「精神病院」、「知能の遅れた」、「障害のある」などの言葉は、語彙として格下げされた。精神の健康問題に対する恐怖感は、目に見えず、恐ろしく、深く心に刻まれる。しかしながら、このスティグマと闘う「マッド・プライド」運動は、「精神を患っている」と世界がレッテルを貼る人たちの文化とアイデンティティを称賛し、急激な成長を見せている。十数年前まで、ゲイであることは恥ずべき秘密だった。今や、ミシガンにはLGBTQ＋とその仲間を支援する衣料品製造会社「クローゼットは衣服のために」というショップがあり、同性の結婚はアメリカでは合法だ。こうしたグループは公民権運動から刺激を受け、それぞれがアメリカを全ての市民の価値を評価し尊敬する社会になるよう、ゆっくりと動かしている。

公民権と人権の問題と同じように、年齢の平等を議題にあげるときではないのか？　年齢による差別は、私たちには変えられないことに対する差別と同様に、受け入れることができない。戦後世代、その子供たち、そしてその子供たちの子供たちが、老いを恐れのフィルターを通して見るのでなく、事実に基づいて見ることができ、挑戦する理由を見出し、差別と闘い始めることを想像してみよう。

アメリカで歳をとることを難しくしているのは差別だ。これは、子供たちに受け継がせたい世界で起こっていることなのだ。子供たちは、百年生きることになるかもしれない。呼び名をつけること、権利を主張すること、恥を捨てることが、すべての社会運動の成功のための重要な要素だ。

ブラックパワー運動には「ブラック・イズ・ビューティフル」があった。ヘレン・レディの歌、「私は女性」〈訳注5〉は女性運動の賛歌になった。

「私たちなしには、私たちは何もない」と、身体に障害を持つ人たちは宣言し、人の目に見えること、参加することを主張する。

ゲイの権利を求める活動家たちは、「私たちはここにいる。私たちはクィアだ。慣れてくれ」と歌う。「私たちは高齢者だ。大胆だ。気をつけろ!」が、プレイリストに加わるときだ。

今や、ラジカルな高齢者運動の開始の時、老いに誇りを持つ時だ。親は子供がやり遂げたことを喜ぶ。若さから遠くここまでやってきたことに、なぜ誇りを持てないのか? どんな未来であれ、それをフルに利用しようとする意欲になぜ誇りが持てないのか?

年齢の誇りは、小馬鹿にされたティーンエイジャーのためにあるものでも、見捨てられた老人のためにあるものでもない。年齢の誇りは、「自分の年齢に私たちは誇りを持たなければならない」と言ったマギー・クーンのためにあり、彼女が生きていたら、私に先んじて「年齢占拠」していただろう。年齢の誇りは、ある日、歳をとって目覚めることを後悔しない人、長くなった人生をあるがままに認める人、そして全ての差別の根底にある権力構造に挑戦する用意のある人のためのものだ。

私たちは皆、老いる。皆で抑圧を押し返すとき、一人ひとりが強くなる。年齢は誰にとっても誇るべきものなのだ。

〈訳注1〉 **P&G**:プロクター・アンド・ギャンブル。米国オハイオ州に本拠を置く世界最大の一般消費財メーカー。

〈訳注2〉 **社会保障制度**:アメリカ合衆国の社会保障制度で、「公的年金」と訳されることもある。「老齢・遺族・障害年金保険(OASDI:Old-Age, Survisor Disability Insurance)」を指す。OASDIは被雇用者および年間所得四〇〇ドル以上の自営業・公務員のみが対象。保険料は社会保障税として徴収され、約十年の年金加入期間で退職金受給資格が得られ、六十六歳(二〇二七年までに六十七歳へ引き上げ予定)から受給できる。受給額は厳密な計算で算出され複雑だが、月額二千ドル前後とする報告が多い。

〈訳注3〉 **高齢者公正法**:高齢の成人に対する虐待、ネグレクト、搾取に取り組む連邦レベルでの初めての包括法。

二〇一〇年に成立。

〈訳注4〉**年齢差別禁止法**：四〇歳以上の個人に対する、年齢を理由とする雇用に関する差別を禁止する法。一九六七年成立

〈訳注5〉**ヘレン・レディ**：オーストラリア出身の歌手、女優。一九四一年――二〇二〇年。彼女の歌、「私は女性は」一九七二年グラミー賞受賞。

訳者あとがき

本書はアシュトン・アップルホワイト著の「This Chair Rocks――A Manifesto against Ageism」の日本語訳である。この本に出会ったのは二〇二〇年の秋。ここ数年来の私の問いへの答えがそこにあった。問いは、「歳をとることでいったい何故、こんなに窮屈な思いをしなければならないのか?」であり、答えは「それはエイジズム=年齢差別主義があるから」である。

著者は、人の心の中と社会にあるエイジズムに気づき、レイシズム(人種差別主義)、セクシズム(性差別主義)に対しみんなが声を上げているように、エイジズムに抗して声を上げようと言う。本文には、同世代感を醸し出す言葉使いも多く、一気に読み進んだ。実際に使う場合を想定してときどき日本語でつぶやきながら読んでいたこともあり、日本語版企画を「ころから」に持ち込んだ。

BLM(ブラック・ライブズ・マター)に刺激を受けて「いきする本だな」シリーズを始めていた「ころから」の木瀬貴吉さんが快諾してくれた。

アシュトン・アップルホワイトのウェブサイトに日本語版出版の意思を伝えると、「それは嬉しい。版権は空いているはずだが、出版社を通してくれ」との返事。アシュトン・アップルホワイトはその時出した私のメールを彼女のウェブサイトに載せた。それから二年半、今ここに日本語版が完成した。

第一章「エイジズムとは何か」と第二章「アイデンティティー」でまず強調されるのは、自分の心の中にあるエイジズム。自分が老いた自分を差別していることに気づく事。この気づきのプロセスが丁寧に、時には過酷に詳述される。それは読んでいる私が同時に私の中にべったりとこびりついたエイジズムに気づくプロセスでもあった。

私にとって、本書を読むことは、日本と英国という差別社会での長い年月で鬱積した感情の黒いヘドロのような残滓が身体からスッーと抜けていくような、それを言葉にして空に向かって叫んでいるような爽快感をともなった。これはひょっとするとカミングアウトした時に味合う解放感ではないのか？　「年寄り」、「老人」、「高齢者」という呼び方にある「弱くて、鈍くて、無能力」、または、「引退して、老後資金があって、もうすぐ死ぬ」が、私の心と体で違和感を起こし、しかもギリギリと音を立てて軋む。この軋みの感覚は、同一性障害というものではないのか？　年齢同一性障害かまたは老人性同一性障害を本書とともにカミングアウトできたのではないのか？　この問いへの答えを探すのも楽しみになってきた。いずれにしろ、私は強くエンパワーされ、身体の若干の障害の治癒を続けながら、日々、朗らかにエイジズムに対峙できている。

第三章から最終章まで、脳、身体、セックス、職場、自立、晩年、死の各領域のアメリカ社会にあるエイジズム的ステレオタイプすべてが列挙され、その誤りが指摘され、押し返される。つまり、アメリカ社会に存在するエイジズムが検証され、脱エイジズムへの移行が示される。そこには日本社会に共通するものも多い。この新しい老人道とも言うべきものへの厳しい案内の仕方にはどこか優しさがある。それはエイジズム文化の中で著者自身が悪戦苦闘する意識改革のプロセスを正直に晒けだすからだ。

エイジズムを自覚してエイジズムに抗し、世界を、歳をとっても良い場所にしていくと、そこが、性差別、人種差別、身障者差別を受けている人、同性愛恐怖症の被害者などにとっても良い場所になっていく、と著者は言う。多くの差別が交差して強化された抑圧を受ける黒人フェミニストが主張するインターセクショナリティ（交差性）の考え方だ。

彼女はエイジズムへの疑問に答えるべく「よっ、これってエイジズム？」と題した反エイジズム普及サイトを運営し、エイジズムの研究と調査を推奨するオンライン・ライブラリー「反エイジズム情報センター」を数人の有志と共催している。アメリカではエイジズムに関する書籍が多く出版され、エイジズム研究も日本よりはるかに盛んなようだが、何かきっかけがあったのか、とアップルホワイトに聞くと、「私たちが変えている」

が答えだった。彼女は二〇二二年に、国連、世界保健機構（WHO）の指名する「世界をより良い高齢化社会へと導く五〇人のリーダー」に選ばれ、ひどく喜んでいる。十一月、CBSがエイジズムに関するドキュメンタリー番組「Fighting back against Agesim」を放送。彼女も反エイジズム専門家としてインタビューを受けている。

アップルホワイトの活動する舞台はアメリカ社会だが、私たちの日本社会もエイジズムに覆われている。

古く、姥捨ての風習もエイジズムだったのだが、この棄老の風習は近代に入ってからも、小説に映画に間断なく取り上げられ、人口の高齢化と経済格差の拡大のために現在、ますます現実味を持って受け止められている。一九八〇年代初頭にロンドンで見た「楢山節考」（監督　今村昌平）の印象に残る清川虹子役の老婆が何歳の設定だったかは分からないが、第七十五回カンヌ国際映画祭（二〇二二年）でカメラドール特別表彰を受賞した「PLAN 75」（監督　早川千絵）の倍賞千恵子の演じた主役より若かったはずだ。「楢山節考」は一九八三年のカンヌ国際映画祭パルムドールを受賞。四〇年以上がすぎても問題は解決せず、その間、寿命だけが伸びているのだ。その市民社会に姥捨てメンタリティは居残っており、それがエイジズムを下支えする。老いへの恐怖は、主にこの老いと貧困が結びつくところにその根源がある。実際、この結びつきは、経済格差が拡大する日本社会でますます強くなっている。

現在、目に見える分かりやすいエイジズムとしては、定年退職制度、数人の高齢者が交通事故を起こしたというだけで高齢者の運転免許証を取り上げるべきとの風潮、六十五歳以上を高齢者とする区切り、七十五歳以上を後期高齢者とする区切り、六〇歳以上の人への賃貸住宅への賃貸拒否、「オレオレ詐欺」と、その被害防止対策などなど。

「オレオレ詐欺」は悪質なエイジズムで罰せられるべきものだが、被害者の高齢者の側に必要なアドバイスは「電話で暗証番号を決して教えないこと」だけではない。簡単にカモにされないよう、早い時期から高齢に達したからといってエイジズムの求めに従って自ら弱者になってしまわないことだ。

行政による高齢者対策は、ほとんどが、高齢者医療、介護、認知症、ボランティア。それに少しばかり求人のあるシルバー人材センターが加わる。すべて大切な対策なのだが、高齢者は、病気で、そうでなければ不払い労働を望んでいる人しかいない？　または最低賃金でいい？　おかしい。

日本の高齢者（六十五歳以上）数は、二〇一九年で三五八九万人。そのうち要介護（要支援）認定者は約六六九万人。認知症患者は二〇二〇年で六〇二万人。約六人に一人だ。これは、六人に一人もいる、と強調されるのが常だが、六人のうちの五人の認知症でない人への注意は払われない。高齢者世帯の所得階層別分布は、一五〇万円から二〇〇万円未満が最も多く、年収一五〇万円以下に絞ると二三・五％にものぼる。「地域活力と多様性のある超高齢社会の実現」に向けて、日本の各地で展開されている東京大学高齢社会総合研究機構（IOG）のアクション・リサーチなるものの今後に希望が持てるが、他は、二〇年前に開始された介護保険制度で福祉のためのエネルギーは使い尽くされたかのようだ。その間、年金給付額は減少の一途をたどり、介護保険料、健康保険料は上がり続ける。貧しい高齢者に皺寄せが及ぶことが何故、放置されるのか？

日本でエイジズムが問題として取り上げられない理由の一つに、支配層の高齢者の振る舞いがある。「杖をついていると障害者に間違われてみんな優しくしてくれる」、と森喜朗元首相が言ったことがメディアを賑わした。またしても失言だと。しかし、本当は惜しい！　森元首相は、身体に障害があって杖をついていたのだから、間違われたのではなく、障害のある人として認められたのだ。自分は体が不自由になって杖をついているから障害者の気持ちに近づけた、と思えば良い。しかし彼はそれができない。障害を否定し、そのことによって老いを否定する。そしてそれを誰も指摘しない。

「体に障害が多くなったのでみんな優しくしてくれる。これから障害の多い高齢者が増えるので、高齢者と障害者のために死ぬまで良い政治をしていこうと思う」、と高齢になる前でも言えるような政治家を選ぶこと、そうした政治家が産まれることはエイジズムへの闘いにとって大切だ。

医師で介護施設を経営する実業家の橋本俊明氏は、日本でエイジズムが取り上げられずに広がっている理由を「高齢者」との括りがあるからだと言う。「『高齢者』が一括りにされ、エイジズムの発生を促しているのだ。これを解消するためには高齢でなく障害によって、援助の量や、種類を判断すべきだ」と言う。

ここに、老いを寿と捉える日本古来の考え方と、人口高齢化問題という現代社会の現実との衝突で迷走する高齢者対策を根本的に解決する糸口があるのではないか。アップルホワイトは、エイジズムとの闘いは、「時間のかかるゲームだ」と言う。

男女平等もままならない日本社会で、さらにエイジズムの撤廃などできるはずはないように思えるが、その女性が歳をとると差別はさらに強くなる。みんな歳をとる。女性差別、障害者差別、LGBTQ＋差別の撤廃のためにもエイジズムの撤廃は必要なのだ。

翻訳にあたり、アメリカのスラング、フェミニズム、リベラルの常識などに関して、一九八〇年代からの友人、コネチカット州在住のキャロル・ボールドウィンにアドバイスをお願いした。

長寿世界到来にあたり、初めての老人解放の書とも言える本書によって、エイジズムに曇らされた日本に住む多くの人の視界が晴れ、率先して「弱者」にならない高齢者が増えることを確信する。その上で、何ができるのか、その人たちと話ができれば嬉しい。

二〇二三年

城川　桂子

原注 NOTES

序章 INTRODUCTION

1 "A Profile of Older Americans: 2016," Administration for Commun ity Living, U.S. Department of Health and Human Services, 7, https:// www .acl.gov/sites/default/files/Aging%20and%20Disability%20 in%20America /2016-Profile.pdf.

2 "A Profile of Older Americans: 2017," Administration for Communi ty Living,U.S. Department of Health and Human Services, 15, https:// www.acl.gov/ sites/default/Aging%20and %20Disability%20in%20 America/2017Older AmericansProfile.pdf.

3 Kenneth.M. Langa, Eric.B. Larsen, Eileen.M. Crimmins, "A Comp arison of the Prevalence of Dementia in the United States in 2000 and 2012," Journal of the American Medical Association-Internal Me dicine, January.2017. 2017;177(1):51.58. doi:10.1001/jamainternm ed.2016.6807

4 Greg O'Neill, Director, National Academy on an Aging Society, "Dis cus.sion of Social, Economic, Policy and Scientific Drivers of Change Affecting Healthy Aging, Productive Engagement and Ageism—'What this means to Mrs..Jones'" (presentation at the 2010 Age Boom Aca demy, sponsored by The Atlantic Philanthropies, New York, June.7, 2010).

5 Laura.L. Carstensen, A Long Bright Future (New York: Broadway Bo oks, 2009), 26.

6 David.G. Blanchflower and Andrew.J. Oswald, "Is well-being U-s haped over the life cycle?" Social Science & Medicine, Elsevier, vol. 66(8); 1733.1749, April.2008, http://www.nber.org/papers/w12935; Jo nathan Rauch, "The Real Roots of Midlife Crisis," The Atlantic, Decemb er.2014, http://www .theatlantic.com/magazine/archive/2014/12/the-real-roots-of-midlife-crisis /382235/; Yang, Yang. 2008. "Social Ine qualities in Happiness in the U.S. 1972.2004: An Age-Period-Cohort Analysis." American Sociological Review, 73: 204.226, http://news. uchicago.edu/article/2008/04/16/age-comes -happiness-university-chicago-study-shows.

第1章 エイジズムとは何か
WHERE AGEISM COMES FROM AND WHAT IT DOES

1 David Hackett Fischer, Growing Old in America (New York: Oxford University Press, 1978), 134.

2 Becca Levy and Mahzarin.R. Banaji, "Implicit Ageism," in Ageism: Stereotyping and Prejudice Against Older Persons, ed. Todd.D. Nelson (Cambridge: MIT Press, 2004), 67.

3 Robert.N. Butler, Why Survive? Being Old in America (New York: Ha rper & Row, 1975), 47.

4 National Center on Elder Abuse, Administration on Aging, Departm ent of Health and Human Services, "Elder Abuse: The Size of the Prob lem," citing, among other sources, Acierno, R., Hernandez, M. A., Ams tadter, A. B., Resnick, H. S., Steve, K., Muzzy, W., et.al. (2010). Preval ence and correlates of emotional, physical, sexual, and financial abu se and potential neglect in the United States: The national elder mis treatment study. American Journal of Public Health, 100(2), 292.297, http://www.ncea.aoa.gov/Library/Data /index.aspx.

5 Cari Romm, "Battling Ageism With Subliminal Messages," The At lantic, October.22, 2014, http://www.theatlantic.com/health/archi ve/2014/10 /battling-ageism-with-subliminal-messages/381762/.

6 Todd.D. Nelson, "Ageism: Prejudice Against Our Feared Future Self," Journal of Social Issues, 61 (2005); 207.222, referencing the work of Giles et.al., 1994; Giles, Fox, & Smith, 1993.

7 Sarit.A. Golub, Allan Filipowicz, and Ellen.J. Langer, "Acting Your Age," in Ageism: Stereotyping and Prejudice Against Older Persons, ed. Todd.D. Nelson (Cambridge: MIT Press, 2004), 292.

8 Zoe Williams, "We Should Celebrate Enhanced Longevity," The Age, July.25, 2009, http://www.theage.com.au/federal-politics/we-should -celebrate-enhanced-longevity-20090724-dw3g.html.

9 Anthony Webb, "Do Health and Longevity Create Wealth?" Institu te for Ethics and Emerging Technologies, Alliance for Health & the Fu ture at the International Longevity Centre Policy Report, 2006, http:// ieet.org/course /Webb-Health&Wealth.pdf.

10 Philip Longman, "Think Again: Global Aging," Foreign Policy, Oct ober.12, 2010, http://www.foreignpolicy.com/articles/2010/10/11/thi nk_again _global_aging.

11 Andrea Charise, "Rising Tide, Grey Tsunami: Charting the History of a Dangerous Metaphor," Canadian Geriatrics Society Podcast Seri es, Episode 3, 2012. Now posted at: http://canadiangeriatrics.ca/wp-content/uploads/2017/10 /Rising-Tide-Grey-Tsunami-Charting-the-History-of-a-Dangerous-Metaphor .mp3 (via http://canadiangeriatri cs.ca/resources/humanities/). And perma.nently archived at: http:// www.utsc.utoronto.ca/people/acharise/talks/

12 Ted.C. Fishman, "As Populations Age, a Chance for Younger Nati ons," New York Times Magazine, October.14, 2010, http://www.nytim es.com/2010/10 /17/magazine/17Aging-t.html.

13 Thomas Edsall, "Who is Poor?" New York Times, March.13, 2013, http://opinionator.blogs.nytimes.com/2013/03/13/who-is-poor/.

14 Fishman, op. cit.

15 Frank Furedi, preface to The Imaginary Time Bomb by Phil Mull an (London: I.B. Tauris & Co., 2002), xii.

16 Phil Mullan, The Imaginary Time Bomb (London: I.B. Tauris & Co., 2002), p. 94.

17 Longman, op. cit.

18 Martha Albertson Fineman and Stu Marvel, "The right's latest Ob amacare lie: Scapegoating America's seniors," Slate.com, Novemb er.7, 2013, http:// www.salon.com/2013/11/07/the_rights_latest_oba macare_lie_scapegoating _americas_seniors/.

19 A. Palangkaraya and J. Yong, "Population ageing and its implica tions on aggregate health care demand: empirical evidence from 22 OECD coun.tries," International Journal of Heath Care Finance Econ (2009), 391.402. doi: 10.1007/s10754-009-9057-3. http://www.ncbi. nlm.nih.gov/pubmed/19301123.

20 D.E. Kingsley, "Aging and health care costs: narrative ver sus reality," Poverty Public Policy. 2015;7(1):3.21. doi: http:// dx.doi.org/10.1002/pop4.89. http://apps.who.int/iris/bitstre am/10665/186468/1/WHO_FWC_ALC_15 .01_eng.pdf?ua=1.

21 Matthew.C. Klein, "How Americans Die," Bloomberg View, Apr il.17, 2014, http://www.bloomberg.com/dataview/2014-04-17/how-americans-die.html.

22 John.W. Rowe and Robert.L. Kahn, Successful Aging (New York: Dell Publishing, 1998), 186.

23 "The Longevity Economy: Generating economic growth and new opportu.nities for business," by Oxford Economics for AARP, Septem ber.2016, p. 14, http://www.aarp.org/content/dam/aarp/home-and-

family/personal -technology/2016/09/2016-Longevity-Economy-AARP.pdf.

24 "The Longevity Economy: Generating economic growth and new opportu.nities for business," by Oxford Economics for AARP, 2013, p..4, http://www .aarp.org/content/dam/aarp/home-and-family/personal-technology/2013-10 /Longevity-Economy-Generating-New-Growth-AARP.pdf.

25 Joseph.F. Coughlin, The Longevity Economy: Unlocking the World's Fastest-Growing, Most Misunderstood Market (NY: Public Affairs, 2017), 8.

26 Whitney Johnson, "Entrepreneurs Get Better With Age," Harvard Business Review, June 27, 2013, https://hbr.org/2013/06/entrepreneurs-get-better-with.

27 "Value of Senior Volunteers to U.S. Economy Estimated at $75 Billion," Corporation for National and Community Service, May.20, 2015, https:// www.nationalservice.gov/newsroom/press-releases/2015/value-senior -volunteers-us-economy-estimated-75-billion.

28 David Costanza, "Can We Please Stop Talking About Generations as if They Are a Thing?," Slate magazine, April.13, 2018, https://slate.com /technology/2018/04/the-evidence-behind-generations-is-lacking.html.

29 Phil Mullan, The Imaginary Time Bomb, op. cit., xix.

30 Lincoln Caplan, "The Boomer Fallacy: Why Greedy Geezers Aren't Destroy.ing Our Financial Future," The American Scholar, Summer 2014, 20.

31 Christopher Farrell, "Disproving Beliefs About the Economy and Aging," New York Times, May.13, 2016, https://www.nytimes.com/2016/05/14/your -money/disproving-beliefs-about-the-economy-and-aging.html.

32 Anne Karpf, How to Age (London: Macmillan, 2014), 31.

33 Gretchen Livingston, "At Grandmother's House We Stay," Pew Research Center report, September.4, 2013, http://www.pewsocialtrends.org/2013/09 /04/at-grandmothers-house-we-stay/.

34 MacArthur Foundation Network on an Aging Society, "Facts & Fictions About an Aging America," Contexts, vol. 8, no..4, November, 2009, http://www.macfound.org/press/publications/facts-fictions-about-aging -america/.

35 Pew Charitable Trusts Economic Mobility Project, "When Baby Boomers Delay Retirement, Do Younger Workers Suffer?" September.13, 2012, http://www.pewtrusts.org/en/research-and-analysis/issue-briefs/2012/09 /13/when-baby-boomers-delay-retirement-do-younger-workers-suffer.

36 Altman, Ros CBE. A New Vision for Older Workers: Retain, Retrain, Recruit. Report to Government. March.2015, https://www.gov.uk/government/publications/a-new-vision-for-older-workers-retain-retrain-recruit.

37 Fischer, Growing Old in America, 199.

38 Lincoln Caplan,"The Boomer Fallacy: Why Greedy Geezers Aren't Destroying Our Financial Future," American Scholar, Summer, 2014, 26.

39 Canadian Institute for Health Information, "Health Care in Canada, 2011.A Focus on Seniors and Aging," ix, https://secure.cihi.ca/free_products /HCIC_2011_seniors_report_en.pdf,

40 E. Lindland, M. Fond, A. Haydon, and N. Kendall-Taylor (2015). "Gauging aging: Mapping the gaps between expert and public understandings of aging in America." Washington, DC: FrameWorks Institute, http://www .frameworksinstitute.org/pubs/mtg/gaugingaging/page7.html.

41 Kevin.M. Murphy and Robert.H.Topel, "The Value of Health and Longev.ity" (June.2005). National Bureau of Economic Research Working Paper No. w11405. Available through Social Science Research Network: http:// papers.ssrn.com/sol3/papers.cfm?abstract_id=742364.

42 "Aging and the Macroeconomy: Long-Term Implications of an Older Population," September.2012, National Research Council, http://www.rci .rutgers.edu/~khartman/libguides/agingandmacroeconomybriefreport.pdf.

43 Susan Jacoby. Never Say Die: The Myth and Marketing of the New Old Age (New York: Pantheon, 2011), p..37.

44 Jill Lepore, "The Force: How much military is enough?" New Yorker, January.28, 2013.

45 Central Intelligence Agency, The World Factbook, "Country Comparison: Life Expectancy at Birth," https://www.cia.gov/library/publications/the -world-factbook/rankorder/2102rank.html.

46 Barry Bosworth, Gary Burtless, and Kan Zhang, "Later Retirement, Inequality in Old Age, and the Growing Gap in Longevity Between Rich and Poor," The Brookings Institution, January.2016, https://www .brookings.edu/wp-content/uploads/2016/02/BosworthBurtlessZhang _retirementinequalitylongevity_012815.pdf.

47 NPR, Talk of the Nation, "In 'Shoot My Man,' Mosley Tells Tale of Atone.ment," by NPR Staff, January.26, 2012, http://www.npr.org/2012/01/26 /145913466/in-shoot-my-man-mosley-tells-tale-of-atonement.

第2章 アイデンティティー 年齢と自我
OUR AGES, OURSELVES: IDENTITY

1 Anne Karpf, "'Ageing is a mixture of gains and losses': why we shouldn't fear getting old," The Guardian, January.3, 2014, http://www.theguardian .com/society/2014/jan/04/ageing-mixture-gains-losses.

2 Laura Shapiro, "What It Means to Be Middle Aged," New York Times Book Review, January.13, 2012, http://www.nytimes.com/2012/01/15/books /review/in-our-prime-the-invention-of-middle-age-by-patricia-cohen-book -review.html.

3 Butler, Why Survive?, 14.

4 Paul Taylor et.al., "Growing Old in America: Expectations vs. Reality," Pew Research Center's Social and Demographic Trends Report, June.29, 2009, 3.

5 Sarit.A. Golub, Allan Filipowicz, and Ellen.J. Langer, "Acting Your Age" in Ageism: Stereotyping and Prejudice Against Older Persons, ed. Todd.D. Nelson (Cambridge: MIT Press, 2004), 278.

6 Susan Krauss Whitbourne and Joel.R. Sneed, "The Paradox of Well-Being, Identity Processes, and Stereotype Threat: Ageism and Its Potential Relation.ships to the Self in Later Life," in Ageism: Stereotyping and Prejudice Against Older Persons, ed. Todd.D. Nelson (Cambridge: MIT Press, 2004), 287.

7 Sarit.A. Golub, Allan Filipowicz, and Ellen.J. Langer, "Acting Your Age" in Ageism: Stereotyping and Prejudice Against Older Persons, ed. Todd.D. Nelson (Cambridge: MIT Press, 2004), 288.

8 Golub, Filipowicz, and Langer, "Acting Your Age," 282.

9 Judith Warner, "I Feel It Coming Together," New York Times, Octob

er.15, 2009, http://opinionator.blogs.nytimes.com/2009/10/15/i-feel-it-coming -together.

10 Sasha Frere-Jones, "Brit Pop," New Yorker, December.16, 2013, www .newyorker.com/magazine/2013/12/16/brit-pop.

11 University of Warwick, "Middle-Aged Misery Spans the Globe," Science-Daily, January.30, 2008, http://www.sciencedaily.com/releases/2008/01 /080129080710.htm.

12 Lynne Segal, Out of Time: The Pleasures and the Perils of Aging (London: Verso Books, 2013), Kindle edition.

13 Wendy Lustbader, Life Gets Better: The Unexpected Pleasures of Growing Older (New York: Jeremy.P. Tarcher/Penguin, 2011), 125.

14 "Gerotranscendence: A Possible Path Toward Wisdom in Old Age," pamphlet, Uppsala University, Sweden, http://www.soc.uu.se/digitalAssets /149/149866_folder.pdf.

15 Molly Andrews, "The Seductiveness of Agelessness," Aging and Society, vol. 19, no. 3 (1999), 301.318.

16 Alex Morris, "The Prettiest Boy in the World," New York, August.14, 2011, http://nymag.com/fashion/11/fall/andrej-pejic/.

17 NYU Local blog, April.21, 2014, http://nyulocal.com/on-campus/2014/04 /21/local-stops-internet-teenagers-jesus-flume-and-america/.

18 Elaine Showalter, introduction to Out of Time: The Pleasures and the Perils of Aging, by Lynne Segal (London: Verso Books, 2013), Kindle edition.

19 Personal e-mail to author, via Paula Span, May.8, 2013.

20 Naomi Wolf, "Madonna: The Director's Cut," Harper's Bazaar, Nov 9, 2011, http://www.harpersbazaar.com/celebrity/news/madonna-interview-1211.

21 "Alabama Mayor, 91, Admits Stealing $201K from Town," AP, October.12, 2012, http://www.cbsnews.com/8301-201_162-57531139/alabama-mayor-91-admits-stealing-$201k-from-town/.

22 Harry.R. Moody, Human Values in Aging newsletter, August.1, 2009.

23 Anne Karpf, How to Age (London: Macmillan, 2014), 65.

24 Ina Jaffe and NPR Staff, "'Silver Tsunami,' And Other Terms That Can Irk the Over-65 Set," National Public Radio, May.19, 2014, http://www.npr.org /2014/05/19/313133555/silver-tsunami-and-other-terms-that-can-irk-the -over-65-set.

25 Margaret Cruikshank, Learning to Be Old: Gender, Culture and Aging (Lanham, MD: Rowman & Littlefield, 2013), 3.

26 Paula Span, "Aging's Misunderstood Virtues," New York Times, August.30, 2010, http://newoldage.blogs.nytimes.com/2010/08/30/appreciating-the -peculiar-virtues-of-old-age/.

27 Laura Carstensen, A Long Bright Future, 228.

第3章 脳 記憶を忘れること
FORGET MEMORY: THE OLDER BRAIN

1 Rowe and Kahn, Successful Aging, 44.

2 Margaret Morganroth Gullette, "Our Irrational Fear of Forgetting," New York Times, May.21, 2011, http://www.nytimes.com/2011/05/22/opinion /22gullette.html.

3 Laura Carstensen, professor of psychology, Stanford University, and director, Stanford Center on Longevity, "The Science of Aging," (presenta.tion at the 2012 Age Boom Academy, sponsored by the Atlantic Philanthro.pies, AARP and the New York Times, New York, NY), March.24, 2012.

4 Gina Kolata, "U.S. Dementia Rates Are Dropping Even as Population Ages," New York Times, November. 21, 2016, https://www.nytimes.com /2016/11/21/health/dementia-rates-united-states.html.

5 Margaret Morganroth Gullette, "Our Irrational Fear of Forgetting."

6 "11/14: Alzheimer's Most Feared Disease," by Marist Poll, November.15, 2012, http://maristpoll.marist.edu/1114-alzheimers-most-feared-disease/.

7 Robert McCann and Howard Giles, "Ageism in the Workplace: A Commu.nication Perspective," in Ageism: Stereotyping and Prejudice Against Older Persons, ed. Todd.D. Nelson (Cambridge: The MIT Press, 2004), 171.

8 Erving Goffman, Stigma: Notes on the Management of Spoiled Identity (New York: Simon and Schuster, 2009), 3.

9 Peter.J. Whitehouse and Daniel George, The Myth of Alzheimer's: What You Aren't Being Told About Today's Most Dreaded Diagnosis (New York: St..Martin's Press, 2008), Kindle edition.

10 Andy Coghlan, "New Alzheimer's drugs: What do they do and could they be a cure?" New Scientist, July.22, 2015, https://www.newscientist.com/article /dn27941-new-alzheimers-drugs-what-do-they-do-and-could-they-be-a-cure/.

11 Toby Williamson, "My Name Is Not Dementia: People with Dementia Discuss Quality of Life Indicators," published by the Alzheimer's Society (UK), 2010.

12 Sousan Hammad, "Islands of Amnesia," Guernica, February.26, 2014, http://www.guernicamag.com/daily/sousan-hammad-islands-of-amnesia/

13 Margaret Morganroth Gullette, "Keeping the Conversation Going." Jewish Daily Forward, September.30, 2012, http://forward.com/articles/163585 /keeping-the-conversation-going/?p=all#ixzz2jJRYbpKg.

14 Anne Basting, "Coping With Alzheimer's," Letter to the Editor, New York Times, June.4, 2011, http://www.nytimes.com/2011/06/05/opinion /l05alzheimers.html.

15 Nina Strohminger and Shaun Nichols, "Your Brain, Your Disease, Your Self," New York Times, August 21, 2015, http://www.nytimes.com/2015/08 /23/opinion/your-brain-your-disease-your-self.html.

16 Whitehouse and George, The Myth of Alzheimer's, Kindle edition.

17 Tara Bahrampour, "Proposed budget for Alzheimer's research may rise by over 50 percent," Washington Post, December 16, 2015, http:www.washington post.com/local/social-issues/proposed-budget-for-alzheimers-research.may-rise-by-over-50-percent/2015/12/16.

18 Bureau of Labor Statistics, Occupational Employment and Wages, May 2017, 39-9021 Personal Care Aides. https://www.bls.gov/ocs/current/ ocs399021.html.

19 Molly Wagster, Branch Chief, Neuropsychology of Aging, National Institute on Aging, "The Aging Body," presentation at "Longevity: America Ages Seminar," sponsored by the Knight Foundation for Specialized Journalism, University of Maryland, Towson, MD, April.9, 2008.

20 Patricia.A. Coyle et.al., "Effect of Purpose in Life on the Relation Between Alzheimer Disease Pathologic Changes on Cognitive Function in Ad.vanced Age," Arch Gen Psychiatry, 2012 May; 69(5): 499.505. doi: 10.1001/ archgenpsychiatry.2011.1487, http://www.ncbi.nlm.nih.gov/pmc/articles /PMC3389510/.

21 Benedict Carey, "At the Bridge Table, Clues to a Lucid Old Age," New York Times, May.21, 2009, http://www.nytimes.com/2009/05/22/health /research/22brain.html.

22 Joe Verghese, Richard.B. Lipton, Mindy.J. Katz, Charles.B. Hall, Carol.A. Derby, Gail Kuslansky, Anne.F. Ambrose, Martin Sliwinski, and Herman Buschke, "Leisure Activities and the Risk of Dementia in the Elderly," New England Journal of Medicine (June.19, 2003); 348:2508.2516. DOI: 10.1056/ NEJMoa022252, http://www.nejm.org/doi/full/10.1056/NEJMoa022252.

23 John.W. Rowe, MD, and Robert.L. Kahn, PhD, Successful Aging (New York: Dell Publishing, 1998), 20.

24 Gene Cohen, MD, director, Center on Aging, Health and Humaniti es, George Washington University, "The New Senior Moment: Positive Changes Because of Aging," presentation at "Longevity: America Ages Seminar" sponsored by the Knight Foundation for Specialized Journal ism, University of Maryland, Towson, MD, April.7, 2008.

25 Roberto Cabeza, Nicole.D. Anderson, Jill.K. Locantore, and Ant hony.R.McIntosh, "Aging Gracefully: Compensatory Brain Activity in High-Performing Older Adults," (2002), doi:10.1006/nimg.2002.1280. http:// cabezalab.org/wp-content/uploads/2011/11/Cabeza02_AgingG racefully _Neuroimage.pdf

26 Benedict Carey, "Older Really Can Mean Wiser," New York Times, March.16, 2015, http://www.nytimes.com/2015/03/17/health/older-really-can-mean -wiser.html.

27 Joshua.K. Hartshorne and Laura.T. Germaine, "When Does Cognit ive Functioning Peak? The Asynchronous Rise and Fall of Different Co gnitive Abilities Across the Life Span," Psychological Science (2015), doi:10.1177/0956797614567339.

28 Michael Ramscar, Peter Hendrix, Cyrus Shaoul, Petar Milin, and Harald Baayen, "The Myth of Cognitive Decline: Non-Linear Dynamics of Lifelong Learning," Topics in Cognitive Science (2014), 5.42, DOI: 10.1111/tops.12078.

29 cbreaux.blogspot.com.

30 E-mail correspondence with author, August.13, 2015.

31 Kathleen Woodward, "Against Wisdom: The Social Politics of Ang er and Aging," Cultural Critique, 51 (Spring 2002): 186.218.

32 Vaillant, Aging Well, 5.

33 Nicholas Bakalar, "Happiness May Come With Age, Study Says," New York Times, May.31, 2010, http://www.nytimes.com/2010/06/01/health/research/01happy.html.

34 Laura Carstensen, "Why Should We Look Forward To Getting Old er?" interview with NPR/TED Staff . June.22, 2015, Part 4 of the TED Radio Hour episode "Shifting Time," http://krcu.org/post/why-should-we-look -forward-getting-older.

35 Nicholas Bakalar, "Happiness May Come With Age, Study Says," New York Times, May.31, 2010, http://www.nytimes.com/2010/06/01/health/research /01happy.html.

36 Jonathan Rauch, "The Real Roots of Midlife Crisis," The Atlantic, Decem.ber, 2014, p..90.

37 "The U-bend of Life," Economist, December.16, 2010, http://www .economist.com/node/17722567.

38 Karl Pillemer, "Why Family and Social Relationships Matter," pr esentation at the 2012 Age Boom Academy, sponsored by the Atlant ic Philanthropies, AARP and the New York Times, New York, NY, Mar ch.24, 2012.

39 Wendy Lustbader, "Who Speaks for Older Adults," presentation at Age Boom Academy, New York, NY, sponsored by the Atlantic Philanth ropies, September.9, 2013.

40 Lustbader, Life Gets Better, 124. 41 Jane Fonda, "Life's Third Act," TEDWomen, December, 2011, http://www .ted.com/talks/jane_fonda_life_s_third_act.html#.TwizbBC0Ynd.e-mail. 42 Muriel Gillick, The Denial of Aging: Perpetual Youth, Eternal Life, and Other Dangero us Fantasies (Cambridge: Harvard University Press, 2006), 266. 43 Ha nnah Seligson, "An Age-Old Dilemma for Women: To Lie or Not to Lie," New York Times, June.27, 2015, http://www.nytimes.com/2015/06/28/style /an-age-old-dilemma-for-women.html. 44 Sarah Ditum, "How old age became a fashion trend," The Guardian, October.19, 2012, http://www.theguardian.com/commentisfree/2012/oct/19 /fashion-old-women. 45 Paul Taylor, et.al., "Growing Old in America: Expectat ions vs. Reality," Pew Research Report (June.29, 2009), 59. 46 Louis Begley, "Age and Its Awful Discontents," New York Times, March.17, 2012, http://www.nytimes.com/2012/03/18/opinion/sunday/age-and-its -discontents.html.

第4章 からだ 若さでなく健康を
HEALTH, NOT YOUTH: THE OLDER BODY

1 Anti-Ageism Taskforce at The International Longevity Center, "Ag eism in America," 2005, 25, http://www.mailman.columbia.edu/sites/default/files /Ageism_in_America.pdf.

2 Gillick, The Denial of Aging, op. cit., p..36.

3 Jay Olshansky, "The Demographic Perspective on Longevity," pres entation at the 2009 Age Boom Academy, sponsored by the New York Times with support from the Glenn and MetLife Foundations, New York, NY, May.31, 2009.

4 Brian Lehrer Show, "The World Envies Our Wrinkles," March.27, 2015, http://www.wnyc.org/story/how-think-about-aging/.

5 "Good Survival Rates Found in Heart Surgery for Aged," Associated Press, November.10, 2008, http://www.nytimes.com/2008/11/11/heal th/research /11heart.html.

6 Maureen Mackey, "Ageism in Medicine: How It Appears, Why It Can Hurt You," AARP Bulletin, November.18, 2010, http://www.aarp.org/en tertainment /books/info-11-2010/author_speaks_ageism_in_medici ne.html.

7 "Access all ages: assessing the impact of age on access to surgi cal treat.ment," Age UK & The Royal College of Surgeons of England, RCSENG– Communications, 2012, https://www.rcseng.ac.uk/publicati ons/docs /access-all-ages.

8 "Access all ages 2: Exploring variations in access to surgery amo ng older people," Age UK & The Royal College of Surgeons of England, 2014, http://www.rcseng.ac.uk/news/docs/access-all-ages-2.

9 Monisha Pasupathi and Corinna.E. Lockenhoff, "Ageist Behavior," in Ageism: Stereotyping and Prejudice Against Older Persons, ed. Todd.D. Nelson (Cambridge: The MIT Press, 2004), 208.

10 Pasupathi and Lockenhoff, "Ageist Behavior," 206.

11 Pasupathi and Lockenhoff, "Ageist Behavior," 209.

12 J. Lazarou et.al., "Why Learn about Adverse Drug Reactio ns (ADR)?" Institute of Medicine, National Academy Press, 2000; JAMA 1998;279(15):1200.1205; Gurwitz J. H. et.al. Am J Med 2000;109(2):87.94, http://www.fda.gov/Drugs/GuidanceComplianceR egulatoryInformation /Surveillance/AdverseDrugEffects/ucm070461.

htm. Website of the U.S Food and Drug Administration: http://www.fda.gov/Drugs/DevelopmentApprovalProcess/DevelopmentResources/DrugInteractionsLabeling/ucm114848.htm.

13 Richard.W. Pretorius, Gordana Gataric, Steven.K. Swedlund, and John.R. Miller, "Reducing the Risk of Adverse Drug Events," Am Fam Physician, 2013 Mar 1;87(5), 331.336.

14 Paula Span, "The Clinical Trial Is Open. The Elderly Need Not Apply," New York Times, April.13, 2018, https://www.nytimes.com/2018/04/13/health /elderly-clinical-trials.html.

15 "Ageism in America," International Longevity Center, p..35.

16 Joan.C. Chrisler, Angela Barney and Brigida Palatino, "Ageism can be Hazardous to Women's Health: Ageism, Sexism, and Stereotyp es of Older Women in the Healthcare System," Journal of Social Issu es, vol. 72, no..1, 2016, pp..86.104 doi: 10.1111/josi.12157.

17 Laura Carstensen, "The Science of Aging," presentation at the 2012 Age Boom Academy, sponsored by the Atlantic Philanthropies, AARP and the New York Times, New York, NY, March.24, 2012.

18 Paula Span, "Even Fewer Geriatricians in Training," New York Tim es, January.9, 2013, http://newoldage.blogs.nytimes.com/2013/01/09/even -fewer-geriatricians-in-training/.

19 Kristen Gerencher, "Poor prognosis for care of elderly," CBS. Ma rketWatch .com, June.12, 2003, http://www.marketwatch.com/story/fighting-a-dearth -of-geriatric-medicine-professionals.

20 Anne Kingston, "Why it's time to face up to old age," Maclean's, October.13, 2014, http://www.macleans.ca/society/health/an-age-old -problem/.

21 Atul Gawande, Being Mortal (New York: Metropolitan Books, 2014), Kindle edition.

22 Albert.L. Siu and John.C. Beck, "Physician Satisfaction with Car eer Choices in Geriatrics," The Gerontologist, vol. 30, no. 4, 529.534, http:// gerontologist.oxfordjournals.org/content/30/4.toc.

23 J. Paul Leigh, Daniel J. Tancredi, and Richard L. Kravitz, "Physici an career satisfaction within specialties," BMC Health Services Resea rch (2009),9:166, http://www.biomedcentral.com/1472-6963/9/166.

24 Monisha Pasupathi and Corinna.E. Lockenhoff, "Ageist Behavi or," in Ageism: Stereotyping and Prejudice Against Older Persons, ed. Todd.D. Nelson (Cambridge: The MIT Press, 2004), 202.

25 Ibid., 202.

26 National Institute of Health, "Disability in Older Adults," updated on June 30, 2018, http://report.nih.gov/nihfactsheets/ViewFactSheet.aspx ?csid=37.

27 Harvard University, "Longer life, disability free: Increases in life expec.tancy accompanied by increase in disability-free life expectan cy, study shows," ScienceDaily, 6 June.2016, www.sciencedaily.com/releases/2016 /06/160606120039.htm.

28 Nicholas Bakalar, "Gentlemen, 5 Easy Steps to Living Long and Well," New York Times, February.19, 2008, http://www.nytimes.com/2008/02/19 /health/19agin.html.

29 "Quick Statistics Compiled by the National Institute on Deafness and Other Communication Disorders (NIDCD)," https://www.nidcd.nih.gov /health/statistics/quick-statistics-hearing, page updated Decemb er 15, 2016.

30 Frank.R. Lin, E. Jeffrey Metter, Richard.J. O'Brien, Susan.M. Resni ck, Alan.B. Zonderman, and Luigi Ferrucci, "Hearing Loss and Incident Dementia," JAMA Neurology, vol. 68, no..2, February.14, 2011 Arch Ne urol. 2011;68(2):214.220. doi:10.1001/archneurol.2010.362, http://arc hneur .jamanetwork.com/article.aspx?articleid=802291.

31 Gregg Easterbrook, "What Happens When We All Live to Be 100?," The Atlantic, October, 2014.

32 Rowe and Kahn, Successful Aging, 30.

33 Jane.E. Brody, "100 Candles on Her Next Cake, and Three R's to Get Her There," New York Times, October.18, 2010, http://www.nytim es.com/2010 /10/19/health/19brody.html.

34 John Leland, Happiness Is A Choice You Make: Lessons from a Year Among the Oldest Old (New York: Sarah Crichton Books, Farrar, Straus & Giroux, 2018), 13.

35 Jane Gross, "How Many of You Expect to Die?" New York Times, July.8, 2008, http://newoldage.blogs.nytimes.com/2008/07/08/how-many-of-you -expect-to-die/?hp.

36 Becca.R. Levy, Martin.D. Slade, Robert Pietrzak, Luigi Ferruci, "Po sitive age beliefs protect against dementia even among elders with high-risk gene," PLOS One, February 7, 2018, https://doi.org/10.1371/journal.pone.0191004.

37 Gretchen Reynolds, "Exercise to Age Well, Whatever Your Age," New York Times, January.29, 2014, http://well.blogs.nytimes.com/2014/01/29 /exercise-to-age-well-regardless-of-age/.

38 "Dr..Mark Lachs—'Treat Me Not My Age,'" Annuity News Now, uplo aded to YouTube November.15, 2010, http://www.youtube.com/watch ?v=vz_lgvBsBpE.

39 "Living to 120 and Beyond: Americans' Views on Aging, Medical Advances and Radical Life Extension," Pew Research Religion & Publ ic Life Project, August.6, 2013, http://www.pewforum.org/2013/08/06/living-to-120-and -beyond-americans-views-on-aging-medical-advances-and-radical-life -extension/.

40 "Aging Through The Eyes of A Doctor," The Today Show, Feb 17, 2011, http://www.today.com/id/41610799/ns/today-today_health/#.UmE_C5TF1As.

41 Cruikshank, Learning to Be Old, 37.

42 Ibid., p..42.

43 Paula Span, "A Workout for the Mind," New York Times, Oct ober.20, 2014, http://newoldage.blogs.nytimes.com/2014/10/30/a-workout-for-the-mind/.

44 Karin.A. Ouchida and Mark.S. Lachs, "Not for Doctors Only: Agei sm in Healthcare," Generations, vol. 39(3), Fall 2015, 47.

45 Becca.R. Levy, Corey Pilver, Pil.H. Chung, and Martin.D. Slade, "Sublimi.nal Strengthening Improving Older Individuals' Physical Fun ction Over Time With an Implicit-Age-Stereotype Intervention," Psych ological Science, October.17, 2014 0956797614551970, http://pss.sag epub.com/content/early /2014/10/17/0956797614551970.abstract.

46 Becca.R. Levy, Martin.D. Slade, Terrence.E. Murphy, and Thomas. M. Gill, "Association Between Positive Age Stereotypes and Recove ry From Disability in Older Persons," JAMA. 2012;308(19):1972.1973. doi:10.1001/ jama.2012.14541.

47 Becca.R. Levy, Martin.D. Slade, Suzanne.R. Kunkel, Stanislav. V. Kasl, "Longevity increased by positive self-perceptions of aging." Journal of Personality and Social Psychology, vol. 83(2), Aug. 2002, 261.270, http:// psycnet.apa.org/journals/psp/83/2/261/.

第5章　セックスと情愛 賞味期限なし
NO EXPIRATION DATE: SEX AND INTIMACY

1 Simi Linton, My Body Politic: A Memoir (Ann Arbor: University of Mi chi.gan Press, 2010), 85.

2 Cynthia Rich, "Ageism and the Politics of Beauty," in Look Me in the Eye: Old Women, Aging and Ageism, by Barbara Macdonald with Cynthia Rich (San Francisco: Spinsters Book Company, 1991), 143.

3 Anti-Ageism Taskforce of the International Longevity Center, "Age ism in America," 52, http://www.mailman.columbia.edu/sites/default/ files /Ageism_in_America.pdf.

4 Stacy.L. Smith, Marc Choueiti, Elizabeth Scofield, and Dr..Kather ine Pieper, "Gender Inequality in 500 Popular Films: Examining On-Screen Portrayals and Behind-the-Scenes Employment Patterns in Mo tion Pictures Released between 2007.2012," Annenberg School for Co mmunication & Journalism, University of Southern California, 2013.

5 "Over Sixty, Underestimated: A Look at Aging on the 'Silver' Screen in Best Picture Nominated Films," by Stacy.L. Smith, PhD, Marc Choue iti, & Katherine Pieper, PhD, USC Annenberg School for Communicati on and Journalism, February, 2017, http://annenberg.usc.edu/sites/de fault/files /Over_Sixty_Underestimated_Report_2_14_17_Final.pdf.

6 Andrea Peyser, "Sleazy Geezer Society Meeting Now in Session," New York Post, June.1, 2011, http://nypost.com/2011/06/01/sleazy-geezer-society -meeting-now-in-session/.

7 Arianna Rebolini, "These Confessions from Women in Their Eigh ties Will Challenge Your Views on Sexuality," BuzzFeed, February.6, 2014, http:// www.buzzfeed.com/ariannarebolini/these-confessions-from-women-in -their-eighties-will-challeng.

8 Lindy West, "Women in Their 70s Say They're Having Way Hotter Sex than You," Jezebel, February.6, 2014, http://jezebel.com/women-in-their -70s-say-theyre-having-way-hotter-sex-th-1516813341.

9 Cynthia Rich, "The Women in the Tower," in Look Me in the Eye: Old Women, Aging and Ageism, 78.

10 Susan Sontag, "The Double Standard of Aging," Saturday Review, Septem.ber.23, 1972, 28.38.

11 Carina Chocano, "Girls Love Math. We Never Stop Doing It," New York Times, November.16, 2012, http://www.nytimes.com/2012/11/18/ magazine /girls-love-math-we-never-stop-doing-it.html.

12 Miranda Prynne, "Beautiful actresses suffer more from ageism, says Angela Lansbury," London Telegraph, January.23, 2014, http:// www.telegraph .co.uk/culture/theatre/10591490/Beautiful-actresses-suffer-more-from -ageism-says-Angela-Lansbury.html.

13 Frank Greve, "As seniors live longer they find 'love expectancy' also grows," McClatchy Newspapers, July.16, 2008, http://www.mccla tchydc.com/news /politics-government/article24491419.html.

14 "HIV Among People Aged 50 and Over," Division of HIV/AIDS Prev ention, National Center for HIV/AIDS, Viral Hepatitis, Sexual Transmit ted Diseases and Tuberculosis Prevention, Centers for Disease Contr ol and Prevention, February 12, 2018, http://www.cdc.gov/hiv/group/ age/olderamericans /index.html.

15 Stacy Tessler Lindau. MD, et.al., "A Study of Sexuality and Heal th among Older Adults in the United States," New England Journal of Medicine (2007); 357:762.774, August.23, 2007, DOI: 10.1056/NEJM oa067423; http://www.nejm.org/doi/full/10.1056/NEJMoa067423.

16 Christian Rudder, Dataclysm (New York: Crown Publishers, 2014), 91.

17 Jon Pareles, "As Ever, the Wisdom Of a Lovin' Heart," New York Ti mes, April.29, 2002, http://www.nytimes.com/2002/04/29/arts/pop-review-as-ever-the-wisdom-of-a-lovin-heart.html.

18 Gullette, Agewise, 130.

19 June Arnold, Sister Gin (Plainfield, VT: Daughters Inc., 1975), 129.

20 Louis Begley, "Old Love," New York Times, August.8, 2012, http:// www.nytimes.com/2012/08/12/opinion/sunday/old-love.html.

21 Grace Paley, excerpt from "Here" from Begin Again: Collected Po ems (New York: Farrar, Straus, and Giroux, 2000), 177.

22 Jan Hoffmann, "Married Sex Gets Better in the Golden Yea rs," New York Times, February.23, 2015, http://well.blogs.nytimes. com/2015/02/23 /married-sex-gets-better-in-the-golden-years/.

23 Still Doing It: The Intimate Lives of Women Over 60, website for book and movie by Deirdre Fishel and Diana Holtzberg, http://www.sti lldoingit.com/.

24 Lynne Segal, Out of Time, Kindle edition.

25 Mireille Silcoff, "Why Your Grandpa Is Cooler Than You," New York Times Magazine, April.26, 2013, http://www.nytimes.com/2013/04/28/ magazine/why-your-grandpa-is-cooler-than-you.html.

26 Fabulous Fashionistas, directed by Sue Bourne, television doc umentary, first broadcast on Channel 4 (U.K.) September.14, 2013, http://www .channel4.com/programmes/fabulous-fashionistas.

27 Sarah Ditum, "How old age became a fashion trend," The Guar dian, October.19, 2012, http://www.theguardian.com/commentisfr ee/2012/oct/19 /fashion-old-women.

28 "Antiaging Products and Services: The Global Market," MarketW atch, Aug. 19, 2013, http://www.marketwatch.com/story/antiaging-products-and-services -the-global-market-2013-08-19

29 Abby Ellin, "Raise Your Hand for an Engagement Selfie," New York Times, May.25, 2014.

30 Amia Srinivasan, "Does anyone have the right to sex?" London Re view of Books, vol. 40, no..6, March.22, 2018, pp..5.10, https://www. lrb.co.uk/v40 /n06/amia-srinivasan/does-anyone-have-the-right-to-sex

31 This American Life, Episode 589: "Tell Me I'm Fat," June.17, 2016, https:// www.thisamericanlife.org/589/transcript

32 "Frances McDormand on Aging," interview with Katie Couric post ed on Yahoo News on Nov 6, 2014, https://www.youtube.com/watch?v =NZLQ0jPcuwQ.

33 Dominique Browning, "The Case for Laugh Lines," New York Tim es, May.26, 2011, http://www.nytimes.com/2011/05/29/fashion/domin ique -brownings-argument-for-natural-aging.html.

34 Chuck Nyren, "Going Nutty Over Older Women's Bodies," Huffingt on Post blog, May.29, 2014, https://www.huffingtonpost.com/chuck-nyren/aging -bodies_b_5360313.html.

35 Brown, S..L., Lin, I.-F., & Payne, K..K. (2012). "Age Variation in the Divorce Rate, 1990.2010 (FP-12-05). National Center for Family & Ma rriage Research," http://www.bgsu.edu/content/ dam/BGSU/college-of-arts-and.sciences/NCFMR/ documents/FP/FP-12-05.pdf; https:// co ntemporaryfamilies.org/growing-risk-brief-report/

36 Mike Albo, "Love Has No Bounds," AARP magazine, January.18, 2018, https://www.aarp.org/disrupt-aging/stories/solutions/info-2018/how -online-dating-shatters-ageism.html.

第6章 職場 まだ途中
NOT DONE YET: THE WORKPLACE

1 Catherine Rampell, "In Hard Economy for All Ages, Older Isn't Better . . . It's Brutal," New York Times, February.2, 2013, http://www.nytimes.com /2013/02/03/business/americans-closest-to-retirement-were-hardest-hit-by -recession.html.

2 Michael Winerip, "Pushed Out of a Job Early," New York Times, December 6, 2013, http://mobile.nytimes.com/2013/12/07/booming/pushed-out-of-a-job -early.html.

3 Tara Siegel Bernard, "'Too Little Too Late': Bankruptcy Booms Among Older Americans," New York Times, August 5, 2018, https://nytimes .com/2018/08/05/business/bankruptcy-older-americans.html

4 Matthew.S. Rutledge, Steven.A. Sass, and Jorge.D. Ramos-Mercado, "How Job Options Narrow for Older Workers by Socioeconomic Status," Center for Retirement Research at Boston College, IB#16-13, August, 2016, http://crr .bc.edu/briefs/how-job-options-narrow-for-older-workers-by-socioeconomic -status/.

5 Robert McCann and Howard Giles, "Ageism in the Workplace: A Commu.nication Perspective," in Ageism: Stereotyping and Prejudice Against Older Persons, ed. Todd.D. Nelson (Cambridge: The MIT Press, 2004), 170.

6 Shankar Vedantam, "Older Americans May Be Happier Than Younger Ones," Washington Post, July.14, 2008, http://www.washingtonpost.com /wp-dyn/content/article/2008/07/13/AR2008071301641_pf.html.

7 Nathaniel Reade, "The Surprising Truth About Older Workers," AARP magazine, August/September 2013, http://www.aarp.org/work/job-hunting /info-07-2013/older-workers-more-valuable.html.

8 David Hackett Fischer, Growing Old in America (New York: Oxford University Press, 1978), 211.

9 Pew Charitable Trusts, "A Look at Access to Employer-Based Retirement Plans and Participation in the States," January 13, 2016, www.pewtrusts .org/en/research-and-analysis/reports/2016/01/a-look-at-access-to-employer -based-retirement-plans-and-participation-in-the-states

10 Tricia Neuman, Vice President, Henry.J. Kaiser Family Foundation, "Present Economics of Older America," presentation at the 2013 Age Boom Academy, sponsored by the Atlantic Philanthropies, New York, NY, September.9, 2013.

11 Liana Fox and Jos. Pacas, "Deconstructing Poverty Rates among the 65 and Older Population: Why Has Poverty Increased Since 2015?," April.26, 2018, Working Paper Number: SEHSD-WP2018-13, https://www.census.gov /library/working-papers/2018/demo/SEHSD-WP2018-13.html

12 National Council on Aging, "Economic Security for Seniors Facts Sheet," 2016, http://www.ncoa.org/press-room/fact-sheets/economic-security-for .html.

13 Social Security Administration Fact Sheet, 2017, https://www.ssa.gov/news /press/factsheets/basicfact-alt.pdf.

14 Carmen DeNavas-Walt, Bernadette.D. Proctor, Jessica.C. Smith, "Income, Poverty, and Health Insurance in the United States: 2012," U.S. Census Bureau. Issued September.2013, 21, http://www.census.gov/prod/2013pubs /p60-245.pdf.

15 National Women's Law Center, "Facts About the Wage Gap," September.13, 2016, https://nwlc.org/resources/faq-about-the-wage-gap/.

16 Joan Entmacher, Katherine Gallagher Robbins, Julie Vogtman, and Lauren Frohlich, The National Women's Law Center, "Insecure & Unequal: Poverty and Income among Women and Families 2000.2012," 2013.

17 Robert McCann and Howard Giles, "Ageism in the Workplace: A Commu.nication Perspective," in Ageism: Stereotyping and Prejudice Against Older Persons, ed. Todd.D. Nelson (Cambridge: The MIT Press, 2004), 170.

18 Abigail Van Buren, "Dear Abby: Single mom rips older workers for staying on the job too long," Mercury News, September.6, 2013, http://www .pottsmerc.com/article/20130905/LIFE01/130909807/dear-abby-single -mom-rips-older-workers-for-staying-on-the-job-too-long.

19 "Working Longer: The Disappearing Divide Between Work Life and Retirement," The AP-NORC Center's Working Longer Study, May, 2016, p..4, http://www.apnorc.org/projects/Pages/HTML%20Reports/working-longer -the-disappearing-divide-between-work-life-and-retirement-issue-brief.aspx.

20 Kathleen Geier, "Deserving vs. undeserving poor—for the love of God, here we go again," Washington Monthly, December.21, 2013, http://www .washingtonmonthly.com/political-animal-a/2013_12/deserving_vs _undeserving_poor048302.php.

21 "When Baby Boomers Delay Retirement, Do Younger Workers Suffer?" Pew Charitable Trusts Economic Mobility Project report, p..4, http://www .pewstates.org/uploadedFiles/PCS_Assets/2012/EMP_retirement delay.pdf.

22 Dora.L. Costa, The Evolution of Retirement—An American Economic History 1880.1990 (Chicago: University of Chicago Press, 1998), 12.

23 David.C. Wilson, "When Equal Opportunity Knocks," Gallup Business Journal, April.13, 2006, http://businessjournal.gallup.com/content/22378 /When-Equal-Opportunity-Knocks.aspx#1.

24 Kimberly Palmer, "10 Things You Should Know About Age Discrimina.tion" AARP, 2017, https://www.aarp.org/work/on-the-job/info-2017/age -discrimination-facts.html.

25 Noam Scheiber, "The Brutal Ageism of Tech," New Republic, March.23, 2014, http://www.newrepublic.com/article/117088/silicons-valleys-brutal-ageism.

26 "Age Discrimination," New York Times editorial, July.6, 2009, http://www .nytimes.com/2009/07/07/opinion/07tue2.html.

27 Adam Cohen, "After 40.Years, Age Discrimination Still Gets Second-Class Treatment," New York Times, November.6, 2009, http://www.nytimes.com /2009/11/07/opinion/07sat4.html.

28 Fischer, op. cit., 214.

29 William.E. Gibson, "A New Bill to Stop Ageism," AARP, March.1, 2017, http://www.aarp.org/politics-society/advocacy/info-2017/congress-bill-stop -age-discrimination-fd.html.

30 Peter Gosselin, "Federal Court May Decide If Employers Can Reject Older Job Seekers to Protect 'Image,'" ProPublica, Jan..31, 2017, https://www .pressreader.com/usa/san-francisco-chronicle/20170228/281496456064058.

31 "10 Thing You May Not Know about Boomers Today," fact sheet accompa.nying the 2007 PBS Series The Boomer Century, http://www.pbs.org /boomercentury/tenthings.html.

32 Marc Freedman, "The Big Shift," interview with Mike Cuthbert,

AARP Prime Time Radio, April.26, 2011, http://www.aarp.org/health/lo ngevity /info-04-2011/the-big-shift.html.

33 Ursula Staudinger, Director, Columbia Aging Center, "Demograph ic Change: Opportunities and Challenges for Corporations," presentati on at the 2013 Age Boom Academy, sponsored by the Atlantic Philant hropies, New York, NY, September.10, 2013.

34 "When Retirement Goes Wrong," Michael Martin, host, NPR Special Series: Money Coach, March.13, 2013, http://www.npr. org/2013/03/13/174198166 /when-retirement-goes-wrong.

35 Rowe and Kahn, Successful Aging, 33.

36 Cruikshank, Learning to Be Old, 48.

37 Joyce Carol Oates, More magazine, June 2009.

38 Nardine Saad, "Anne Hathaway, 32, is losing roles to younger st ars: 'I was that 24-year-old once,'" Los Angeles Times, September.4, 2015, http://www .latimes.com/entertainment/gossip/la-et-mg-anne-hathaway-ageism -hollywood-losing-roles-glamour-uk-20150904-story.html.

39 Ellis Cose, "Why It Makes No Sense to Fire Older Workers," New sweek, October.28, 2009, http://www.newsweek.com/why-it-makes-no-sense-fire -older-workers-cose-81355.

第7章　自立の罠 長寿はチームスポーツ
LONG LIFE IS A TEAM SPORT: THE INDEPENDENCE TRAP

1 "Across the States: Profiles of Long-Services and Supports," AARP Public Policy Institute, 2012, 7, http://www.aarp.org/content/dam/aarp/research /public_policy_institute/ltc/2012/across-the-states-2012-executive-summary -AARP-ppi-ltc.pdf.

2 "A Profile of Older Americans: 2012. Administration on Aging," U.S. Department of Health and Human Services, 5, http://www.aoa.gov/Agi ng _Statistics/Profile/2012/docs/2012profile.pdf.

3 Renee Stepler, "Smaller Share of Women Ages 65 and Older Are Li ving Alone," Pew Research Center, February.2016, http://www.pewso cialtrends .org/2016/02/18/smaller-share-of-women-ages-65-and-older-are-living-alone/.

4 Shaoni Bhattacharya, "European heatwave caused 35,000 deaths," New Scientist, October.10, 2003, http://www.newscientist.com/artic le/dn4259 -european-heatwave-caused-35000-deaths.html#.U8PTgo 1dXq0.

5 "Dying Alone," interview with Eric Klinenberg, University of Chic ago Press, http://www.press.uchicago.edu/Misc/Chicago/443213in. html.

6 Anne.C. Roark, "With Friends Aplenty, Many Widows Choose Singl ehood," New York Times, July.13, 2009, http://newoldage.blogs.nyti mes.com/2009 /07/13/with-friends-aplenty-many-widows-choose-singlehood/.

7 A Profile of Older Americans 2016, Administration on Aging, Admi nistra.tion for Community Living, U.S. Dept. of Health and Human Ser vices, p. 7, https://www.acl.gov/sites/default/files/Aging%20and%20 Disabil ity%20in%20America/2016-Profile.pdf.

8 Alice Fisher, "Aging-in-Place: It Can Be Detrimental to Your Heal th," Radical Age Movement blog, Jun 15, 2014, http://theradicalagem ovement .com/2014/09/27/ageing-in-place-it-can-be-detrimental-to-your-health/.

9 US News & World Report, "Best Nursing Homes for 2017.18" repo rt, https://health.usnews.com/best-nursing-homes/area/ny/hebrew-home-for -the-aged-at-riverdale-335020

10 "The Eden Alternative," PBS interview with Dr..Bill Thomas, undat ed, http://www.pbs.org/thoushalthonor/eden/.

11 Peter Uhlenberg and Jenny de Jong Gierveld, "Age-Segregation in Later Life: An Examination of Personal Networks," Ageing & Society 24 (2004): 5.28.

12 Linda Carroll, "Alzheimer's extracts a high price on caregivers, too," NBC News, September.5, 2013 at 10:02 AM ET, http://www.nbc news.com/health /alzheimers-extracts-high-price-caregivers-too-8C11070658.

13 Gullette, Agewise, 29. 14 Ibid. 15 John Leland, Happiness Is a Ch oice You Make: Lessons from a Year Among the Oldest Old (New York: Sarah Crichton Books, 2018), p..114.

16 Elana.D. Buch, "Beyond Independence: Older Chicagoans Living Valued Lives," in Successful Aging as a Contemporary Obsession: Gl obal Perspectives, ed. Sarah Lamb (Rutgers University Press, 2017), 87.

17 Patricia Cohen, "Why Women Quit Working: It's Not for the Reaso ns Men Do," New York Times, January.24, 2017, https://www.nytimes. com/2017/01/24/business/economy/women-labor-force.html.

18 Debora MacKenzie, "Women live longer than men but suffer more years of poor health," NewScientist, March 17, 2016, https://www.ne wscientist.com /article/2081497-women-live-longer-than-men-but-suffer-more-years-of -poor-health/.

19 Pew Research Center, "Internet/Broadband Fact Sheet," February 5, 2017, http://www.pewinternet.org/fact-sheet/internet-broadband/.

20 Rachel Levy, Grandma Got STEM blog, http://ggstem.wordpress. com/.

21 Peter Uhlenberg and Jenny de Jong Gierveld, "Age-Segregation in Later Life: An Examination of Personal Networks," Ageing & Society 24 (2004): 5.28.

22 Vaillant, Aging Well, 163.

23 Lustbader, Life Gets Better, 159.

24 Ibid., 168.

25 Atul Gawande, Being Mortal (New York: Metropolitan Books), 146.

26 Jan Baars, "Aging, Autonomy and Justice. Beyond Independence." Lecture at receipt of the GSA Social Gerontology Theory Award, Nove mber.22, 2013, New Orleans (unpublished manuscript).

27 Meika Loe, "Asking for Help As We Age Actually Fosters Au tonomy," Aging Today, June.19, 2013, http://www.asaging.org/ blog/asking-help-we -age-actually-fosters-autonomy?goback=. gde_3876337_member _257938510.

28 Lustbader, Life Gets Better, 72.

29 Robert McG. Thomas,.Jr., "Maggie Kuhn, 89, the Founder Of the Gray Panthers, Is Dead," New York Times, April.23, 1995, http://www. nytimes .com/1995/04/23/obituaries/maggie-kuhn-89-the-founder-of-the-gray -panthers-is-dead.html.

第8章　晩年 雄牛が違って見える
THE BULL LOOKS DIFFERENT: THE END OF LIFE

1 Joel Tsevat, Neal.V. Dawson, Albert.W. Wu, et.al., "Health Values of Hospitalized Patients 80.Years or Older," Journal of the American Me

dical Association, 279, no..5 (February.4, 1998): 371.375, https://jhu.pure.elsevier .com/en/publications/health-values-of-hospitalized-patients-80-years-or -older-4.

2 Kenneth.E. Covinsky, Albert.W. Wu, C. Set Landefeld; Alfred.F. Conn ors, Russell.S. Phillips, . . . [+], "Health status versus quality of life in older patients: does the distinction matter?" The American Journal of Medicine, Volume 106 (4), Apr 1, 1999, http://www.amjmed.com/artic le/S0002 -9343(99)00052-2/fulltext

3 Marc.E. Agronin, How We Age: A Doctor's Journey into the Heart of Growing Old (New York, Da Capo Press, 2011), 9.

4 Roger Angell, "This Old Man: Life in the Nineties," New Yorker, Feb ruary.17 & 24, 2014, 63.

5 Marc.E. Agronin, "Old Age, From Youth's Narrow Prism," New York Times, March.1, 2010, http://www.nytimes.com/2010/03/02/health/02 case.html.

6 Karl Pillemer, 30 Lessons for Living: Tried and True Advice from the Wisest Americans (New York: Hudson Street Press, 2011), 217.

7 J..A. Thorson and F..C. Powell, (2000), "Death anxiety in younger and older adults." In.A. Tomer (Ed.), Death attitudes and the older ad ult: Theories, concepts, and applications (pp..123.136). Philadelphia: Taylor & Francis. Also Pillemer, 141.

8 Laura.L. Carstensen, "The Influence of a Sense of Time on Human Development," Science magazine, Vol. 312, 30 June.2006, Vol. 312 no..5782 pp..1913.1915 DOI: 10.1126/science.1127488

9 Interview on KRCU Radio with Laura Carstensen by NPR/TED sta ff, "Why Should We Look Forward To Getting Older?," aired June.22, 2015, http:// krcu.org/post/why-should-we-look-forward-getting-older.

10 Thomas Mann, "Life Grows in the Soil of Time," in This I Believe: The Personal Philosophies of Remarkable Men and Women, Jay Allis on and Dan Gediman, eds., Henry Holt & Company, 2007, 151.

11 Mariacristina De Nardi, Eric French, John Bailey Jones, Je remy McCauley, "Medical Spending of the U.S. Elderly," Nation al Bureau of Economic Research, NBER Working Paper No..21270, June.2015 (DOI): 10.3386/ w21270, http://www.advisory.com/daily-briefing/2015/06/22/new-data -could-change-how-you-think-about-end-of-life-care-costs.

12 Caroline Davies, "Martin Amis in new row over 'euthanasia boot hs,'" The Guardian, January.24, 2010, http://www.theguardian.com/bo oks/2010/jan /24/martin-amis-euthanasia-booths-alzheimers.

13 James H. Schulz & Robert H. Binstock, Aging Nation: The Econom ics and Politics of Growing Older in America, Baltimore, 2008, 190.

14 Elizabeth Hughes Schneewind, "Of Ageism, Suicide and Limiti ng Life," Journal of Gerontological Social Work, Vol. 23(1/2) 1994, [p..146].

15 Linton, My Body Politic, 226.

16 Ed Meek, "The millennial-boomer alliance," Boston Globe ma gazine, September.15, 2013, http://www.bostonglobe.com/magazi ne/2013/09/14 /why-millennials-bond-with-their-boomer-parents/ y0932V5sUVj205pEXTyQSJ /story.html.

17 Margaret Gullette, Letter to the editor, Boston Globe, Septem ber.28, 2013, http://www.bostonglobe.com/magazine/2013/09/28/ readers-respond-articles -baby-boomers-day-care-costs/ctTZKV6Bu UAp8fgHiSPUPJ/story.html.

18 Gullette, Agewise, 43.

19 Carstensen, A Long Bright Future, 36.

20 Gawande, Atul, Being Mortal (New York: Metropolitan, 2014). Kin dle edition.

21 Ibid.

22 Robin Marantz Henig, "A Life-or-Death Situation," New York Tim es Magazine, July.17, 2013, http://www.nytimes.com/2013/07/21/mag azine/a -life-or-death-situation.html.

23 http://brookeandpeggy.blogspot.com/.

24 Ackerman, August.2009, private communication with Margaret Morgan.roth Gullette, op. cit., 52.

25 Marc.E. Agronin, "Old Age, From Youth's Narrow Prism," New York Times, March.1, 2010, http://www.nytimes.com/2010/03/02/health/02 case .html.

26 Pete Townshend, Pete Townshend Summer Blog, http://thewho.com/blog /story/summer-blog/#qgVSm9y9jTPjE4dY.99.

27 Tim Kreider, "You are going to die," New York Times, January.30, 2013, http://opinionator.blogs.nytimes.com/2013/01/20/you-are-going-to-die/.

第9章　年齢占拠！エイジズムを越えて
OCCUPY AGE! BEYOND AGEISM

1 Carol Hanisch, "The Personal Is the Political," originally publish ed in Notes from the Second Year: Women's Liberation, 1970, http://www.carolhanisch.org /CHwritings/PIP.html.

2 Nicholas Kristof, "She Gets No Respect: Sexism Persists, Even Amo ng the Enlightened," New York Times, June.11, 2014, http://www.nyti mes.com /2014/06/12/opinion/nicholas-kristof-she-gets-no-respect.html.

3 Heather M Rasinski et.al., "I Guess What He Said Wasn't That Bad," doi:10 .1177/0146167213484769Pers Soc Psychol Bull, July.2013 vol. 39 no..7 856-869856-869, http://psp.sagepub.com/content/39/7/856.

4 Kathy Sporre, "Ageism Hides in Plain Sight," Journal on Active Agi ng, November/December.2011, Vol. 10 Issue 6, p74 www.icaa.cc.

5 Robert.R. Blancato and Meredeith Ponder "The Public Policies We Need to Address Ageism," Generations, Fall, 2015, Vol, 39, No.3, p..92.

6 "Gauging Aging: Mapping the Gaps between Expert and Public Un der.standing of Aging in America." A FrameWorks Research Report by Eric Lindland, Marissa Fond, Abigail Haydon and Nathaniel Kendall-Taylor. FrameWorks Institute, Washington, DC, 2015, http://www .fra meworksinstitute.org/pubs/mtg/gaugingaging/page7.html.

7 McCarter Theatre Center, "There is a black person talking: How blu es and Bearden inspired Wilson's own profound articulation of the bla ck tradition," http://www.mccarter.org/fences/3-explore/thereisablac kperson talking.html.

8 Mark William Rocha, "August Wilson and the Four B's Influences," in August Wilson: A Casebook, edited by Marilyn Elkins (New York, 1994), 565.

9 "Remembering Maggie Kuhn: Gray Panthers Founder On The 5 My ths Of Aging," 1978 interview with Ken Dychtwald, Huffington Post, 05/31/2012, http://www.huffingtonpost.com/ken-dychtwald/the-myths-of-aging_b _1556481.html.

10 Shapiro, Joseph, No Pity, 5.

人名索引

本文での表記にしたがい五十音順（アルファベット除く）に並べ、また原著での表記を併記しました。検索などにご活用ください。（ころから編集部）

アルファベット

ア行

カ行

サ行

タ行

ナ行

ハ行

マ行

ヤ行

ラ行

著者プロフィール

アシュトン・アップルホワイト *Ashton Applewhite*

1952年米国生まれ。作家でアクティビスト。エイジズムの専門家としてニューヨーク・タイムズをはじめ多くのメディアに記事やコメントを寄せている。2019年に本書(原題:This Chair Rocks: A Manifesto Against Ageism)をセラドン・ブックスから刊行。国連が提唱する「健康な高齢化の10年」において2022年に「世界をより良い高齢化社会へと導くリーダー(Healthy Ageing 50)」に選ばれた。

訳者プロフィール

城川桂子 しろかわ・けいこ

1948年東京都生まれ。横浜市立大学卒業。ロンドンを拠点に英国および中東情勢を主題としたドキュメンタリー映画などに携わる。1994年に帰国しテレビ報道番組の制作、環境保護団体にかかわり、2011年3月からドイツ公共放送ZDFプロデューサー。訳書に『アラブ民族』(亜紀書房)、『トランジションハンドブック 地域レジリエンスで脱石油社会へ』(第三書館)など。制作に携わったドキュメンタリー映画に『幻の混民族共和国』(布川プロダクション)などがある。

いきするほんだな 5

エイジズムを乗《の》り越《こ》える
自分《じぶん》と人《ひと》を年齢《ねんれい》で差別《さべつ》しないために

2023年5月10日　初版発行

2200円+税

著者 アシュトン・アップルホワイト
翻訳 城川桂子
カバーイラスト なみへい
パブリッシャー 木瀬貴吉
装丁 安藤順

発行◉ころから
〒115-0045 東京都北区赤羽1-19-7-603
Tel 03-5939-7950
Mail office@korocolor.com
Web-site http://korocolor.com
Web-shop https://colobooks.com

ISBN 978-4-907239-67-1
C0036

mrmt

いきする本だな

まーくのえともじ◉金井真紀

I can't breathe. ―― 息ができない ―― との言葉を遺し二人の米国人が亡くなりました。2014年のエリック・ガーナーさん、そして2020年のジョージ・フロイドさんです。

白昼堂々と警官に首根っこを抑えつけられ殺された事件は、米国社会に大きな衝撃を与え、抗議する人々が街頭へ出て「ブラック・ライブズ・マター（黒人の命をなめるな！）」と声をあげることになりました。

このムーブメントは大きなうねりとなり、世界中で黒人たちに連帯するとともに、それぞれの国や地域における構造的な差別と暴力の存在を見つめ直す機会となったのです。

さて、いま21世紀の日本社会に暮らすわたしたちは、どんな息ができているでしょうか。

誰に気兼ねすることなく、両手を広げ大きく息を吸って、思う存分に息を吐くことができているでしょうか？

これは、ただの比喩ではなく、ガーナーさんやフロイドさんと同じように物理的に息を止められていないと言い切れる社会でしょうか？

私たち、ころからは「ブラック・ライブズ・マター」のかけ声に賛同し、出版を通じて、息を吸うこと、吐くことを続けようと決意しました。

これらの本が集うシリーズ名は「いきする本だな」です。息することは、生きること。そんな誰にとっても不可欠な本を紹介していきます。

息するように無意識なことを、ときには深呼吸するように意識的なことを伝えるために。

2021年　ころから

1 ヘイトをとめるレッスン

ホン・ソンス著、たなともこ・相沙希子訳

A5変／240ページ／2200円＋税 978-4-907239-52-7

2 性売買のブラックホール

韓国の現場から当事者女性とともに打ち破る

シンパク・ジニョン著、金富子監訳

小野沢あかね・仁藤夢乃解説

A5変／256ページ／2200円＋税 978-4-907239-62-6

3 イン・クィア・タイム

アジアン・クィア作家短編集

イン イーシェン・リベイ リンサンガン カントー編

村上さつき訳

四六変形、364ページ／2200円＋税 978-4-907239-63-3

4 あそびの生まれる時

「お客様」時代の地域活動コーディネーション

西川正 著

B6変形、304ページ、2000円＋税 978-4-907239-66-4

まーくのえともじ
金井真紀

いきする本だな

1

2

3

4